发明和实用新型专利
授权确权的法律适用
——规则与案例

◎刘庆辉 著

知识产权出版社
全国百佳图书出版单位

图书在版编目（CIP）数据

发明和实用新型专利授权确权的法律适用：规则与案例/刘庆辉著．—北京：知识产权出版社，2017.9

（知识产权法官论坛）

ISBN 978-7-5130-5040-1

Ⅰ.①发… Ⅱ.①刘… Ⅲ.①专利权法—法律适用—中国 Ⅳ.①D923.425

中国版本图书馆 CIP 数据核字（2017）第 212861 号

内容提要

本书研究发明和实用新型专利授权确权程序中法律适用的程序问题和实体问题，是将法律规则与审判案例的紧密结合，一方面运用法学方法论深入阐释专利法律规则的精神、意旨，另一方面通过审判案例具体阐述规则的适用，介绍当前审判的新观点、新动态和新精神。

读者对象：专利审查员、法官、律师、专利代理人、专利法律研究人员等。

责任编辑：崔 玲 胡文彬　　　　责任校对：谷 洋
封面设计：SUN 工作室　　　　　　责任出版：刘译文

发明和实用新型专利授权确权的法律适用——规则与案例
FAMING HE SHIYONGXINXING ZHUANLI SHOUQUAN QUEQUAN DE FALÜ SHIYONG——GUIZE YU ANLI

刘庆辉　著

出版发行：知识产权出版社有限责任公司	网　址：http://www.ipph.cn
社　　址：北京市海淀区气象路 50 号院	邮　编：100081
责编电话：010-82000860 转 8031	责编邮箱：huwenbin@cnipr.com
发行电话：010-82000860 转 8101/8102	发行传真：010-82000893/82005070/82000270
印　　刷：三河市国英印务有限公司	经　销：各大网上书店、新华书店及相关专业书店
开　　本：880mm×1230mm　1/32	印　张：11.5
版　　次：2017 年 9 月第 1 版	印　次：2017 年 9 月第 1 次印刷
字　　数：300 千字	定　价：48.00 元
ISBN 978-7-5130-5040-1	

出版权专有　侵权必究

如有印装质量问题，本社负责调换。

序　言

刘庆辉是我指导的北京师范大学法学院民商法专业知识产权法方向毕业的博士。我与庆辉相识于2014年，当年他考上了我的博士研究生。庆辉一边工作，一边读博士，三年期间，他不仅顺利完成了博士课程学习，而且发表了七篇专业论文，还按时完成了博士论文写作，顺利通过了论文答辩，获得了博士学位。通过这几年的接触，我觉得庆辉既勤奋好学，又有很强的学习能力，法律功底也很扎实，这是他给我留下的深刻印象。

前段时间，庆辉将他的专著《发明和实用新型专利授权确权的法律适用——规则与案例》交给我，要我作序。看到自己的学生取得了这么好的成果，我感到由衷的高兴。这是一本解释论著作，研究专利法的解释和适用，其最大的特点是专利法理论与案例的结合。本书对专利法进行专题研究。全书分为七个专题：专利复审程序中的问题、专利确权程序中的问题、专利权利要求的解释、专利申请文件和专利文件的修改、专利说明书和权利要求书、独立权利要求的必要技术特征和创造性，基本涵盖了当前司法实践中最热门的领域。庆辉运用法律解释和案例评述相结合的方式，既深入阐释了专利法律规则的精神、意旨，又介绍了当前审判的新观点、新动态、新精神。本书无论对于专利法理论研究还是司法实践，都具有一定的价值和意义，我相信，读者阅读本书之后，一定会有收获。

最后，祝愿庆辉在今后的工作中取得更多更好的成绩。

韩赤风

2017年6月23日于北京师范大学后主楼

前　言

　　本书的写作源于笔者在北京市专利代理人协会的讲课经历。2016年，笔者受北京市专利代理人协会的邀请，担任北京市专利代理人培训班的主讲老师，为培训班学员主讲"专利诉讼实务与案例"课程。围绕专利授权确权司法审判实践中最热门的程序问题和实体问题，笔者为多批次的学员作了精心细致的讲授，得到了北京市专利代理人协会的认可和学员的好评。

　　如果在讲课课件的基础上进行深度扩展，加上笔者在专利审判领域的经验体会，进而结集成书，那么对专利法理论研究和实务操作定能有所帮助。我个人也觉得是一件非常有意义的工作。北京市专利代理人协会的认可和听课学员的好评鼓舞了笔者，促使笔者下定了"著书立说"的决心。因此，笔者在紧张的审判工作之余，开始了本书的构思和写作。

　　如何写作是一个大问题，而写作的前提是如何研究。法律研究大致可分为立法论研究和解释论研究。❶ 笔者是一名法官，法官每天都要解释和适用法律，特长在于解释论研究。解释论研究并非不如立法论研究"高大上"。过去，我国的立法空白多，法

---

❶ 参见：李扬. 知识产权法基本原理［M］. 北京：中国社会科学出版社，2010：169.

律不够完善，很多专家学者都热衷于立法论研究，争相填补法律空白或者批判法律、改造法律。但是，在法律体系日臻完善的今天，解释论研究的意义已经超越立法论研究。研究如何解释和适用法律，调和法律内部的矛盾，弥补法律的缺陷，使法律跟上时代的步伐、满足实践的需要，是一件十分重要而有意义的工作。本书旨在从事解释论研究，力图运用法学方法论和专利法理论对我国《专利法》作出合法妥当的解释。

本书不追求"大而全"，不想对《专利法》的全部条文面面俱到，而是追求"小而精"。在我的讲课课件基础上，精耕细作，深度扩展。本书只涉及七个专题，是一个专题式的研究。本书涉及的七个专题是目前专利审判实践中最热门、最具争议的领域。本书在内容体例上与讲课课件保持了一致，全书分为程序问题和实体问题，共七个专题。程序部分包括专利复审程序中的问题、专利确权程序中的问题；实体部分包括专利权利要求的解释、专利申请文件和专利文件的修改、专利说明书和权利要求书、独立权利要求的必要技术特征及创造性。

本书的特色是法律规则与审判案例的紧密结合，一方面运用法学方法论深入阐释专利法律规则的精神、意旨，另一方面通过审判案例解释规则的适用，介绍当前审判的新观点、新动态、新精神。对法律规则的阐述，体现了本书的理论性；对审判案例的讲解，体现了本书的实践性。

本书的基本内容如下：

第一章是"专利复审程序中的问题"。这是最近几年争议极大的一个问题，公说公有理，婆说婆有理。专利复审委员会希望开展依职权审查工作，提高专利审查效率。专利申请人则希望严格控制专利复审委员会的审查范围。本章从《专利法》和《专利法实施细则》的规范分析出发，对专利复审程序的性质、复审的客体以及当前复审实践中的问题作了深入的分析。

前 言

第二章是"专利确权程序中的问题"。专利审判实践中暴露出来的专利确权程序的问题并不少见，当事人争议也很大，主要问题是当事人请求原则和依职权审查的关系问题。《专利审查指南 2010》既规定了当事人请求原则，又规定了依职权审查原则。当事人请求和依职权审查是什么关系？二者都成为原则，会不会有冲突？本章结合实践中的问题，对当事人请求原则和依职权审查的关系进行了探讨。

第三章是"专利权利要求的解释"。现代专利法是一个"名为权利要求的游戏"。[1] 权利要求的解释是专利审查和审判工作中的核心，专利授权确权程序的主要工作就是审查权利要求的合法性，而审查权利要求的合法性的前提是解释和确定权利要求的内容。本章对此进行了深入的论述，在借鉴美国专利商标局和欧洲专利局的权利要求解释规则的基础上，详细分析和论述了我国专利授权确权程序中的权利要求解释规则。权利要求的解释是本书的重点，也是"特色"。

第四章是"专利申请文件和专利文件的修改"。最近几年，"修改是否超范围"是争议极大的问题，许多此类案件涌入法院。本章结合《专利法》第三十三条和《专利法实施细则》第六十九条的规定，对专利授权程序中专利申请文本的修改规划和专利确权程序中专利文件的修改规则进行了深入的阐述。专利授权程序中说明书和权利要求书的修改规则是否一致，修改后的权利要求是否可以扩大保护范围，《专利审查指南 2010》严格限制专利确权程序中权利要求的修改方式是否合法合理？本章对这些问题做了深入的分析。

---

[1] See Giles S. Rich, Extent of the Protection and Interpretation of Claims—American Perspective, 21 Int'l Rev. Indus. Prop. & Copyright L. 497, 499 (1990). 转引自：闫文军. 专利权的保护范围：权利要求解释和等同原则适用［M］. 北京：法律出版社，2007：1（前言）.

第五章是"专利说明书和权利要求书"。专利说明书和权利要求书的关系是专利法中的一个核心问题。说明书的记载应当达到何种程度才符合专利法的规定？权利要求在说明书的基础上可以抽象概括到何种程度？如何判断说明书和权利要求书是否符合专利法的规定？本章对这些问题作了深入的探讨。

第六章是"独立权利要求的必要技术特征"。近年来，涉及"独立权利要求是否缺少必要技术特征"的案件并不鲜见，这一问题争议也极大。本章借助于最高人民法院的一个案例，对此作了深入的阐述。

第七章是"创造性"。专利创造性的判断，是专利审查和司法审判中最复杂的一项工作。"发明创造"有没有创造性，是否显而易见，如何判断专利权利要求是否具备创造性？这些问题极为复杂。本章从创造性的概念、创造性的判断方法和"三步法"的具体适用等几个方面，进行了深入的阐述，尝试给出笔者从事多年审判工作所积累的一些心得和体会。

目 录

第一章 专利复审程序中的问题 …………………………… 1

第一节 专利复审程序的法律性质 ………………………… 1
第二节 我国专利复审实践中的主要问题 ………………… 6
一、基本概况 ……………………………………………… 6
二、争议热点：依职权审查的范围究竟应该有多大 …… 10
三、依职权审查的司法控制 ……………………………… 16
四、典型案例评析 ………………………………………… 19

第二章 专利确权程序中的问题 …………………………… 29

第一节 专利确权程序的法律性质 ………………………… 29
一、专利确权程序是准司法裁决程序 …………………… 29
二、专利确权程序应当遵循的原则 ……………………… 30
第二节 依职权审查的特殊问题 …………………………… 34
一、创造性判断中证据组合方式的变更 ………………… 34
二、典型案例评析 ………………………………………… 37

第三章 对专利权利要求的解释 …………………………… 40

第一节 美国的专利权利要求解释规则 …………………… 41
一、美国专利商标局的行政程序及相应司法
审查程序适用"最宽合理解释"标准 …………………… 41
二、专利侵权及无效程序中适用"推定专利权有效"

1

　　　　规则 ………………………………………………… 56
　　三、两种解释规则的共通之处 ………………………… 58
　　四、借鉴意义和注意事项 ………………………………… 59
　第二节　欧洲专利局的权利要求解释规则 ……………… 61
　第三节　我国的专利权利要求解释规则 ………………… 63
　　一、权利要求解释的基本内涵 …………………………… 63
　　二、权利要求解释的法律政策 …………………………… 69
　　三、观点争锋："时机论" vs."语境论" ………………… 73
　　四、专利权利要求解释"时机论"批判 ………………… 77
　　五、专利权利要求解释应当坚持"语境论" …………… 88
　　六、专利授权程序中的权利要求解释规则 …………… 106
　　七、专利确权程序中的权利要求解释规则 …………… 111
　　八、涉功能性技术特征的解释规则 …………………… 119
　　九、典型案例评析 ………………………………………… 126

第四章　专利申请文件和专利文件的修改 ……………… 174

　第一节　专利申请文件的修改 …………………………… 174
　　一、《专利法》第三十三条的基本文义 ………………… 174
　　二、《专利法》第三十三条的立法目的 ………………… 176
　　三、《专利法》第三十三条的适用标准 ………………… 177
　　四、说明书和权利要求书的具体修改规则 …………… 182
　　五、典型案例评析 ………………………………………… 184

　第二节　专利文件的修改 ………………………………… 195
　　一、现行法律规范的检讨 ………………………………… 195
　　二、典型案例评析 ………………………………………… 198

第五章　专利说明书和权利要求书 ……………………… 215

　第一节　说明书的合法性 ………………………………… 215

一、说明书概述 ……………………………………… 215
　　二、说明书的合法性判断 …………………………… 216
　　三、典型案例评析 …………………………………… 220
　第二节　权利要求书的合法性 ……………………………… 224
　　一、权利要求书概述 ………………………………… 224
　　二、权利要求书的合法性判断 ……………………… 226

第六章　独立权利要求的必要技术特征 ……………………… 240
　第一节　对"必要技术特征"条款的解读 ………………… 240
　　一、什么是"必要技术特征"？ …………………… 240
　　二、"必要技术特征"条款是专利实质性要件条款 …… 241
　　三、"必要技术特征"条款和其他条款的关系 …… 245
　第二节　"必要技术特征"的认定 ………………………… 246
　　一、"必要技术特征"是解决发明人声称的技术问题的
　　　　技术特征 ………………………………………… 246
　　二、必要技术特征与技术问题的对应关系 ………… 247
　　三、典型案例评析 …………………………………… 248

第七章　创造性 ………………………………………………… 270
　第一节　创造性的概念 ……………………………………… 270
　　一、创造性要件 ……………………………………… 270
　　二、发明专利和实用新型专利创造性高度的区别 …… 272
　第二节　创造性的判断方法 ………………………………… 277
　　一、美国的专利创造性判断方法 …………………… 277
　　二、欧洲专利局的专利创造性判断方法 …………… 278
　　三、我国的专利创造性判断方法 …………………… 279
　　四、"预料不到的技术效果"判断法是独立的
　　　　创造性判断方法吗？ …………………………… 281

第三节 "三步法"的适用 ······ 287
一、确定最接近的现有技术 ······ 287
二、确定区别技术特征 ······ 296
三、确定发明实际解决的技术问题 ······ 297
四、技术启示的认定 ······ 300
五、"三步法"适用中的公知常识 ······ 308
六、"三步法"认定结论的检验 ······ 317
七、典型案例评析 ······ 320

参考文献 ······ 352

第一章 专利复审程序中的问题

第一节 专利复审程序的法律性质

根据《中华人民共和国专利法》(以下简称《专利法》)第四十一条第一款的规定,专利申请人对国家专利行政部门作出的驳回专利申请的决定不服的,可以向专利复审委员会请求复审。这就是我国《专利法》确立的专利复审制度。但是,专利复审在程序构造上究竟如何定位,复审的客体是什么,复审的范围有多大?这些问题在最近几年的专利复审实践中,引起了较大的争议。其中,争议最大的是专利复审委员会依职权进行的"明显实质性缺陷"审查。[1] 例如,在赢创德固赛有限责任公司(以下简称"赢创德固赛公司")与专利复审委员会"表面改性的沉淀二氧化硅"发明专利申请复审行政纠纷案中,[2] 国家知识产权局专利局驳回该发明专利申请的依据是其权利要求1~31的修改不符合《专利法》第三十三条的规定,但是在复审阶段,专利复审委

---

[1] "明显实质性缺陷"是《专利审查指南2010》明确提到的一个概念,意指专利申请中存在的明显不符合《专利法》及《专利法实施细则》规定的授权条件的缺陷。

[2] 参见:北京市第一中级人民法院(2011)一中知行初字第2876号行政判决书、北京市高级人民法院(2012)高行终字第1486号行政判决书及最高人民法院(2014)知行字第2号行政裁定书。

员会认定该发明专利申请不符合《专利法》第二十三条第三款关于创造性的规定，并据此维持专利局作出的驳回决定（以下简称"驳回决定"）。赢创德固赛公司提起行政诉讼，认为专利复审委员会应当审查驳回决定是否正确，不应当审查驳回决定未提及的第二十三条第三款的问题。专利复审委员会却认为其依据《专利审查指南 2010》的规定，可以依职权审查专利申请是否具有驳回决定未提及的"明显实质性缺陷"。该案历经一审、二审和最高人民法院申诉审查，反映出各方当事人在专利复审这一问题上严重的认识分歧。

最近几年，上述类型的案件呈日益增长的趋势，在实务界引起了广泛的争议。这给我们提出了新的问题——在法解释论上，我们应当如何认识现行专利复审制度，如何界定复审的审查客体及范围？

关于专利复审的法律性质和功能定位，专家学者的认识并不相同。一种观点认为复审是救济程序。❶ 另一种观点认为复审既有救济的性质，也有续审的性质。❷ 还有一种观点认为，复审是行政监督程序。❸

法律研究一般可以区分为解释论研究和立法论研究。解释论研究法律是什么及如何适用法律的问题。立法论研究法律应当如何的问题。❹ 讨论我国专利复审的法律性质，应当站在解释论的角度，从现行立法规定中总结、提炼。

---

❶ 参见：尹新天. 中国专利法详解 [M]. 北京：知识产权出版社，2011：452—456.

❷ 参见：汤宗舜. 专利法教程 [M]. 北京：法律出版社，2003：143—145；李扬. 知识产权法基本原理 [M]. 北京：中国社会科学出版社，2010：469.

❸ 参见：文希凯. 专利法教程 [M]. 北京：知识产权出版社，2011：205—206.

❹ 参见：李扬. 知识产权法基本原理 [M]. 北京：中国社会科学出版社，2010：169.

笔者认为，专利复审是救济程序，这是根据《专利法》第四十一条和《专利法实施细则》第六十三条的规定进行整体解释得出的结论。

首先，根据《专利法》第四十一条的规定进行分析，专利复审是救济程序。《专利法》第四十一条规定：专利申请人对驳回决定不服的，可以自收到通知之日起三个月内，向专利复审委员会请求复审。该条规范旨在对专利申请人可能受到的损害在行政机关内部提供救济，因此，专利复审是救济程序。

其次，根据《专利法实施细则》第六十三条的规定进行分析，专利复审也是救济程序。《专利法实施细则》第六十三条第一款规定："专利复审委员会进行复审后，认为复审请求不符合专利法和本细则有关规定的，应当通知复审请求人，要求其在指定期限内陈述意见。期满未答复的，该复审请求视为撤回；经陈述意见或者进行修改后，专利复审委员会认为仍不符合专利法和本细则有关规定的，应当作出维持原驳回决定的复审决定。"第二款规定："专利复审委员会进行复审后，认为原驳回决定不符合专利法和本细则有关规定的，或者认为经过修改的专利申请文件消除了原驳回决定指出的缺陷的，应当撤销原驳回决定，由原审查部门继续进行审查程序。"对上述法条进行整体解释，亦可以得出专利复审是救济程序的结论。

一方面，《专利法实施细则》第六十三条第一款规定"经陈述意见或者进行修改后，专利复审委员会认为仍不符合专利法和本细则有关规定的，应当作出维持原驳回决定的复审决定"中"专利复审委员会认为"之后有一个省略词，该省略词可以有两种解释。第一种解释是指"复审请求"，第二种解释是指"专利申请"。在第一种解释情形下，《专利法实施细则》第六十三条第一款规定的含义是指，"经陈述意见或者进行修改后，专利复审委员会认为复审请求仍不符合专利法和本细则有关规定的，应当作出维持原驳回决定的复审决定"。在此情形下，专利复审委员会应当围绕复审请求和理由进行审查，以判断其是否符合《专利法》及其实施细则的有关规定。由于复审请求和理由是针对驳回决定所依据的事实和理由提出的，因此，专利复审委员会在围绕复审请求和理由进行审查时，还应当对其所针对的驳回决定的相关认定进行审查，以确定复审请求和理由是否成立，驳回决定的相关认定是否成立。在第二种解释情形下，《专利法实施细则》第六十三条第一款规定的含义是指，"经陈述意见或者进行修改后，专利复审委员会认为专利申请仍不符合专利法和本细则有关规定的，应当作出维持原驳回决定的复审决定"。在此情形下，关键的问题是如何理解其中的"专利法和本细则有关规定"。笔者认为"专利法和本细则有关规定"并不是泛指《专利法》及其实施细则有关专利授权条件的所有规定，而仅指驳回决定所依据的有关规定。一方面，如果将其理解为泛指《专利法》及其实施细则有关专利授权条件的所有规定，就意味着专利复审委员会可以依职权引入驳回决定未涉及的理由进行审查，并以该理由维持原驳回决定，这在逻辑上是不通的。另一方面，专利复审是救济程序，专利复审委员会应当审查驳回决定是否损害了专利申请人的利益，据此应当围绕原驳回决定是否合法、合理进行审查，而不应当不受限制地引入新的事实和理由作出不利于复审请求人的复审决定，从而违背专利复审的救济性质。

另一方面，对《专利法实施细则》第六十三条第一款规定的解释还应当结合第二款规定进行。根据第二款的规定，如果专利复审委员会认为原驳回决定不符合《专利法》和《专利法实施细则》有关规定的，或者认为经过修改的专利申请文件消除了原驳回决定指出的缺陷的，应当撤销原驳回决定，由原审查部门恢复审查程序，继续进行审查。依第二款的反面解释，如果专利复审委员会认为原驳回决定符合《专利法》和《专利法实施细则》有关规定的，或者认为经过修改的专利申请文件未消除原驳回决定指出的缺陷的，则应当维持原驳回决定。据此，在复审程序中，专利复审委员会应当围绕原驳回决定是否符合《专利法》和《专利法实施细则》的有关规定以及经过修改的专利申请文件是否消除原驳回决定指出的缺陷进行审查，而不应当依职权对原驳回决定未指出的其他缺陷进行审查。

综上，基于对《专利法》第四十一条及《专利法实施细则》第六十三条的规定的整体解释，笔者认为专利复审是救济程序，复审的审查范围原则上是复审请求人的复审请求和理由及其所针对的驳回决定的相关认定，专利复审委员会应当依据复审请求人的请求和理由，对驳回决定的事实认定、法律适用等进行审查。如果复审请求成立、驳回决定错误的，应当撤销驳回决定；如果复审请求不成立、驳回决定正确的，应当维持驳回决定。

但是，《专利审查指南 2010》对专利复审的定位，与《专利法》及《专利法实施细则》的规定有所不同。《专利审查指南 2010》第四部分第二章第 1 节"引言"规定："复审程序是因申请人对驳回决定不服而启动的救济程序，同时也是专利审批程序的延续。因此，一方面，专利复审委员会一般仅针对驳回决定所依据的理由和证据进行审查，不承担对专利申请全面审查的义务；另一方面，为了提高专利授权的质量，避免不合理地延长审批程序，专利复审委员会可以依职权对驳回决定未提及的明显实质性缺陷进行审查。"此项规定可被概括为"双重性质说"，❶即专利复审具有救济和续审的双重性质。《专利法》和《专利法实施细则》均未明确规定专利复审具有续审的性质，依据其相关规定进行解释，也得不出专利复审兼具救济和续审双重性质的结

---

❶ 参见：李越. 专利复审程序中依职权审查的理解与典型适用 [N]. 中国知识产权报，2013—12—27 (11).

论。因此,《专利审查指南2010》规定专利复审兼具救济和续审双重性质,应当是修正了《专利法》和《专利法实施细则》的有关规定,这一修正是否合理、合法,值得商榷。

《专利法》和《专利法实施细则》是法律法规,是上位法;《专利审查指南2010》是部门规章,是下位法。当下位法与上位法的规定不一致时,应当以上位法的规定为准。因此,总的来说,专利复审是救济程序。

专利复审的法律性质决定了复审的客体和审查范围,明确专利复审的法律性质,具有重要意义。如果复审是救济程序,则复审应当围绕复审请求人的请求和理由,针对驳回决定的事实认定及法律适用等进行审查,以确定驳回决定是否合理合法,而不应当对驳回决定未提及的事实和理由进行审查。如果复审具有救济和续审的双重性质,则专利复审委员会不仅要审查驳回决定是否合法合理,还可以审查驳回决定未提及的专利申请中的其他缺陷。由于我国专利复审是救济程序,专利复审委员会应当围绕复审请求人的请求和理由,针对驳回决定的事实认定及法律适用等进行审查,以确定驳回决定是否合理合法。

第二节 我国专利复审实践中的主要问题

一、基本概况

由于《专利审查指南2010》第四部分第二章明确规定,专利复审委员会可以依职权对驳回决定未提及的专利申请中的"明显实质性缺陷"进行审查,在目前的专利复审实践中出现了一个明显的趋势,专利复审委员会在很多复审案件中过于强调专利审查程序效率,强调依职权审查,而对复审的救济性质重视不够。

第一章　专利复审程序中的问题

在下文列举的诸多案件中，专利复审委员会均未针对复审请求人的请求和理由，审查驳回决定的事实认定及法律适用是否合理合法，就依职权审查驳回决定未提及的专利申请中的"明显实质性缺陷"。下表是笔者检索到的专利复审委员会依职权审理专利申请的"明显实质性缺陷"的部分典型案例。

复审决定号	驳回法条	复审法条	复审结论
第 30895 号	法 33	法 22.3	维持
第 19069 号	法 22.4	法 33	维持
第 22835 号	细则 20.1	细则 2.1	维持
第 35410 号	法 26.4	法 26.3	维持
第 12024 号	法 22.4	法 26.3	维持
第 16532 号	法 25.1.(2)	法 33	维持
第 22393 号	法 22.3	细则 20.1	维持
第 17826 号	法 25.1.(2)	细则 2.2	维持
第 33278 号	法 22.3	法 22.3	引入新证据维持
第 17592 号	法 22.3	法 26.4	维持
第 20532 号	法 22.3	细则 2.1	维持
第 32638 号	法 22.3	法 33	维持

复审决定号是指专利复审委员会作出的专利复审案件的决定号，驳回法条是指国家知识产权局审查并驳回专利申请所依据的法条，复审法条是指专利复审委员会审查并据以作出复审决定所依据的法条。例如，法 22.3 是指《专利法》第二十二条第三款，细则 20.1 是指《专利法实施细则》第二十条第一款，其他类推。

从上表，我们可以发现：第一，专利复审委员会引入了新的事实和理由维持驳回决定。例如，在第 30895 号驳回复审决定

7

中，驳回决定依据的理由是专利申请的修改不符合《专利法》第三十三条的规定，而专利复审委员会未审查该驳回决定是否正确，就直接引入《专利法》第二十二条第三款关于创造性的规定进行审查，并以专利申请不符合该条规定为由（即变更了驳回决定的理由）维持驳回决定。这一做法有两点值得检讨。首先，专利复审委员会依职权引入驳回决定未提及的事实和理由对专利申请进行审查，虽然在《专利审查指南2010》中有依据，但是缺乏上位法依据。其次，即使专利复审委员会可以依职权进行审查，而且发现专利申请确实存在驳回决定未提及的"明显实质性缺陷"，亦不应当以驳回决定未提及的事实和理由维持驳回决定，而应当驳回复审请求人的复审请求或专利申请。第二，专利复审委员会依职权进行"明显实质性缺陷"审查的范围相当宽泛。由于《专利审查指南2010》的"复审"部分未对"明显实质性缺陷"的范围进行明确界定，专利复审委员会在实践中对"明显实质性缺陷"的掌握相当宽松，如上表所示，几乎任何法条都属于"明显实质性缺陷"审查的范围。

总结最近几年来复审实践中的问题，突出表现为以下几个方面：

一是复审的法律定位问题。前文已述，依据《专利法》和《专利法实施细则》的有关规定，复审是救济程序；但是，依据《专利审查指南2010》的有关规定，复审既是救济程序，也是专利审批程序的延续，具有救济和续审的双重性质。实践中，专利复审委员会往往直接依据《专利审查指南2010》的有关规定进行复审，在很多复审案件（如前文表格所示）中没有围绕复审请求人的请求和理由进行审查，而是直接依职权审查驳回决定未提及的专利申请的其他缺陷，忽视了复审的救济性质。

二是复审客体的问题。《专利审查指南2010》规定，专利复审请求的客体是驳回决定。❶ 由于复审请求的客体是驳回决定，复审是针对复审请求而言，因此，复审的客体也应当是驳回决定。依据《专利法实施细则》第六十三条进行解释，也能得出这一结论。对此，《专利审查指南 2010》第四部分第二章第 1 节"引言"也明确规定，"专利复审委员会一般仅针对驳回决定所依据的理由和证据进行审查"。但是，在很多复审案件中，专利复审委员会根本不审查驳回决定是否合理合法，而是变更审查客体，直接对驳回决定未提及的专利申请中的其他"明显实质性缺陷"进行审查，并以专利申请具有"明显实质性缺陷"为由，维持驳回决定。复审请求人对专利复审委员会的这种做法意见很大，近年来诉至法院的此类案件日益增多。这种做法应当检讨。复审请求人是对驳回决定不服提出复审的，其复审请求是撤销驳回决定，专利复审委员会应当根据《专利法实施细则》第六十三条的规定，对驳回决定是否合理合法进行审查，不应当将复审客体变更为专利申请。

三是复审范围的问题。根据《专利法实施细则》第六十三条的规定，复审范围应当是驳回决定的事实认定及法律适用。对此，《专利审查指南 2010》第四部分第二章第 4.1 节"理由和证据的审查"也规定，"在复审程序中，合议组一般仅针对驳回决定所依据的理由和证据进行审查。"但是，《专利审查指南 2010》的该项规定同时指出，专利复审委员会还可以对驳回决定未提及的专利申请中的其他"明显实质性缺陷"进行审查。实践中，专利复审委员会往往忽略《专利法实施细则》第六十三条的规定，直接依据《专利审查指南 2010》的前述规定，依职权引入相关理由进行审查。而且，由于《专利审查指南 2010》的"复审"部分未对"明显实质性缺陷"的范围进行界定，专利复审委员会

---

❶ 参见：《专利审查指南 2010》第四部分第二章第 2.1 节"复审请求客体"。

在实践中对"明显实质性缺陷"范围的掌握相当宽松。这种复审做法引起复审请求人的不满，引发了许多行政诉讼案件（如前文表格所示）。

四是复审决定主文的问题。根据《专利法实施细则》第六十三条的规定，驳回决定正确、复审请求不成立的，应当维持驳回决定；驳回决定错误、复审请求成立的，应当撤销驳回决定，发回专利局重新审查。专利局作出驳回决定是法律推理三段论过程，只有在驳回决定的事实认定、法律适用正确且专利审查程序合法时，才能维持驳回决定，而不得引入驳回决定未提及的事实和理由维持驳回决定。但是，如前文表格所示，专利复审委员会在复审实践中经常引入驳回决定未提及的事实和理由维持驳回决定。这种做法显然偏离了《专利法实施细则》第六十三条的规定，也背离了专利复审的救济制度目标。

二、争议热点：依职权审查的范围究竟应该有多大

《专利审查指南2010》第四部分第二章第1节"引言"中规定："复审程序是因申请人对驳回决定不服而启动的救济程序，同时也是专利审批程序的延续。因此，一方面，专利复审委员会一般仅针对驳回决定所依据的理由和证据进行审查，不承担对专利申请全面审查的义务；另一方面，为了提高专利授权的质量，避免不合理地延长审批程序，专利复审委员会可以依职权对驳回决定未提及的明显实质性缺陷进行审查。"

《专利审查指南2010》第四部分第二章第4.1节"理由和证据的审查"中规定："在复审程序中，合议组一般仅针对驳回决定所依据的理由和证据进行审查。除驳回决定所依据的理由和证据外，合议组发现审查文本中存在下列缺陷的，可以对与之相关的理由及其证据进行审查，并且经审查认定后，应当依据该理由及其证据作出维持驳回决定的审查决定：（1）足以用在驳回决定

作出前已告知过申请人的其他理由及其证据予以驳回的缺陷。（2）驳回决定未指出的明显实质性缺陷或者与驳回决定所指出缺陷性质相同的缺陷。"实践中，争议极大的是复审程序中专利申请的"明显实质性缺陷"是指什么？

什么是专利申请的"明显实质性缺陷"？对此，《专利审查指南2010》的"初步审查"部分有明确的规定。根据相关规定，在初步审查程序中，发明专利申请的"明显实质性缺陷"是指专利申请明显属于《专利法》第五条、第二十五条规定的情形，不符合《专利法》第十八条、第十九条第一款、第二十条第一款的规定，明显不符合《专利法》第二条第二款、第二十六条第五款、第三十一条第一款、第三十三条或者《专利法实施细则》第十七条、第十九条的规定。❶ 实用新型专利申请的"明显实质性缺陷"，是指专利申请明显属于《专利法》第五条、第二十五条规定的情形，不符合《专利法》第十八条、第十九条第一款、第二十条第一款的规定，明显不符合《专利法》第二条第三款、第二十二条第二款或第四款、第二十六条第三款或第四款、第三十一条第一款、第三十三条或《专利法实施细则》第十七条至第二十二条、第四十三条第一款的规定，依照《专利法》第九条规定不能取得专利权。❷ 外观设计专利申请的"明显实质性缺陷"，是指专利申请明显属于《专利法》第五条第一款、第二十五条第一款第（六）项规定的情形，或者不符合《专利法》第十八条、第十九条第一款的规定，或者明显不符合《专利法》第二条第四款、第二十三条第一款、第二十七条第二款、第三十一条第二款、第三十三条，以及《专利法实施细则》第四十三条第一款的

---

❶ 参见：中华人民共和国国家知识产权局. 专利审查指南2010 [M]. 北京：知识产权出版社，2010：11—12.

❷ 参见：中华人民共和国国家知识产权局. 专利审查指南2010 [M]. 北京：知识产权出版社，2010：49.

规定,或者依照《专利法》第九条规定不能取得专利权。❶

但是,《专利审查指南 2010》的其他章节(包括"复审请求的审查"部分)并未对专利申请的"明显实质性缺陷"予以明确界定。那么,专利复审程序中专利申请的"明显实质性缺陷"是指什么缺陷,这在实践中引发了极大的争议。有一种观点认为,专利复审程序中的"明显实质性缺陷"与专利申请初步审查程序中的"明显实质性缺陷"应当同样对待,范围一致。例如,在前述赢创德固赛公司与专利复审委员会发明专利申请驳回复审纠纷一案中,一审法院认为:

《审查指南》第一部分第一章第 1 节中规定,发明专利申请文件的明显实质性缺陷审查,包括专利申请明显属于《专利法》第五条、第二十五条的规定,或者不符合《专利法》第十八条、第十九条第一款的规定,或者明显不符合《专利法》第三十一条第一款、第三十三条或者《专利法实施细则》第二条第一款、第十八条、第二十条的规定。《审查指南》第一部分第一章第 7 节中列举的"明显实质性缺陷的审查"包括根据《专利法》第五条、第二十五条、第三十一条第一款、第三十三条的审查,根据《专利法实施细则》第二条第一款、第十八条、第二十条的审查。上述规定均未明确包括《专利法》第二十二条第三款有关创造性的内容。虽然上述规定均属于针对发明专利申请的初步审查,但根据《专利法实施细则》第五十三条的规定,对发明专利申请进行实质审查时仍需根据《专利法》第五条、第二十五条、第三十一条第一款、第三十三条,《专利法实施细则》第二条第一款、第二十条第一款进行审查。因此,在有关"明显实质性缺陷审查"的规定中并不包括审查创造性

---

❶ 参见:中华人民共和国国家知识产权局.专利审查指南 2010 [M].北京:知识产权出版社,2010:69.

第一章　专利复审程序中的问题

问题的前提下，专利复审委员会认为在审查驳回决定是否合法时，主动审查涉案专利申请是否具备创造性的问题属于"明显实质性缺陷"没有法律依据，最高人民法院不予支持。另外，被告以节约当事人的时间、避免案件在实审程序和复审程序二者之间来回振荡为由，主张其复审审查范围的合理性亦缺乏法律依据，最高人民法院不予支持。❶

但是，另一种观点认为，由于专利复审程序不同于专利初审程序，两个程序中专利申请的"明显实质性缺陷"应当作不同对待，范围并不一致。例如，在上述赢创德固赛公司与专利复审委员会"表面改性的沉淀二氧化硅"发明专利申请复审行政纠纷案中，二审法院认为：

《审查指南》中未明确规定"明显实质性缺陷的审查"的适用范围，但是由于其作为专利复审委员会在复审程序中可以进行依职权原则超出驳回决定所依据的理由和证据范围进行审查的例外情形，故有必要对"明显实质性缺陷的审查"进行相应界定。由于复审程序系基于专利申请人对驳回决定不服而启动，同时在发明专利申请过程中，国务院专利行政部门对发明专利申请将进行初步审查和实质审查，而在前述二个审查阶段均可能出现由于发明专利申请不符合相关法律、法规规定而予以驳回的情形，专利申请人亦可以因不服驳回决定而申请复审，因此"明显实质性缺陷的审查"具体的适用范围必然会因驳回决定审查范围的不同而产生差异。

在发明专利申请中设定初步审查，主要是因为发明专利申请在进行实质审查过程中周期相对较长，如果在实质审查结束后再行公布发明专利申请的内容，可能会造成对同一领域、同一技术问题的重复研究、投资与申请的概率增大，不利于经济整体的发

---

❶ 参见：北京市第一中级人民法院（2011）一中知行初字第2876号行政判决书。

13

展，也不能有效发挥专利制度的作用，因此需要在授予发明专利之前公布发明专利申请内容。由此，发明专利申请初步审查主要是对其申请文件形式是否符合《专利法》及《专利法实施细则》、所提交的其他与发明专利申请有关的其他文件形式、是否履行相关缴费义务等进行审查，原则上并不涉及实质问题的审查。另一方面，发明专利申请的实质性审查是在初步审查的基础上，对发明专利申请文件进行更为深入和全面的审查，特别是就申请保护的发明进行现有技术检索，并审查要求保护的发明是否具备新颖性、创造性和实用性等，最终决定是否授予专利权，当然在此审查过程中对初步审查的内容也必然会予以涉及。正是基于初步审查与实质审查本身的审查范围、方式、内容的差异，其所对应的复审程序也必然存在区别，由此基于上述不同所涉及的"明显实质性缺陷的审查"范围也必然存在差异。

虽然一审判决试图对"明显实质性缺陷的审查"范围进行界定，但是其所引述《审查指南》第一部分第一章第1节和第7节的内容均系以初步审查为基础的"明显实质性缺陷的审查"的规定，而本案所涉及的系在实质性审查阶段不服驳回决定而产生的复审程序，应当以在实质性审查阶段的"明显实质性缺陷的审查"进行界定，一审判决将发明专利初步审查与实质审查中的"明显实质性缺陷的审查"范围进行等同界定缺乏依据，专利复审委员会此部分上诉请求具有事实及法律依据，最高人民法院予以采纳。

发明专利申请实质审查中应当予以驳回的情形由《专利法实施细则》第五十三条进行了规定，但是专利复审委员会在复审程序中不能简单以上述规定为依据而随意对"明显实质性缺陷的审查"范围进行界定；而应当依据个案的具体情况，以避免审级损失、遵循当事人请求为其基本原则，以依职权审查为例外，对"明显实质性缺陷的审查"适用进行严格限定，从而保障专利申

请人的合法权益，确保复审程序的基本属性。❶

笔者认为，上述两种观点均有一定道理，但是，第二种观点会面临以下几个方面的挑战和质疑：第一，对初步审查程序和复审程序中的"明显实质性缺陷"作不同对待，缺乏明确的法律依据。第二，对初步审查程序和复审程序中的"明显实质性缺陷"作不同对待，也缺乏合理性。为什么要对《专利审查指南2010》中的同一个概念作不同的解释？作相同的解释会导致严重的不合理，以至于必须作不同的解释吗？第三，对初步审查程序和复审程序中的"明显实质性缺陷"作不同对待，无疑将鼓励专利复审委员会随意扩大解释复审程序中"明显实质性缺陷"的范围，不利于控制复审的审查范围。

根据法律解释的一般原理，同一部法律中的同一概念，如无特别说明，原则上应作同一解释，❷ 除非作同一解释将导致明显不合理的结果。对同一法律概念作同一解释，可以确保法律概念的一致性，确保执法标准的统一，避免混乱。《专利审查指南2010》只在第一章的"初步审查"部分对"明显实质性缺陷"进行了明确界定，第四章的"复审"部分提到"明显实质性缺陷"，但没有专门予以界定，亦未指出其与"初步审查"部分中的"明显实质性缺陷"有何不同，故从法律解释学的角度，初审程序和复审程序中的"明显实质性缺陷"应当作相同界定。这样解释，既符合法律解释学的一般原理，也有利于控制复审范围，确保复审的稳定性，避免专利复审委员会随意扩大解释"明显实质性缺陷"的范围。因此，如果专利复审委员会有依职权审查的权力并在复审程序中主动审查驳回决定未指出的"明显实质性缺陷"，就应当严格按照《专利审查指南2010》的前述规定进行，不得

---

❶ 参见：北京市高级人民法院（2012）高行终字第1486号行政判决书。
❷ 参见：梁慧星. 民法解释学 [M]. 北京：中国政法大学出版社，1995：215。

任意扩大"明显实质性缺陷"的范围。而且,在进行"明显实质性缺陷"的审查时,应当遵照正当程序原则,充分保障复审请求人的程序利益,给予复审请求人充分答辩的机会,必要时应当引入口头审查程序,当面听取复审请求人的意见,给予其充分陈述意见的机会。

三、依职权审查的司法控制

目前实践中争议较大的问题是,专利复审委员会依职权审查的空间究竟多大合适。笔者认为,真正应当讨论的问题,不是专利复审委员会依职权审查的空间究竟多大合适,而是专利复审委员会有没有依职权审查的权力。

本章第一节的研究表明,根据《专利法》第四十一条和《专利法实施细则》第六十三条的规定,专利复审是救济程序,复审的审查范围是复审请求人的复审请求和理由及其所针对的驳回决定的相关事实认定和法律适用,专利复审委员会应当依据复审请求人的请求和理由,对驳回决定的事实认定、法律适用等进行审查。如果复审请求成立、驳回决定错误的,应当撤销驳回决定;如果复审请求不成立、驳回决定正确的,应当维持驳回决定。也就是说,专利复审委员会不应当依职权对驳回决定未涉及的事实、证据和理由进行审查,并据此作出对复审请求人不利的复审决定。

但是,根据《专利审查指南 2010》第四部分第二章第 4.1 节 "理由和证据的审查"的规定,专利复审委员会可以依职权对驳回决定未指出的专利申请文本中的下列缺陷进行审查,并作出维持驳回决定的审查决定:(1)足以用在驳回决定作出前已告知过申请人的其他理由及其证据予以驳回的缺陷。(2)驳回决定未指出的明显实质性缺陷或者与驳回决定所指出缺陷性质相同的缺陷。《专利审查指南 2010》是行政部门规章,是对《专利法》和

《专利法实施细则》的解释和适用。可是，《专利审查指南2010》的上述规定与《专利法》第四十一条和《专利法实施细则》第六十三条的旨意并不相符。

法院在司法审查程序中应当适用法律、行政法规，并没有适用行政部门规章的义务。当然，对于符合上位法规定的行政部门规章，法院可以参照适用。因此，法院并没有适用《专利审查指南2010》的义务，如果《专利审查指南2010》的规定与《专利法》《专利法实施细则》的精神不符，法院不应当适用。对于专利复审委员会依职权审查的案件，法院在司法审查序中，应当按照《专利法》第四十一条和《专利法实施细则》第六十三条的规定，予以纠正，保障专利复审请求人的程序利益，而不应当参照《专利审查指南2010》的有关规定进行审查。

可能有人会质疑笔者的上述观点，认为如此操作会导致专利审查效率降低。对此，笔者不敢苟同。首先，按照《专利法》第四十一条和《专利法实施细则》第六十三条的规定，专利复审委员会没有依职权审查的权力，不能为了专利审查效率而忽视法律规定。其次，就个案而言，复审请求人希望专利复审委员会提供救济，专利复审委员会不能为了专利审查效率而忽视复审请求人的救济请求。复审程序是行政机关内部的救济程序，专利复审委员会应当重点考虑公平，为复审请求人提供救济，而不是考虑效率。再次，就个案效率而言，如果复审请求人不希望专利复审委员会依职权审查，而希望专利复审委员会纠正驳回决定的错误、退回原审查部门重新审查，那么专利复审委员会就没有必要追求个案的审查效率。最后，就专利审查的整体效率而言，专利复审委员会的依职权审查，看似在个案中提高了审查效率，但整体上未必能提供专利审查效率。依职权审查的做法给了原审查部门的审查员一个心理暗示——审得好不好没关系，反正后面还有专利复审委员会兜底。因此，依职权审查的做法极可能会反向激励原审查部门的审查员追求审查效率，忽视审查质量，导致大量的专利申请进入复审程序。这反而从整体上降低了专利审查效率。如果专利复审委员会只审查驳回决定的事实认定和法律适用，对于错误的驳回决定坚决退回原审查部门重新审查，原审查部门的审查员为了工作业绩和个人声誉，必然会注重审查质量，减少错误，这样反而会减少进入复审程序的案件数量，从而整体上有利于提高专利审查效率。

还有一种质疑意见认为，如果专利复审委员会不依职权审查专利申请的其他缺陷，发现驳回决定错误的，一概予以撤销并发回原审查部门继续进行审查，原审查部门往往没有动力审查专利申请的其他缺陷，而是直接对专利申请予以授权，这就会产生很多垃圾专利，故为了避免出现这种情况，应当允许专利复审委员会依职权审查原驳回决定未指出的其他缺陷。应当说，这种意见的动机是非常好的，是为了确保授权专利的质量，避免产生垃圾专利。但是，笔者还是不敢赞同。首先，从主观上推定原审查部门的审查员没有动机进一步审查专利申请的其他缺陷，没有充分的依据。我们不应当把审查员的职业道德和工作责任心想象得过于糟糕。其次，专利复审委员会在发回原审查部门继续进行审查时，可以提示原审查部门在进一步审查时应当重点关注专利申请的哪些缺陷和问题。这一点可以学习二审法院发回重审时的做法。二审法院在将案件发回原审法院重审时，一般都会提示一审法院重审时注意哪些问题。专利复审委员会完全可以学习这种做法。最后，原审查部门也可以通过案件质量监控机制，确保专利审查质量，避免垃圾专利产生。总之，上述质疑和担心是不必要的。

四、典型案例评析

【案例 1-1】赢创德固赛公司与国家知识产权局专利复审委员会发明专利申请驳回复审行政纠纷案[1]

◆ 基本案情

赢创德固赛公司提出了名称为"表面改性的沉淀二氧化硅"的发明专利申请（以下简称"涉案专利申请"）。2009 年 12 月 4 日，国家知识产权局以涉案专利申请权利要求 1～31 不符合 2000 年修正的《专利法》第三十三条的规定为由，驳回了涉案专利申请。赢创德固赛公司不服，于 2010 年 3 月 18 日向专利复审委员会提出复审请求，并同时修改了权利要求书。2011 年 3 月 15 日，专利复审委员会作出第 30895 号专利复审请求审查决定（以下简称"第 30895 号决定"）。该决定认定：赢创德固赛公司对权利要求书的修改符合《专利法》第三十三条和《专利法实施细则》第六十条第一款的有关规定。在对比文件 1 的基础上结合本领域公知常识得到涉案专利申请权利要求 1 所要求保护的技术方案，对所属领域的技术人员来说是显而易见的，权利要求 1 所要求保护的技术方案不具有突出的实质性特点，不具备《专利法》第二十二条第三款规定的创造性。专利复审委员会遂决定维持国家知识产权局针对涉案专利申请作出的驳回决定。

德固赛公司不服，提起行政诉讼。

一审法院认为：驳回决定指出涉案专利申请权利要求 1～31 不符合《专利法》第三十三条的规定。在复审程序中赢创德固赛公司修改了涉案专利申请的权利要求书，第 30895 号决定认定其

---

[1] 参见：北京市第一中级人民法院（2011）一中知行初字第 2876 号行政判决书，北京市高级人民法院（2012）高行终字第 1486 号行政判决书及最高人民法院（2014）知行字第 2 号行政裁定书。

对权利要求书的修改符合《专利法》第三十三条和2002年修改的《专利法实施细则》第六十条第一款的有关规定，但第30895号决定以修改后的权利要求1不具备创造性为由，维持了驳回决定。专利复审委员会认为复审决定可以对驳回决定未指出的明显实质性缺陷进行评述并维持驳回决定，第30895号决定的作出即属于这种情况。《审查指南2006》第一部分第一章第1节所规定的发明专利申请文件的明显实质性缺陷审查的情况，以及其第一部分第一章第7节中列举的"明显实质性缺陷的审查"所包括条款，均未明确包括《专利法》第二十二条第三款有关创造性的内容。虽然上述规定均属于针对发明专利申请的初步审查，但根据《专利法实施细则》第五十三条的规定，在相关"明显实质性缺陷审查"的规定中并不包括审查创造性问题，故专利复审委员会认为在审查驳回决定是否合法时，主动审查涉案专利申请是否具备创造性的问题属于"明显实质性缺陷"没有法律依据，不应予以支持。

虽然专利复审委员会可以对所审查的案件依职权进行审查，而不受当事人提出的理由、证据的限制，但并不意味着其对案件进行审查不受法律、法规及规章规定的约束。作为专利复审案件，专利复审委员会是基于赢创德固赛公司的请求对驳回决定进行审查，专利复审委员会适用依职权原则，引入新理由进行评审缺乏法律依据，不予支持。因此，专利复审委员会作出第30895号决定程序违法，依法应予撤销。综上，一审法院判决：撤销第30895号决定，由专利复审委员会重新作出决定。

二审法院认为：关于专利复审委员会在复审程序中是否可以超出驳回决定所依据的理由和证据的范围进行审理。根据《专利法》第四十一条第一款的规定，国务院专利行政部门设立专利复审委员会。专利申请人对国务院专利行政部门驳回申请的决定不服的，可以自收到通知之日起3个月内，向专利复审委员会请求复审。专利复审委员会复审后，作出决定，并通知专利申请人。《专利法实施细则》第六十三条第一款规定，专利复审委员会进行复审后，认为复审请求不符合《专利法》和《专利法实施细则》有关规定的，应当通知复审请求人，要求其在指定期限内陈述意见。期满未答复的，该复审请求视为撤回；经陈述意见或者进行修改后，专利复审委员会认为仍不符合《专利法》和《专利法实施细则》有关规定的，应当作出维持原驳回决定的复审决定。《专利法实施细则》第六十二条第二款规定，专利复审委员会进行复审后，认为原驳回决定不符合《专利法》和《专利法实施细则》有关规定的，或者认为经过修改的专利申请文件消除了原驳回决定指出的缺陷的，应当撤销原驳回决定，由原审查部门继续进行审查程序。

根据前述法律、法规的规定，复审程序系因专利申请人对驳回决定不服而启动的行政救济程序，即基于专利申请人提出而启动，专利复审委员会以审查驳回决定合法性为其基本审查范围。在复审程序中，专利复审委员会一般应仅针对驳回决定所依据的理由和证据进行审查，而不能超出驳回决定所依据的理由和证据范围之外进行审查；但是，为了提高授权专利的质量，提升行政效率，节约成本，避免不合理地延长审查程序，专利复审委员会可以在特定情况下依职权对驳回决定未提及的明显实质性缺陷等进行相应审查。因此，复审程序中专利复审委员会以驳回决定所依据的事实和理由为其审查的基本范围，以依职权引入新的理由进行审查为其例外情形。这样才能有效保障行政相对方即专利申请人的合法权益。同时，根据《专利法》和《专利法实施细则》对专利文本修改的相关规定，专利申请人可能因专利复审委员会审查范围的不当扩大，导致其丧失通过修改专利文本克服申请文本中缺陷的机会，从而直接损害专利申请人的合法权利。《审查指南2006》第四部分第二章第4.1节规定：在复审程序中，合议组一般仅针对驳回决定所依据的理由和证据进行审查。除驳回决定所依据的理由和证据外,合议组发现审查文本中存在下列缺陷的,可以对与之相关的理由及其证据进行审查,并且经审查认定后,应当依据该理由及其证据作出维持驳回决定的审查决定:(1) 足以用在驳回决定作出前已告知过申请人的其他理由及其证据予以驳回的缺陷。(2) 驳回决定未指出的明显实质性缺陷或者与驳回决定所指出的缺陷性质相同的缺陷。前述规定即是对专利复审委员会在复审程序中引入依职权审查原则的具体限定。

《审查指南2006》是专利复审委员会在复审程序中应当遵循的部门规章。因此在复审程序中,专利复审委员会一般应当针对驳回决定的理由及证据进行审查,对驳回决定不符合《专利法》和《专利法实施细则》有关规定的,或者认为经过修改的专利申请文件消除了原驳回决定指出的缺陷的,则应当撤销原驳回决定,但当存在前述《审查指南2006》所规定的两种情形时,专利复审委员会可以在告知专利申请人并给予其陈述意见机会的前提下,超出驳回决定所依据的理由和证据而作出维持驳回决定的审查决定。

(1) 关于在复审程序中的"明显实质性缺陷的审查"应当如何界定。《审查指南2006》中未明确规定"明显实质性缺陷的审查"的适用范围,但是由于其作为专利复审委员会在复审程序中可以进行依职权原则超出驳回决定所依据的理由和证据范围进行审查的例外情形,故有必要对"明显实质性缺陷的审查"进行相应界定。由于复审程序系基于专利申请人对驳回决定不服而启动,同时在发明专利申请过程中,国务院专利行政部门对发明专利申请将进行初步审查和实质审查,而在前述二个审查阶段均可能出现由于发明专利申请不符合相关法律、法规规定而予以驳回的情形,专利申请人亦可以因不服驳回决定而申请复审,因此"明显实质性缺陷的审查"具体的适用范围必然会因驳回决定审查范围的不同而产生差异。

在发明专利申请中设定初步审查，主要是因为发明专利申请在进行实质审查过程中周期相对较长，如果在实质审查结束后再行公布发明专利申请的内容，可能会造成对同一领域、同一技术问题的重复研究、投资与申请的概率增大，不利于经济整体的发展，也不能有效发挥专利制度的作用，因此需要在授予发明专利之前公布发明专利申请内容。由此，发明专利申请初步审查主要是对其申请文件形式是否符合《专利法》及《专利法实施细则》、所提交的其他与发明专利申请有关的其他文件形式、是否履行相关缴费义务等进行审查，原则上并不涉及实质问题的审查。另一方面，发明专利申请的实质性审查是在初步审查的基础上，对发明专利申请文件进行更为深入和全面的审查，特别是就申请保护的发明进行现有技术检索，并审查要求保护的发明是否具备新颖性、创造性和实用性等，最终决定是否授予专利权，当然在此审查过程中对初步审查的内容也必然会予以涉及。正是基于初步审查与实质审查本身的审查范围、方式、内容的差异，其所对应的复审程序也必然存在区别，由此基于上述不同所涉及的"明显实质性缺陷的审查"范围也必然存在差异。

虽然一审判决试图对"明显实质性缺陷的审查"范围进行界定，但是其所引述《审查指南2006》第一部分第一章第1节和第7节的内容均系以初步审查为基础的"明显实质性缺陷的审查"的规定，而本案所涉及的系在实质性审查阶段不服驳回决定而产生的复审程序，应当以在实质性审查阶段的"明显实质性缺陷的审查"进行界定，一审判决将发明专利初步审查与实质审查中的"明显实质性缺陷的审查"范围进行等同界定缺乏依据，专利复审委员会此部分上诉请求具有事实及法律依据，最高人民法院予以采纳。

发明专利申请实质审查中应当予以驳回的情形由《专利法实

施细则》第五十三条进行了规定，但是专利复审委员会在复审程序中不能简单以上述规定为依据而随意对"明显实质性缺陷的审查"范围进行界定；而应当依据个案的具体情况，以避免审级损失、遵循当事人请求为其基本原则，以依职权审查为例外，对"明显实质性缺陷的审查"适用进行严格限定，从而保障专利申请人的合法权益，确保复审程序的基本属性。

（2）关于该案中专利复审委员会作出的第30895号决定是否具有事实及法律依据。在最高人民法院审理过程中，专利复审委员会明确表示赢创德固赛公司在复审程序中所修改的涉案专利申请权利要求书符合《专利法》第三十三条和《专利法实施细则》第六十条第一款的有关规定，消除了驳回决定所指出的缺陷，但认为修改后的权利要求1不具备创造性，并且认为其属于明显实质性缺陷的范畴，故作出第30895号决定维持了驳回决定。由于涉案驳回决定系针对涉案专利申请权利要求1~31不符合《专利法》第三十三条和《专利法实施细则》第六十条第一款的有关规定所作出，赢创德固赛公司不服提出复审请求，其进行修改后的涉案专利申请权利要求书系针对驳回决定所提出的缺陷所完成，专利复审委员会在第30895号决定中根据《专利法》第二十二条第三款的创造性进行评述，该理由并非专利复审委员会在审查驳回决定时所必然涉及的事由；同时在本案中对于创造性的认定并非属于以本领域技术人员的知识水平无须深入调查证实即可得出的事由，因此专利复审委员会在本案中直接引入创造性问题不应属于"明显实质性缺陷"的范畴。同时，专利复审委员会关于节约当事人时间、避免案件在实审程序和复审程序之间来回振荡的上诉主张，亦不能作为其作出第30895号决定具有合法性的依据。因此，一审判决认定第30895号决定程序违法，并予以纠正并无不当。专利复审委员会此部分上诉理由缺乏事实及法律依据，最高人民法院不予支持。《审查指南2006》第四部分第一章

第2.4节中规定，专利复审委员会可以对所审查的案件依职权进行审查，而不受当事人提出的理由、证据的限制，但这并不意味着专利复审委员会对案件依职权进行审查的范围不受任何限制。根据本案的上述认定，专利复审委员会在第30895号决定中引入新理由显然不属于其可以适用依职权原则的范围，故专利复审委员会此部分上诉理由缺乏法律依据，最高人民法院不予采纳。

综上，二审法院判决：驳回上诉，维持原判决。

专利复审委员会不服二审判决，向最高人民法院提出再审申请。

最高人民法院认为：关于涉案专利权利要求1的创造性判断是否属于"明显实质性缺陷"情形的问题。《审查指南2006》在"发明专利申请的初步审查"部分列举了属于"明显实质性缺陷"的各种情形，包括是否属于完整的技术方案、是否违反法律或社会公德等情形，都属于本领域技术人员无须深入调查证实或无须技术比对即可判定的情形，但是发明创造的创造性评价并不包括其中。《审查指南2006》在"实质审查"以及"复审与无效请求的审查"部分并未对"明显实质性缺陷"的情形作出具体规定。虽然初步审查与实质审查、复审无效审查阶段的"明显实质性缺陷"的审查范围不应当完全一致，但在上述三个阶段中的"明显实质性缺陷"情形的性质应当相同。因此，在"实质审查"以及"复审与无效请求的审查"阶段对"明显实质性缺陷"的审查，应当依照《审查指南2006》在初步审查部分列举情形的性质，根据个案的具体情形判断。《审查指南2006》所列举的初审阶段"明显实质性缺陷"在"实质审查"以及"复审与无效请求的审查"阶段当然也属于"明显实质性缺陷"。

对本技术领域的技术人员来说，发明创造的创造性是指其相对于现有技术是非显而易见的，是否具备创造性是授予发明创造专利权的必要条件。评价创造性时，不仅要考虑发明创造的技术方案本身,而且还要考虑发明创造所属的技术领域以及所解决的技术问题和所产生的技术效果,因此,不宜将《审查指南2006》列明的"明显实质性缺陷"扩大解释到创造性。专利复审委员会的再审申请理由不成立,最高人民法院不予支持。

关于该案是否属于专利复审委员会依职权审查的情形的问题。依据《审查指南2006》,专利复审委员会一般仅针对驳回决定所依据的理由和证据进行审查,也可以不受当事人请求的范围和提出的理由、证据的限制而依职权审查。《审查指南2006》同时明确规定了可以依职权审查的情形,即足以用在驳回决定作出前已告知过申请人的其他理由及其证据予以驳回的缺陷;驳回决定未指出的明显实质性缺陷或者与驳回决定所指出的缺陷性质相同的缺陷。可见,专利复审委员会依职权审查专利申请属于例外,应当严格依据法律、法规及规章的相关规定进行。涉案申请的创造性评价在此前的驳回决定中并未涉及,同时也不属于"明显实质性缺陷",因此该案显然不属于专利复审委员会可以依职权审查的情形。专利复审委员会的再审申请理由不成立,最高人民法院不予支持。

综上,最高人民法院裁定:驳回专利复审委员会的再审申请。

◆ 评　述

专利复审程序中,专利申请的"明显实质性缺陷"是指什么?三级法院提出了不同的观点。

一审法院认为,《审查指南2006》第一部分第一章第1节、第7节中列举的发明专利申请的初步审查程序中的"明显实质性缺陷的审查"均不包括创造性的问题,专利复审委员会依职权审查涉案专利申请的创造性问题,缺乏法律依据。

二审法院认为,由于专利申请初步审查与实质审查本身的审查范围、方式、内容的差异，其所对应的复审程序也必然存在区别，"明显实质性缺陷的审查"范围也必然存在差异，复审程序中的"明显实质性缺陷的审查"范围与专利申请初步审查程序中的"明显实质性缺陷的审查"范围应当有所不同。但是，专利复审委员会不能简单地以《专利法实施细则》第五十三条为依据而随意对"明显实质性缺陷的审查"范围进行界定，创造性的问题并非属于以本领域技术人员的知识水平无须深入调查证实即可得出的事由，不属于"明显实质性缺陷"的范畴。

再审法院认为，虽然初步审查与实质审查、复审无效审查阶段的"明显实质性缺陷"的审查范围不应当完全一致，但在上述三个阶段中的"明显实质性缺陷"情形的性质应当相同。在"实质审查"以及"复审与无效请求的审查"阶段对"明显实质性缺陷"的审查，应当依照《审查指南2006》在初步审查部分列举情形的性质，根据个案的具体情形判断。创造性的问题比较复杂，不宜归入"明显实质性缺陷"的范围。

一审法院的观点实际上是认为复审程序中的"明显实质性缺陷"与初步审查程序中的"明显实质性缺陷"的范围应当保持一致。正如上文所言，根据法律解释学的基本观点，同一部法律中的同一术语，如无特别说明，应当作相同对待，一审法院的观点无疑符合法律解释学的基本观点，具有一定的合理性。二审法院认为初步审查程序与实质审查程序不同，"明显实质性缺陷"的范围也应当不同，相应的复审程序中"明显实质性缺陷"的范围也应当不同。这种观点对专利复审委员会比较宽松。再审法院的观点与一审法院、二审法院的观点均有所不同，认为初步审查与实质审查、复审无效审查阶段的"明显实质性缺陷"的审查范围不应当完全一致，但在性质上应当相同。根据笔者的理解，所谓"性质应当相同"，是指实质审查程序和复审程序中的"明显实质性缺陷"应当和初步审查程序中的"明显实质性缺陷"的性质相同，即缺陷应当是明显的，不需要进行复杂的事实认定即可确认的缺陷。再审法院的解释方法是一种概念出发型的解释方法，从概念的性质出发进行解释，用缺陷的性质上的"明显"性来统一"明显实质性缺陷"的范围。

　　该案中展现出来的问题，其实还值得进一步思考。什么是"明显实质性缺陷"，复审程序中的"明显实质性缺陷"的范围应该多大合适？这是争议极大的问题。上述案例表明，专利复审委员会和三级法院都有不同的见解。"明显实质性缺陷"范围的掌握，弹性极大，是审查员和法官容易滥用裁量权的地方，也容易导致专利申请人无所适从。从法律适用的确定性和可预期性出发，我们应当尽量排除弹性极大的法律概念，消除审查员和法官手里的自由裁量权。因此，与其争论"明显实质性缺陷"的范围究竟应该多大合适，还不如从《专利法》第四十一条和《专利法实施细则》第六十三条的规定出发，通过法律解释技术，认定专利复审是救济程序，确定专利复审的审查范围只能是复审请求人的请求和理由及其所针对的驳回决定的事实认定和法律适用等事项。这样，能最大限度地减少专利审查实践中的争议，给专利申请人一个稳定的心理预期。

第二章 专利确权程序中的问题

第一节 专利确权程序的法律性质

一、专利确权程序是准司法裁决程序

专利确权程序，即确认专利权效力的程序。《专利法》第四十五条规定："自国务院专利行政部门公告授予专利权之日起，任何单位或者个人认为该专利权的授予不符合本法有关规定的，可以请求专利复审委员会宣告该专利权无效。"第四十六条规定："专利复审委员会对宣告专利权无效的请求应当及时审查和作出决定，并通知请求人和专利权人。宣告专利权无效的决定，由国务院专利行政部门登记和公告。对专利复审委员会宣告专利权无效或者维持专利权的决定不服的，可以自收到通知之日起三个月内向人民法院起诉。人民法院应当通知无效宣告请求程序的对方当事人作为第三人参加诉讼。"《专利审查指南2010》第四部分第三章第1节"引言"亦规定："无效宣告程序是专利公告授权后依当事人请求而启动的、通常为双方当事人参加的程序。"

根据上述规定，专利确权程序是由专利复审委员会根据专利无效请求人的请求对专利权的效力进行审查的裁决程序。在该程序中，无效请求人和专利权人为对抗的双方当事人，专利复审委员会居中裁决。这种"两造对抗"、专利复审委员会居中裁决的

程序酷似司法程序，故可称为准司法程序。

二、专利确权程序应当遵循的原则

根据《专利审查指南 2010》的规定，专利确权程序应当遵守的原则包括合法原则、公正执法原则、请求原则、依职权审查原则、听证原则、公开原则、一事不再理原则、当事人处置原则和保密原则。❶ 其中最关键的是请求原则、依职权审查原则和听证原则。

请求原则，是指专利权无效宣告程序应当基于无效请求人的请求启动，并基于无效请求人的请求而终止，专利复审委员会不得依职权启动和终止专利权无效宣告程序。但是，请求原则有时候也受到一定的限制。例如，无效请求人在专利复审委员会作出无效宣告请求审查决定前撤回其请求，专利复审委员会认为根据已进行的审查工作能够作出宣告专利权无效或者部分无效的决定的，可以不终止审查程序。无效请求人在审查决定的结论已宣布或者书面决定已经发出之后撤回请求的，不影响审查决定的有效性。

依职权审查原则，根据《专利审查指南 2010》的规定，是指专利复审委员会可以对所审查的案件依职权进行审查，而不受当事人请求的范围和提出的理由、证据的限制。

听证原则，是指专利复审委员会在作出审查决定之前，应当给予审查决定对其不利的当事人针对审查决定所依据的理由、证据和认定的事实陈述意见的机会，即审查决定对其不利的当事人已经通过通知书、转送文件或者口头审理被告知过审查决定所依据的理由、证据和认定的事实，并且具有陈述意见的机会。在作出审查决定之前，在已经根据人民法院或者地方知识产权管理部

---

❶ 参见：《专利审查指南 2010》第四部分"复审与无效请求的审查"。

门作出的生效的判决或者调解决定变更专利申请人或者专利权人的情况下，应当给予变更后的当事人陈述意见的机会。

如上所述，根据《专利审查指南 2010》的有关规定，依职权审查是专利确权程序应当遵守的一项原则。对此，笔者不敢认同，依职权审查只能是例外而不能是应当普遍遵守的原则。原则，一般是指行事或者说话应当普遍遵循的准则。如果依职权审查是一项原则，那就意味着在专利确权程序中，专利复审委员会应当普通地依职权进行审查，而不受无效请求人所提出的请求理由和证据的约束。但是，这显然不是、也不应当成为专利确权程序的情形。依职权审查原则和请求原则在性质上是对立的，既然请求原则是专利确权程序应当遵守的原则，那么依职权审查就不应当成为专利确权程序的原则，而只能是一项例外。亦即，当事人请求原则是专利确权程序应当遵守的原则，而依职权审查不能同时成为原则，而只能是例外。

依职权审查是专利确权程序的例外，意味着专利复审委员会不应当普遍行使依职权审查的权力，而只能在例外的情况下行使该项权力。《专利审查指南 2010》第四部分第三章第 4.1 节"审查范围"规定："在无效宣告程序中，专利复审委员会通常仅针对当事人提出的无效宣告请求的范围、理由和提交的证据进行审查，不承担全面审查专利有效性的义务。"该项规定是对笔者上述观点的一个很好的诠释，也就是说，专利复审委员会原则上应当尊重当事人请求原则，仅针对当事人提出的无效宣告请求的范围、理由和提交的证据进行审查，不承担全面审查专利有效性的义务。只有在例外的情况下，专利复审委员会才可以依职权进行审查。对此，《专利审查指南 2010》第四部分第三章第 4.1 节"审查范围"也进行了明确的列举，即在以下七种情形下专利复审委员会可以依职权进行审查：（1）请求人提出的无效宣告理由明显与其提交的证据不相对应的，专利复审委员会可以告知其有关法律规定的含义，允许其变更或者依职权变更为相对应的无效宣告理由。例如，请求人提交的证据为同一专利权人在专利申请日前申请并在专利申请日后公开的中国发明专利文件，而无效宣告理由为不符合《专利法》第九条第一款的，专利复审委员会可以告知请求人《专利法》第九条第一款和第二十二条第二款的含义，允许其将无效宣告理由变更为该专利不符合《专利法》第二十二条第二款，或者依职权将无效宣告理由变更为该专利不符合《专利法》第二十二条第二款。（2）专利权存在请求人未提及的明显不属于专利保护客体的缺陷，专利复审委员会可以引入相关的无效宣告理由进行审查。（3）专利权存在请求人未提及的缺陷而导致无法针对请求人提出的无效宣告理由进行审查的，专利复审委员会可以依职权针对专利权的上述缺陷引入相关无效宣告理由并进行审查。例如，无效宣告理由为独立权利要求1不具备创造性，但该权利要求因不清楚而无法确定其保护范围，从而不存在审查创造性的基础的情形下，专利复审委员会可以引入涉及《专利法》第二十六条第四款的无效宣告理由并进行审查。（4）请求人请求宣告权利要求之间存在引用关系的某些权利要求无效，而未以同样的理由请求宣告其他权利要求无效，不引入该无效宣告理由将会得出不合理的审查结论的，专利复审委员会可以依职权引入该无效宣告理由对其他权利要求进行审查。例如，请求人以权利要求1不具备新颖性、从属权利要求2不具备创造性为由请求宣告专利权无效，如果专利复审委员会认定权利要求1具备新颖性，而从属权利要求2不具备创造性，则可以依职权对权利要求1的创造性进行审查。（5）请求人以权利要求之间存在引用关系的某些权利要求存在缺陷为由请求宣告其无效，而未指出其他权利要求也存在相同性质的缺陷，专利复审委员会可以引入与该缺陷相对应的无效宣告理由对其他权利要求进行审查。例如，请求人以权利要求1增加了技术特征而导致其不符合《专利法》第三十三条的规定为由请求宣告权利要求1无效,而未指出从属权利要求2也存在同样的缺陷,专利复审委员会可以引入《专利法》第三十三条的无效宣告理由对从属权利要求2进行审查。(6)请求人以不符合《专利法》第三十三条或者《专利法实施细则》第四十三条第一款的规定为由请求宣告专利权无效,且对修改超出原申请文件记载范围的事实进行了具体的分析和说明,但未提交原申请文件的,专利复审委员会可以引入该专利的原申请文件作为证据。(7)专利复审委员会可以依职权认定技术手段是否为公知常识,并可以引入技术词典、技术手册、教科书等所属技术领域中的公知常识性证据。

《专利审查指南2010》是行政规章,在不违反《专利法》《专利法实施细则》等上位法规定的前提下,人民法院在司法审查中可以参照。《专利审查指南2010》的上述规定具有正当性、合理性,也不违背《专利法》及《专利法实施细则》的有关规定,因此,人民法院在司法审查中通常参照执行。但是,专利复审委员会超出《专利审查指南2010》上述规定所列举的七种情形,依职权进行审查的,由于缺乏法律依据,一般应当认定为程序违法。例如,在宁波康福特健身器械有限公司与专利复审委员会及上海荣泰健身科技发展有限公司(以下简称"荣泰公司")实用新型专利权无效行政纠纷案中,荣泰公司向专利复审委员会请求宣告涉案专利权无效的理由是涉案专利权利要求1、2、4、5、6不具备新颖性,权利要求3、4、7不具备创造性。专利复审委员会经审查认定权利要求1、2、3、4、5、6不具备创造性,权利要求7具备创造性,据此宣告本专利权利要求1、2、3、4、5、6无效,在权利要求7的基础上维持涉案专利权继续有效。二审法院认为:专利复审委员会在专利权无效宣告程序中应当遵循依请求审查原则,通常仅针对当事人提出的无效宣告请求的范围、理由和提交的证据进行审查,不承担全面审查专利有效性的义务。在上述依请求审查原则之外还存在依职权审查的例外，如请求人请求宣告无效的专利有多个权利要求且这些权利要求之间存在从属关系，但请求人仅请求宣告从属权利要求无效，而未以同样的理由请求宣告被从属权利要求引用的权利要求无效时，如果不引入同样的无效宣告理由审查被引用的权利要求是否应被宣告无效，可能无法得出正确的审查结论，此时专利复审委员会可以依职权引入同样的无效宣告理由审查被引用的权利要求是否应被宣告无效。但需要注意的是，专利复审委员会不得主动开启专利权无效审查程序，依请求审查是专利权无效宣告审查程序的原则，依职权审查从来都不是专利权无效宣告审查程序的原则，它只是依请求审查原则的例外。而且，专利复审委员会在依职权审查时应当履行听证原则，确保专利权人与请求人都有陈述意见的权利和机会。该案中，荣泰公司主张涉案专利权利要求1、2、4、5、6不具备新颖性，权利要求3、4、7不具备创造性，专利复审委员会审查权利要求2、5、6的创造性，违反了依请求审查原则，且不属于专利复审委员会依职权审查的范围，违反了法定程序。❶

第二节　依职权审查的特殊问题

一、创造性判断中证据组合方式的变更

有一种观点认为，在涉及专利创造性判断的案件中，基于无效请求人请求的范围和提出的理由、证据，专利复审委员会可以依职权变更证据组合方式，例如变更最接近的现有技术，将证据

---

❶ 参见：北京市高级人民法院（2014）高行终字第1135号行政判决书。

1结合证据2的组合方式变更为证据2结合证据1；或者将证据1结合证据2、证据3结合证据4的组合方式变更为证据1结合证据4。这种观点合法合理吗？笔者试作如下分析：

假设无效请求人请求的证据组合方式为证据1结合证据2，专利复审委员会依职权变更证据组合方式为证据2结合证据1。这种变更会对创造性判断"三步法"的适用结论产生什么影响吗？

根据《专利审查指南2010》的规定，创造性的判断一般适用"三步法"：第一步，确定最接近的现有技术；第二步，确定发明的区别技术特征和发明实际解决的技术问题；第三步，判断要求保护的发明对本领域技术人员来说是否显而易见，即现有技术中是否给出将上述区别特征应用到该最接近的现有技术以解决其存在的技术问题（即发明实际解决的技术问题）的启示，这种启示会使本领域的技术人员在面对所述技术问题时，有动机改进该最接近的现有技术并获得要求保护的发明。

下述情况，通常认为现有技术中存在上述技术启示：（1）所述区别特征为公知常识，例如，本领域中解决该重新确定的技术问题的惯用手段，或教科书或者工具书等中披露的解决该重新确定的技术问题的技术手段。（2）所述区别特征为与最接近的现有技术相关的技术手段，例如，同一份对比文件其他部分披露的技术手段，该技术手段在该其他部分所起的作用与该区别特征在要求保护的发明中为解决该重新确定的技术问题所起的作用相同。（3）所述区别特征为另一份对比文件中披露的相关技术手段，该技术手段在该对比文件中所起的作用与该区别特征在要求保护的发明中为解决该重新确定的技术问题所起的作用相同。

证据组合方式的变更，对于"三步法"中第二步、第三步的适用极可能产生重大的影响。"三步法"的第二步是"确定发明的区别技术特特征和发明实际解决的技术问题"。将最接近的现有技术由证据1记载的技术方案变更为证据2记载的技术方案之后，由于最接近的技术方案不同，发明相对于最接近的现有技术的区别技术特征也不同，由此导致重新确定的发明实际解决的技术问题亦可能不同。发明实际解决的技术问题不同，会导致"三步法"中第三步的判断结论不同。因此，将证据1结合证据2的组合方式变更为证据2结合证据1的组合方式之后，适用"三步法"极可能得出不同的结论。如果专利复审委员会未征得双方当事人同意，未给予各方当事人陈述意见的机会，就依职权进行证据组合方式的变更，并作出审查决定，这就违反了《专利审查指南2010》明确规定的当事人请求原则和听证原则，背离了居中裁决的中立角色。当然，如果专利复审委员会认为证据1结合证据2的组合方式审查起来不方便，在征得当事人同意后，依职权变更证据组合方式为证据2结合证据1，并给予当事人陈述意见的机会，然后作出审查决定，则不违反请求原则。

总结一下，如果专利复审委员会征得当事人的同意，将证据1结合证据2的组合方式变更为证据2结合证据1的组合方式，并给予当事人陈述意见的机会，这种做法并无不当，应当允许；否则，在未征得当事人同意并给予陈述意见的机会的情况下，依职权变更证据组合方式，则违反当事人请求原则和听证原则，构成严重的程序违法。

同理，将证据1结合证据2、证据3结合证据4的组合方式变更为证据1结合证据4的组合方式，亦应当在征得当事人同意并给予陈述意见的机会的情况下进行，否则即构成严重的程序违法。

二、典型案例评析

【案例 2-1】百时美施贵宝公司与专利复审委员会、南京润诺生物科技有限公司发明专利权无效行政纠纷案[1]

◆ 基本案情

无效宣告请求人南京润诺生物科技有限公司请求以证据 1 中的实施例 66、99、1043 分别作为最接近的现有技术与涉案专利权利要求 1 进行对比分析和创造性判断。专利复审委员会并未以实施例 66、99、1043 作为最接近的现有技术,而是从证据 1 的权利要求中概括了一个通式化合物,并以该通式化合物作为最接近的现有技术,与涉案权利要求 1 进行对比分析和创造性判断,最终认定涉案权利要求 1 不具备创造性。百时美施贵宝公司不服,提起行政诉讼。一审法院判决维持专利复审委员会作出的被诉决定。

二审法院经审理认为:无效请求人南京润诺生物科技有限公司要求以证据 1 中的实施例 66、99、1043 分别作为最接近的现有技术与涉案专利权利要求 1 进行对比分析和创造性判断。但是,专利复审委员会以证据 1 记载的专利权利要求中提炼的通式化合物作为最接近的现有技术进行创造性判断。专利复审委员会未能举证证明或者合理说明上述通式仅为润诺公司提出的实施例 66、99、1043 的概括,因此,专利复审委员会的这一做法改变了无效请求人南京润诺生物科技有限公司主张的创造性判断的技术比对方式。技术比对方式的变更,对于区别技术特征的概括、涉案发明解决的技术问题的认定以及技术启示的判断,均可能产

---

[1] 参见:北京市高级人民法院(2015)高行(知)终字第 62 号行政判决书。

生影响。《专利审查指南2010》并未明确规定专利复审委员会可以依职权变更技术比对方式,在此情况下,专利复审委员会在该案中未事先释明有关情况并征求各方当事人的意见,即自行主动变更技术对比方式,这一做法缺乏法律依据。而且,专利复审委员会也没有给予各方当事人基于新的技术比对方式就涉案专利权是否具备创造性陈述意见的机会,就作出了对施贵宝公司不利的决定,这一做法违反了《专利审查指南2010》规定的听证原则。综上,专利复审委员会未围绕无效请求人润诺公司提出的无效理由和证据组合方式进行审查,依职权改变了创造性判断的技术比对方式,违反了《专利审查指南2010》明确规定的请求原则和听证原则,这一做法缺乏法律依据,违反了法定程序。二审法院遂判决撤销被诉决定。

◆ 评 述

在我国目前的制度语境下,专利确权程序属于行政程序,相应的诉讼为行政诉讼。但是,专利确权程序不同于一般的行政程序,具有"两造对抗"的性质,无效请求人和专利权人相互对抗,专利复审委员会居中裁决,因此,在程序性质上,专利确权程序具有准司法裁决的性质。基于此,专利确权程序应当贯彻当事人请求原则,专利复审委员会原则上应当基于无效请求人提出的请求、事实和理由进行审查,不得随意依职权进行审查,除非《专利审查指南2010》进行了明确的规定。如果专利复审委员会可以随意依职权进行审查,变更审查理由,相当于既当裁判员又当运动员,就会使得专利确权程序丧失"两造对抗"的性质,这显然既不合法亦不合理。因此,专利复审委员会依职权审查的情形应当受到严格的限制,除了《专利审查指南2010》明确规定的情形,依职权审查的做法均缺乏法律依据,构成程序违法。

第二章　专利确权程序中的问题

在专利创造性判断中，选定的最接近的现有技术不同，则诉争专利技术方案与最接近的现有技术的区别不同，重新确定的技术问题也不同，技术启示的判断结论也极有可能不同。该案中，专利复审委员会未征求当事人的意见，且不满足听证原则，就依职权改变了技术比对方式，显然违反了当事人请求原则和听证原则。因此，二审法院作出撤销被诉决定的判决。

第三章　对专利权利要求的解释

专利权利要求是一组语言符号，表达专利申请人或专利权人要求保护的权利范围。专利权利要求的作用不言而喻，正如美国联邦巡回上诉法院（the United States Court of Appeals for the Federal Circuit，CAFC）前首席法官 Rich 所言，现代专利法是一场名为"权利要求的游戏"。[1] 由于权利要求由语言符号组成，而语言符号具有多义性、歧义性，因此，权利要求的解释对于理解权利要求的内容，划定专利权的边界，具有十分重要的意义。我国《专利法》仅在第七章"专利权的保护"第五十九条原则性地规定"说明书和附图可以用于解释权利要求的内容"。根据其文义，该条规定似乎只适用于专利授权后的专利侵权程序。在专利授权程序及专利确权程序中，是否需要解释权利要求？如果需要，应当如何解释权利要求？《专利法》《专利法实施细则》和《专利审查指南 2010》均无明确规定。即使可以类推适用前述第五十九条的规定，在专利侵权程序、专利授权程序及专利确权程序中，权利要求的解释方法和标准是否应当有所不同？对此，实践中存在很多争议。研究这些问题，既能丰富权利要求解释的理论，又有重要的实践意义。

本章首先考察美国和欧洲专利局的权利要求解释规则，然后

---

[1] GILES S. RICH. Extent of the Protection and Interpretation of Claims——American Perspective, Int'l Rev. Indus. Prop. &Copyright L., 1990 (21)：497, 499. 转引自：闫文军. 专利权的保护范围：权利要求解释和等同原则适用 [M]. 北京：法律出版社，2007：1（前言）.

重点论述我国的权利要求解释规则。

第一节　美国的专利权利要求解释规则

他山之石，可以攻玉。让我们先考察一下美国的专利权利要求解释规则。

美国在专利权利要求解释这个问题上实行"双轨制"，即美国专利商标局（United States Patent and Trademark Office, USPTO）进行的行政程序及相应的司法审查程序中适用"最宽合理解释"标准，在联邦法院审理的专利侵权及无效案件中则适用"推定专利权有效"规则。

一、美国专利商标局的行政程序及相应司法审查程序适用"最宽合理解释"标准

（一）什么是"最宽合理解释"标准

专利权利要求解释的"最宽合理解释"标准源自美国，其英文为"Broadest Reasonable Interpretation"，是指专利审查员在专利审查程序中对权利要求进行解释时，应当对权利要求的术语（term）尽可能地作出宽泛的解释，只要这种解释与说明书的描述一致，并且与本领域技术人员阅读专利文件之后得出的理解一致即可。例如，对于权利要求中记载的技术特征"地板"，如果没有明确限定其材质，即使说明书的实施例公开的是木板，也不应当然受此限制，如果塑料地板同样能实现发明目的，就可以将权利要求中的"地板"解释为涵盖塑料地板。"最宽合理解释"标准有两个要素，一为"最宽"，二为"合理"。"最宽"一词容易引人误解，让人误以为应当对权利要求的术语不受限制地作出

"最宽"的解释,其实不然,"最宽"解释的前提是"合理",即要在"合理"的限度内作出"最宽"的解释。合理性的要求体现在:第一,解释应当与专利说明书保持一致,不能超出说明书的记载毫无限制地作出最宽解释,亦即专利说明书有特别限定的,应遵从其特别限定;第二,权利要求的术语在专利说明书中没有特别限定的,应当采该术语的通常含义(ordinary and customary meaning);第三,对权利要求的解释应当与本领域技术人员的理解保持一致。❶因此,"最宽合理解释"的精髓不是"最宽"解释,而是在"合理"的限度内作出最宽的解释,即在不超出专利说明书的记载和本领域技术人员对专利文件的正常理解的前提下,对权利要求作出尽量宽泛的解释。

上文提到,权利要求的术语在专利说明书中没有限定的,应当采该术语的通常含义。接下来的问题是,什么是权利要求术语的通常含义?是应当脱离专利文件、仅依赖本领域的教科书和词典等外部证据确定术语的通常含义,还是应当在专利文件语境下确定术语的通常含义?对此,美国 *Manual of Patent Examining Procedure*(PEP,相当于我国的"审查指南")中明确提到:"在最宽合理解释标准中,权利要求的文字必须给予通常含义,除非该含义和说明书不一致。术语的通常含义,是指在发明作出时所属领域的普通技术人员所给予该术语的普通、惯常之义。术语的通常含义可以通过一系列资料予以证明,包括权利要求文字本身、说明书、附图和在先技术。但是,最佳的资料是说明书。"据此,权利要求术语的通常含义的确定,不能脱离专利文件,尤其不能脱离专利说明书。❷ 美国联邦巡回上诉法院在 Medrad,

---

❶ See In re Morris, 127 F. 3d, at 1054; JOEL MILLER. Claim Construction at the PTO——The "Broadest Reasonable Interpretation" [J]. J. Pat. & Trademark Off. Soc'y, 88 (3): 279—288.

❷ See MPEP Rev. 07. 2015, November 2015, at 2100—37.

Inc. v. MRI Devices Corp. 案中对此作出了进一步的解释："我们不能在真空中寻找（权利要求）术语的通常含义，相反，我们必须在说明书和审查历史档案的语境下寻找（权利要求）术语的通常含义。"❶ 后来在其全席审理的 Phillips v. AWH 案判决中对上述解释规则予以明确认可。❷ 虽然上述两案为侵权案件，但是，该两案确定的这一解释规则同样适用于美国专利商标局的行政程序和相应的诉讼程序。结合 MPEP 的规定和上述两案的判决，我们可以明确，权利要求中的术语的通常含义，是指在发明作出时本领域普通技术人员阅读权利要求书、说明书和附图之后对该术语所能理解的普通、惯常之义，通常含义的确定不能脱离权利要求书、说明书和附图而仅依靠外部证据。

美国专利商标局采取"最宽合理解释"标准已有上百年的历史。在过去的八十多年里，法院从未质疑该做法。1932 年，美国联邦巡回上诉法院的前身——海关和专利上诉法院（CCPA），在 In re Horton 案❸中第一次明确认可"最宽合理解释"作为专利申请的审查标准。1981 年，美国海关和专利上诉法院在 In re Reuter 案❹中再次认可将"最宽合理解释"作为再颁（reissue）申请的审查标准。1984 年，美国联邦巡回上诉法院在 In re Yamamoto 案❺中认可"最宽合理解释"作为再审查（reexamination）的标准。

在法院确认了"最宽合理解释"标准之后，美国专利商标局将该解释标准明确规定于 MPEP 中。MPEP 在"可专利性"一章中专节规定"最宽合理解释"标准，开宗明义地指出：在专利

---

❶ See Medrad, Inc. v. MRI Devices Corp., 401 F. 3d 1313, 1319 (Fed. Cir. 2005).
❷ See PHILLIPS v. AWH CORP. 415 F. 3d 1313.
❸ See In re Horton, 58 F. 2d 682.
❹ See In re Reuter, 651 F. 2d 751.
❺ See In re Yamamoto, 740 F. 2d 1569.

审查过程中，必须对权利要求作出与说明书相一致的"最宽合理解释"，即不能仅仅根据专利权利要求的字面语言进行解释，而应在专利说明书的视野内由本领域普通技术人员给予"最宽合理解释"。MPEP还特别强调了两点：第一，采取"最宽合理解释"标准的道理是，申请人在审查过程中有机会修改权利要求，从而降低权利要求在授权后获得比其正当边界更宽解释的可能性。第二，"最宽合理解释"并非最宽可能的解释（broadest possible interpretation），而必须以合理为限，术语的含义必须与其在本领域的通常含义保持一致（除非专利说明书给出特别定义），并且必须与专利说明书及附图中的用法保持一致，此外，"最宽合理解释"还必须与本领域普通技术人员能够达到的认识一致。❶

（二）"最宽合理解释"标准的适用范围

如前所述，在美国，专利权利要求的解释并不是采用单一标准，而是实行"双轨制"。美国专利商标局在专利审查（examination）及授权后的再颁（reissue）、再审查（reexamination）等程序中适用"最宽合理解释"标准；近年来美国联邦巡回上诉法院在专利授权后的多方复审程序中（Inter Partes Review，IPR）也采用该标准，但引发了很多争议，不过美国联邦最高法院在Cuozzo案中一锤定音，明确IPR程序中可以适用"最宽合理解释"标准。法院在专利侵权及无效程序中则有限制地适用"专利权推定有效"原则，即权利要求的术语在说明书中有限定的，采其限定之义，无限定的，采其所属技术领域的通常含义，并不作"最宽合理解释"。❷

美国之所以贯彻"双轨制"，是因为美国专利商标局和法院

---

❶ See MPEP "2111 Claim Interpretation: Broadest Reasonable Interpretation" Rev. 07. 2015，November 2015.

❷ See PHILLIPS v. AWH CORP. 415 F. 3d 1311—1327.

的审查理念不同，前者是专利审查的质疑主义，后者是授权后的专利权推定有效主义，从而导致前者的解释标准是"最宽合理解释"，后者的解释标准是"推定专利权有效"原则下的"普通含义"（ordinary meaning）。

"双轨制"具有一定的合理性。在专利授权程序及授权后的再颁、再审查程序中，专利申请人（专利权人）对权利要求享有较大的修改自由，因此，应当采用"最宽合理解释"标准对权利要求进行解释，以促使专利申请人对权利要求进行修改、完善，消除权利要求中文字的模糊性，准确地界定其保护范围。例如，在授权程序中，专利申请人与审查员通常要对权利要求的撰写进行反复的沟通，为了确保专利申请人获得的专利保护范围与其实际的技术贡献相适应，审查员通常会对权利要求进行"最宽合理解释"，即只要与专利说明书的记载和所属技术领域的通常理解不矛盾，就要对权利要求的术语作出最宽泛的解释，进而在较大范围内检索现有技术，挑战专利申请技术方案的可专利性，迫使专利申请人修改权利要求并将其限定在合理的保护范围内。以前面提到的"地板"为例，权利要求书中记载的"地板"没有明确限定其材质，即使说明书的实施例公开的是木板，也不应当将权利要求中的"地板"当然地限定为木地板，如果塑料地板同样能实现发明目的，就可以将权利要求中的地板解释为涵盖塑料地板。这样，如果现有技术中公开了塑料地板的发明，就可以用来挑战上述权利要求（"地板"）的可专利性，迫使专利申请人将权利要求中的"地板"修改为木地板，以清楚准确地界定其专利保护范围。

在美国专利商标局的专利审查程序中采用"最宽合理解释"标准，具有多方面的好处：第一，可以促使专利申请人进一步修改、完善其撰写的专利要求书，消除权利要求中的模糊用语，提高权利要求的公示价值。第二，可以促使专利申请人准确界定权

45

利要求的保护范围，将权利要求限定在与其技术贡献相适应的合理保护范围。第三，可以降低专利授权后社会公众对权利要求的信息解读成本。权利要求的解释是一种信息处理工作，需要付出成本。❶ 一个好的制度应当尽量降低信息处理成本。如果权利要求中的语词具有宽泛的含义，在专利侵权程序中要准确地界定其保护范围，则要详细地阅读说明书，采用说明书的内容来限定权利要求中语词的含义，这种复杂的解释工作需要耗费较多的人力和时间成本。如果在授权时，权利要求书中采用了与说明书限定含义一致的词语，使得权利要求的字面含义和说明书限定的含义基本一致，则可以显著地降低授权后权利要求的解读成本，有效提升权利要求的公示作用。

与行政程序中适用"最宽合理解释"标准不同，法院在专利侵权和无效程序中有限制地适用"专利权推定有效"原则，即根据权利要求本身、说明书和附图、审查历史档案等内部证据确定权利要求中术语的含义，必要时也可以采用专家证言、发明人证词、词典、论文等外部证据，解释权利要求中的术语，尽量朝着维持专利权有效的方向进行解释，不能对权利要求作出宽泛的解释。❷ 这样解释有两个好处：第一，确保已授权的权利要求不超出其正当范围，不妨碍社会公众的行为自由；第二，尽量合理地解释权利要求以维持其有效，避免宽泛解释导致权利要求动辄被法院认定为无效。但是，"推定专利权有效"原则并不是绝对的，而是有限制的。美国联邦巡回上诉法院全席审理 Phillips v. AWH 案后澄清如下：只有法院穷尽了权利要求解释的所有可用手段之后，发现权利要求的含义仍然模棱两可，才能朝着维持专利权有效的方向解释权利要求，如果权利要求只有唯一一种合

---

❶ 参见：陈文煊. 专利权的边界：权利要求的文义解释与保护范围的政策调整[M]. 北京：知识产权出版社，2014：39—69.

❷ See PHILLIPS v. AWH CORP. 415 F. 3d 1311—1319.

理解释，就不能为了维持专利权有效而将权利要求按照不同于其明确意思的方向解释。❶

(三)"最宽合理解释"标准的正当性依据

为什么美国专利商标局在专利审查程序中适用"最宽合理解释"标准？亦即，"最宽合理解释"标准的正当性依据是什么？对此，美国学者认为主要有以下三个方面的理由：❷

第一，采"最宽合理解释"标准，专利审查员可以扩大现有技术的检索范围并挑战权利要求的可专利性，促使专利申请人将权利要求修改至合适的保护范围，防止将现有技术纳入专利保护范围。为了确保专利申请人获得的权利保护范围与其技术贡献相一致，专利审查员应当始终以"挑刺"的眼光对待权利要求，尽量扩大现有技术检索范围，挑战权利要求的可专利性，迫使专利申请人作出合适的修改。采"最宽合理解释"标准可以实现这一政策目标。

第二，在专利审查程序中，专利申请人充分享有修改权利要求的机会，一旦专利审查员指出权利要求涵盖范围过宽的问题，专利申请人可以自由地修改，因此，"最宽合理解释"标准并不会损害专利申请人的利益，并无不公。"最宽合理解释"标准之所以适用于美国专利商标局的很多审查程序，主要是因为专利申请人对权利要求享有修改的自由。相反，如果专利申请人没有修改权利要求的自由或者自由受到严格的限制，适用"最宽合理解释"标准，就面临缺乏正当性的质疑。例如，在 Cuozzo 案中，美国联邦巡回上诉法院的 Newman 法官不同意适用"最宽合理解释"标准的一个重要理由是，在专利授权后的多方复审程序

---

❶ See PHILLIPS v. AWH CORP. 415 F. 3d 1327.

❷ See Joel Miller, Claim Construction at the PTO——The "Broadest Reasonable Interpretation", 88 J. Pat. & Trademark Off. Soc'y 279 2006. at 288—289.

中,权利人修改权利要求的自由受到了严格的限制。❶

第三,采取"最宽合理解释"标准,可以督促专利申请人修改权利要求,消除文字表达的模糊性,提高权利要求文字的精确性。权利要求的术语难免具有多义性、歧义性,保护范围不够清晰,"最宽合理解释"标准可以促使专利申请人作出合适的修改,提高权利要求的确定性和公示价值。

尽管美国的主流观点认为"最宽合理解释"标准具有正当性,但也有人提出质疑,认为该标准存在很多问题,应当取消"双轨制",统一权利要求的解释标准。❷

(四)"最宽合理解释"标准的适用方法

根据美国 MPEP 的规定,在专利审查程序中适用"最宽合理解释"标准,具体的适用方法如下:

第一步,判断权利要求中的术语对所属技术领域的技术人员来说是否有通常含义(ordinary and customary meaning),如果有通常含义,则进入第二步,判断专利说明书中是否对该术语明确作出了特别的定义。如果有特别定义,则采特别的定义;如果没有特别定义,则采所属技术领域的通常含义。

回到第一步,如果权利要求的术语在其所属技术领域并无通常含义,则同样进入第二步,判断专利说明书中是否对该术语明确作出了特别的定义。如果有特别定义,则采特别的定义;如果没有特别定义,则适用"最宽合理解释"标准作出尽量宽泛的解释,并以权利要求不符合美国专利法第 112 条(b)项以及说明

---

❶ See IN RE CUOZZO SPEED TECHNOLOGIES, LLC 793 F. 3d 1287 (Fed. Cir. 2015).

❷ See Dawn-Marie Bey & Christopher A. Cotropia, THE UNREASONABLENESS OF THE PATENT OFFICE'S "BROADEST REASONABLE INTERPRETATION" STANDARD, 37 AIPLA Q. J. 285 2009.

书没有提供清楚的支持为由驳回该权利要求。

图 2—1 为"最宽合理解释"标准的适用方法。

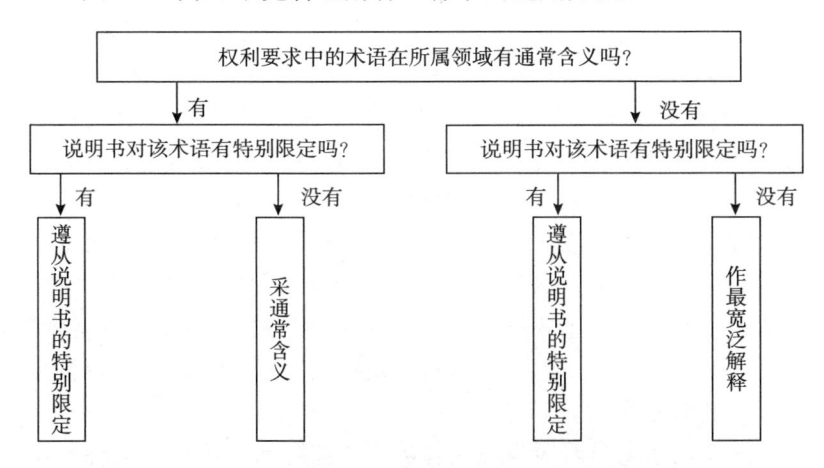

```
                权利要求中的术语在所属领域有通常含义吗？
                        有                           没有
         说明书对该术语有特别限定吗？    说明书对该术语有特别限定吗？
          有           没有              有              没有
       遵从说明书     采通常含义        遵从说明书         作最宽泛解释
       的特别限定                      的特别限定
```

图 2—1　"最宽合理解释"标准适用方法流程图

上述"最宽合理解释"标准的适用方法看似有些复杂，其实我们可以采用更简化的方式来表述其规则——专利说明书对权利要求中的术语有特别定义的，采用特别定义；无特别定义的，采用本领域的通常含义；既无特别定义，又无通常含义的，则采"最宽"的解释。

需要指出的是，上述"最宽合理解释"标准不适用于功能性特征的解释。对于功能性特征，专利法有专门的解释规则，即采用说明书披露的实施方式及等同方式确定功能性特征的含义。❶

（五）IPR 程序中是否应当适用"最宽合理解释"标准

1. 什么是 IPR 程序

IPR 全称为 Inter Partes Review，中文译为多方复审程序，

---

❶ See 35 U.S.C.A. § 112 (f).

是2011年Leahy-Smith美国发明法案（AIA）所设立的一个新程序，于2012年9月16日正式生效，其允许任何第三方提出IPR申请，通过引用现有技术文献来挑战一项已授权专利的有效性，由美国专利商标局的专利审理与诉愿委员会（PTAB）进行审查。❶ IPR是美国国会为了克服联邦地区法院审理专利侵权和无效案件效率低、成本高等弊端而专门设计的由美国专利商标局代替法院对专利权效率问题进行审理的裁决程序，旨在提高专利无效案件的审理速度，降低审理成本。IPR一经推出，很快就成了专利权人的噩梦，大量专利被宣告无效。业内人士普遍认为，IPR无效概率高的重要原因就是PTAB采用了"最宽合理解释"标准，如果改为法院的"专利权推定有效"原则，则专利权被宣告无效的概率会大大降低。

IPR程序中是否应当适用"最宽合理解释"标准，业界争议很大。在美国联邦巡回上诉法院审理的Cuozzo案中，法官出现了严重的意见分歧。不过，美国联邦最高法院于2016年6月20日针对该案发布终审判决，认定IPR程序中可以适用"最宽合理解释"标准。❷ 下面，结合该案进行讨论。

2. Cuozzo案的争论

（1）基本案情❸

Cuozzo公司拥有美国第6778074号"速度限制指示器和显示速度及相关速度限制的方法"专利（以下简称"涉案专利"）。Garmin公司针对涉案专利权利要求10、14和权利要求17向美国专利商标局的PTAB申请启动IPR程序。PTAB启动了IPR程序，并在该案中采用"最宽合理解释"标准解释涉案权利要

---

❶ See 35 U.S.C.A. § 311.

❷ 参见http://www.supremecourt.gov/opinions/15pdf/15-446_ihdk.pdf.

❸ See IN RE CUOZZO SPEED TECHNOLOGIES, LLC 793 F.3d 1271-1272 (Fed. Cir. 2015).

第三章　对专利权利要求的解释

求，最终认定权利要求 10、14 和权利要求 17 相对于现有技术不具备创造性。在审理过程中，PTAB 还拒绝了 Cuozzo 公司修改权利要求的动议。Cuozzo 公司向美国联邦巡回上诉法院提出上诉。该案的核心争议是专利权利要求的"最宽合理解释"标准是否适用于 IPR 程序。

（2）美国联邦巡回上诉法院的判决意见

多数法官意见：美国联邦巡回上诉法院的 Clevenger 法官和 Dyk 法官支持 PTAB 在 IPR 程序中采用"最宽合理解释"标准对涉案权利要求进行解释。其主要理由如下：

第一，美国发明法案的条文中虽然没有明确权利要求的"最宽合理解释"标准是否可以适用于 IPR 程序，但是，该法案将具体审查规则的制定权授予了美国专利商标局。美国专利商标局据此颁发了 37 C.F.R. §42.100（b）规则，根据该规则，对一个有效期内的专利的权利要求进行解释应当根据说明书的内容，采用"最宽合理解释"标准。

第二，美国专利商标局在各类审理程序中适用"最宽合理解释"标准有一百多年了，这些程序包括审查、异议、再颁以及再审查等，只要争议是针对有效期内的专利，法院对此也表示赞成。国会在制定美国发明法案时非常清楚"最宽合理解释"标准是权利要求解释的主导规则，没有任何迹象表明国会有意改变美国专利商标局适用了一百多年的权利要求解释标准。因此，完全可以推定国会隐含地采纳了"最宽合理解释"标准。

第三，在 IPR 程序中，虽然专利权人修改权利要求的自由受到限制，但是，根据美国专利法第 316 条（d）款（1）项、第 316 条（d）款（3）项的规定，专利权人可以对权利要求进行修改，只要不扩大专利权的保护范围即可。该案中，Cuozzo 对权利要求的修改要求被拒绝，主要原因在于其修改扩大了专利权的保护范围，而这种修改限制在采取"最宽合理解释"标准的其他

51

授权后程序中也同样存在。

第四，不能因为 IPR 程序是裁决程序而不是审查程序，就认为国会不赞成在 IPR 程序中采纳长期适用的"最宽合理解释"标准。"最宽合理解释"标准适用与否，并不取决于裁决程序和审查程序之间的不同，异议程序在某种意义上也是裁决程序，照样适用"最宽合理解释"标准。因此，可以认为国会在制定美国发明法案时隐含地采纳了权利要求解释的"最宽合理解释"标准。

第五，即使国会在美国发明法案中未隐含采纳权利要求解释的"最宽合理解释"标准，根据美国专利法第 316 条的规定，美国专利商标局也可以针对 IPR 程序制定审查规章，因此美国专利商标局根据其颁发的 37 C. F. R. §42.100（b）规则，在 IPR 程序中适用"最宽合理解释"标准是合理的。❶

概括起来，多数意见的核心理由主要有两点：第一，国会在通过美国发明法案时隐含地采纳了"最宽合理解释"标准；第二，即使国会未隐含采纳"最宽合理解释"标准，美国专利法第 316 条也授权美国专利商标局在审查规章中采纳该标准。

少数法官意见：Newman 法官持少数意见，认为"最宽合理解释"标准不适用于 IPR 程序。其主要理由如下：

第一，美国发明法案建立 IPR 程序的目的是授权美国专利商标局采取类似于法院的多方当事人程序，对专利无效案件进行快速审理，以代替法院解决专利的效率问题。国会无意于让美国专利商标局的裁决机构采取不同于法院的权利要求解释标准，也没有立法记录表明国会有意让美国专利商标局通过对权利要求采取更宽的解释，使得权利要求比在法院程序中更容易被宣告无效。

第二，专利权利要求在无效案件中必须与在侵权案件中一样

---

❶ See IN RE CUOZZO SPEED TECHNOLOGIES, LLC 793 F. 3d 1272—1283 (Fed. Cir. 2015).

得到正确的解释。美国专利法和在先判例都没有授权、也无法忍受在无效程序中对权利要求作出比在侵权程序中更宽的解释。发明法案不可能指望美国专利商标局的PTAB在专利无效的裁决程序中放弃正确的权利要求解释规则，而采用未经定义的"最宽解释"，对权利要求的有效性作出决定。"最宽合理解释"是专利审查程序中的权宜之计，不是权利要求解释的通用法则。专利申请审查程序中适用"最宽合理解释"标准的原因在于，申请人和审查员可以互动并界定发明方案，使之区别于现有技术。在审查程序中宽泛地解释权利要求，其目的在于限制或澄清申请人拟定的权利要求，而不是拓宽权利要求的范围。对拟定的权利要求作出最宽合理解释，可以减小权利要求被授权后获得超出正当范围的权利边界的可能性，这有利于社会公众利益。而且，在专利被授权之前的审查程序中，申请人容易对权利要求进行修改，故"最宽解释"对申请人并非不公平。"最宽解释"有助于专利申请人和审查员在审查程序中确定权利要求的范围。这个阶段所谓的"解释"并不是无效程序或侵权程序中据以确定专利权范围的权利要求解释。相反，在专利授权后的无效裁决程序中，对已授权的权利要求采用"最宽解释"，无法限制或澄清权利要求的范围。

第三，"最宽合理解释"标准适用的条件是专利申请人（专利权人）对权利要求享有充分的修改机会，但是，在IPR程序中，专利权人修改权利要求的自由受到了严格的限制，明显区别于专利审查程序和授权后复审程序。由于修改自由受到严格限制，因此，IPR程序应当适用联邦地区法院的权利要求解释规则，而不是"最宽合理解释"标准。

第四，IPR程序既不是专利审查程序，也不是专利复审程序，而是一个审理和裁决程序，其本质是诉讼。由于IPR程序是代替联邦地区法院对专利效力问题作出决定的裁决程序，所以PTAB在解释权利要求时必须适用法院适用的权利要求解释规则。如果PTAB适用"最宽合理解释"标准，则有损于美国发明法案立法目的的实现，就无法实现取代联邦地区法院对专利效力问题进行裁决的目标。❶

概括起来，少数派意见的核心理由主要是：第一，IPR程序是美国专利商标局代替联邦地区法院审理专利无效案件的裁决程序，应当适用联邦地区法院所适用的权利要求解释规则；第二，在IPR程序中，专利人对权利要求的修改自由受到极其严格限制，与专利审查、再颁及再审查程序中专利申请人（权利人）享有的修改自由完全不可同日而语，适用"最宽合理解释"标准，缺乏正当性。

(3) 美国联邦最高法院的判决意见

美国联邦最高法院8位大法官❷一致认为，美国专利商标局的PTAB在IPR程序中适用"最宽合理解释"标准是适当的，主要理由是：①美国专利法 第316条（a）款（4）项明确规定了专利商标局应该主导IPR程序，包括建立和管理相关的法规和原则。由于美国专利法并未明确指明美国专利商标局在IPR程序中应当适用何种权利要求解释规则，而根据在先判例Chevron U. S. A. Inc.，当法律条文不明确时，相关的行政部门可以根据法律条文的意图和文义合理地制定规则，美国专利商标局针对IPR程序制定的规则（包括权利要求解释适用"最宽合理解释"标准），是对其享有的规则制定权的合理运用。②IPR不像是一种司法程序而更像是一种专门化的行政程序，国会设立IPR程序的目的不仅要解决当事人之间与专利相关的争议，也要保护"专利垄断应当限制在合法范围"的公众利益。③IPR程序中适用

---

❶ See IN RE CUOZZO SPEED TECHNOLOGIES, LLC 793 F. 3d 1283−1291 (Fed. Cir. 2015).

❷ 正常情况下，美国联邦最高法院有9名大法官，但该院在作出Cuozzo案判决时，有1名大法官去世，仅有8名大法官。

第三章　对专利权利要求的解释

"最宽合理解释"标准可有效地避免权利要求范围过于宽泛，从而使专利保护范围更加清楚明确，进而有利于保护公众利益。④在IPR程序中适用"最宽合理解释"标准对专利权人并非不公平，因为专利权人在IPR程序中拥有至少一次修改权利要求的机会，并且在此前的行政程序中拥有多次的修改机会。

（4）本书的评论

"最宽合理解释"标准适用的一个正当性依据是专利申请人（专利权人）对权利要求享有较充分的修改自由。反对在IPR程序中适用"最宽合理解释"标准的一个最有力的理由是专利权人享有的修改权利要求的机会受到了严格的限制。但是，这一说法可能有所夸张。美国专利法关于IPR程序中权利要求的修改规则，体现于第316条。根据第316条（d）款（1）项之规定，专利权人可以提出一次动议（motion）来修改权利要求，修改方式可以是：（A）删除受到挑战的权利要求；（B）用一定合理数目的权利要求替代受到挑战的权利要求。根据第316第（d）款（2）项之规定，在专利权无效请求人和专利权人为了实质性推进第317条项下的"争议"程序而共同提出要求的情况下，或者专利商标局制定的规则允许的情况下，专利权人还享有额外的动议修改权利要求的机会。根据第316条（d）款（3）项之规定，对权利要求的修改不得扩大保护范围或者引入新的技术信息（new matter）。❶ 由此可以看出，在IPR程序中，专利权人享有的修改权利要求的机会虽然受到了一定的限制，但修改自由还是较大的。诚如美国联邦最高法院在Cuozoo案中所言，在IPR程序中，专利权人拥有至少一次修改权利要求的机会，并且在此前的专利审查行政程序中拥有多次的修改机会，适用"最宽合理解释"标准对专利权人并非不公平。

---

❶ See 35 U.S.C.A. § 316.

55

二、专利侵权及无效程序中适用"推定专利权有效"规则

美国联邦法院在专利侵权及无效程序中在解释涉案专利权利要求时并不适用"最宽合理解释"标准，而是适用"推定专利权有效"规则，即在专利说明书的语境下，尽量朝着维持专利权有效的方向进行合理的解释，并不作"最宽合理解释"。❶

尽管在民事侵权及无效程序中，法院适用"推定专利权有效"规则，但在具体的解释技术上，仍然存在差别，即使是联邦巡回上诉法院内部，不同的合议庭也会因为采用不同的解释方法而导致解释结论不同。自从 Markman 案和 Cybor Corp 案以来，美国法院存在两种解释方法论：第一种解释方法是通常含义优先（The first methodology relies heavily on the ordinary and customary meaning of claim terms, often from dictionaries），亦即，对权利要求的术语，优先考虑其通常含义，通常根据字典、教科书等外部证据来确定；第二种方法是说明书语境含义优先（The second methodology relies on interpreting claim terms in the patent specification's context），亦即，对权利要求中的术语，优先采用其语境限定的含义，即采用专利说明书、附图及专利审查历史档案等内部证据来确定其含义。❷ 这两种解释技术的核心区别是外部证据优先还是内部证据优先，第一种方式是外部证据优先，第二种方法是内部证据优先，仅当内部证据不足以确定权利要求的含义时才求助于外部证据。❸ 多年以来存在两种解释方法的区别，导致裁判标准不统一。2005 年，美国联邦巡回上诉法

---

❶ See PHILLIPS v. AWH CORP. 415 F. 3d 1311—1327.

❷ Stephanie ann yonker, Post — Philips Claim Construction: Questions Unresolved. 47 IDEA 301 2006—2007.

❸ 内部证据，是指专利权利要求书、说明书、审查历史档案等；外部证据是指所属技术领域的技术字典、教科书、证人证言等。

院全席审理了 Phillips v. AWH 案，重新明确了民事侵权及无效程序中的权利要求解释规则：

第一，"推定专利权有效"原则。一般情况下，应当朝着维持专利权有效的方向解释权利要求，但是，如果权利要求只有唯一一种合理解释，就不能为了维持专利权有效而将权利要求按照不同于其明确意思的方向解释，不得为了维持专利权有效而向权利要求中增加限定特征。对此，联邦巡回上诉法院说道：我们承认权利要求应朝着维持有效的方向解释，但是，我们并没有不分青红皂白地运用该原则。我们不认为有效性分析是权利要求解释的常规武器，相反，我们将该原则局限于以下情形：法院穷尽了权利要求解释的所有可用手段之后，发现权利要求仍然模棱两可。只有在实际可行的情况下才能朝着维持有效的方向解释权利要求，这里，"实际可行"以可靠的解释原则为基础并且不得修改或忽视权利要求的明确用语。如果权利要求只有唯一一种合理解释，我们就不能为了维持有效而将权利要求按照不同于其明确意思的方向解释。不得为了维持有效而向权利要求中增加限定特征。在这些案例中，我们主要看以下结论是否合乎情理：专利局将不会授予无效的专利，因此，应当以维持专利有效的方式解决权利要求用语的含糊。

第二，内部证据优先于外部证据，即权利要求书、说明书及审查历史档案对权利要求的解释作用优先于词典、教科书、专家证言等，只有当内部证据不足以解释、确定权利要求的含义时，才需要借助于外部证据。

第三，说明书及附图应当用于解释权利要求，但是不得不当地限制权利要求的保护范围。❶

---

❶ See PHILLIPS v. AWH CORP. 415 F. 3d 1311—1327.

三、两种解释规则的共通之处

上文已述,在专利审查行政程序及相应的司法审查程序中,美国专利商标局和法院均适用"最宽合理解释"标准:专利说明书对权利要求中的术语有特别定义的,采说明书的特别定义;说明书对术语无特别定义的,采通常含义;权利要求中的术语在说明书中既无特别定义,又无通常含义的,则采"最宽解释"。但是,在联邦法院审理的专利侵权及专利权无效案件中,法院适用"推定专利权有效"的权利要求解释规则:尽量朝着维持专利权有效的方向对权利要求进行解释;优先采用内部证据对权利要求进行解释(in the context of the specification);只有当内部证据不足以解释和确定权利要求的含义时,才求助于外部证据,采术语的通常含义。

虽然两种解释标准是不同的,但也存在以下共同之处:

第一,无论是在美国专利商标局进行的行政程序及相应的司法审查程序,还是联邦法院进行的专利侵权及无效程序中,在理解或者解释专利权利要求时,都应当结合权利要求书、说明书及附图进行,不能对权利要求进行孤立的理解,不能离开权利要求书、说明书及附图等内部证据,确定权利要求的含义。在美国专利商标局进行的行政程序及相应的司法审查程序中,尽管对权利要求的解释适用"最宽合理解释"标准,但也得结合权利要求书、说明书及附图,站在本领域技术人员的视角进行解释。在专利侵权及无效程序中,不应当对权利要求的文字进行"最宽解释",而通常应当根据权利要求的语境对权利要求的文字进行合理的解释(通常是限缩性解释)。

第二,解释专利权利要求时应当始终站在本领域技术人员的角度进行,所做的解释结果应当与本领域技术人员的正常理解保持一致,所做的解释结果不能脱离本领域技术人员的认识水平。

四、借鉴意义和注意事项

毫无疑问，美国经过长期的实践所总结、确立的权利要求解释规则对我国具有非常重要的借鉴意义。但是，我们在借鉴时应当考虑两国专利制度的差别，不应简单照搬。

首先，美国的权利要求解释的"双轨制"做法值得我们借鉴。"双轨制"的做法是由专利审查程序和专利侵权程序中权利要求解释的不同目标所决定的。专利授权程序中权利要求解释的重要目标是确保权利要求的公示价值和授权专利质量，故应当以挑错的眼光对待专利申请的权利要求。专利侵权程序中权利要求解释的目标是合理确定专利权的保护范围，为专利权人作出的真正技术贡献提供应有保护。因此，两个程序中的权利要求解释规则和标准应当有一定的区别，"双轨制"的做法具有很大的合理性。我们在专利授权程序和侵权程序中也应当实行不同的解释规则，在授权程序中采用"最宽合理解释"标准，在专利侵权程序中应当采用"推定专利权有效"的限缩性解释规则。在专利授权程序中采用"最宽合理解释"标准，有利于督促专利申请人修改、完善权利要求，消除权利要求中文字的模糊性，提高专利授权的质量。在专利侵权程序中应当采用"推定专利权有效"的限缩性解释规则，有利于将权利要求的保护范围限定在合理的范围内，避免将公有领域的不是专利权人的技术贡献纳入其保护范围。

其次，在借鉴"最宽合理解释"标准时，应当注意其适用前提——即专利申请人（专利权人）对权利要求享有较充分的修改自由。适用"最宽合理解释"标准的一个正当性依据是专利申请人（专利权人）对权利要求享有较充分的修改自由。在美国，无论是专利审查（examination）、再颁（reissue）、再审查（reexamination），还是IPR程序，专利申请人（专利权人）都享有较充分的修改权利要求的机会。即使是在修改自由受到一定限制的

IPR 程序中，修改自由也仍然较大。❶ 因此，我国在借鉴美国法的"最宽合理解释"标准时，一定要注意其适用条件和注意事项，要考虑专利申请人（专利权人）修改权利要求的机会大小，如果修改机会大，则可以借鉴；否则就不应草率借鉴。在我国的专利授权程序中，由于专利申请人对权利要求享有充分的修改自由，因此可以借鉴"最宽合理解释"标准。但是，在专利确权程序中，专利权人修改权利要求的自由受到非常严格的限制，比美国 IPR 程序中受到的限制要严格得多，借鉴"最宽合理解释"标准就缺乏合理性。根据《国家知识产权局关于修改〈专利审查指南〉的决定》(2017)，专利确权程序中，修改权利要求书的具体方式一般限于权利要求的删除、技术方案的删除、权利要求的进一步限定、明显错误的修正。其中，"权利要求的进一步限定"是指在权利要求中补入其他权利要求中记载的一个或者多个技术特征，以缩小保护范围。❷ 尽管修正后的《专利审查指南 2010》对专利确权程序中修改权利要求的具体方式的限制有所放宽，但仍然非常严格，不能将说明书中的隐含之义补入权利要求。如果我们在专利确权程序中贸然借鉴美国的"最宽合理解释"标准，则可能会使权利要求被解释得过于宽泛而动辄被宣告无效。因此，我们在专利确权程序中不应轻易借鉴美国的"最宽合理解释"标准。在个案中，如果专利审查员严格适用 2017 年最新修订的《专利审查指南 2010》关于"修改权利要求书的具体方式一般限于权利要求的删除、技术方案的删除、权利要求的进一步限定、明显错误的修正"的规定，则不应当借鉴"最宽合理解释"标准；相反，如果专利审查员从宽适用 2017 年最新修订的《专利审查指南 2010》的规定，对专利权人修改权利要求的自由

---

❶ See 35 U.S.C.A. § 316.

❷ 参见：国家知识产权局令第 74 号；《国家知识产权局关于修改〈专利审查指南〉的决定》(2017) 第八节的内容，该决定可以从国家知识产权局官方网站下载。

未做过多限制，则可以借鉴并适用"最宽合理解释"标准。

最后，"最宽合理解释"标准的适用应当考虑权利要求的上下文、说明书及附图的限定作用。无论是美国专利商标局还是法院在解释权利要求时，均要考虑权利要求的上下文、说明书及附图的限定作用。例如，尽管美国专利商标局在专利审查程序中采"最宽合理解释"标准，但对于权利要求中的术语，其含义的确定应当优先考虑说明书的记载，只有说明书没有特别限定的，才采用其所属技术领域的通常含义。也就是说，无论权利要求的字面含义是否清楚，都应当考虑说明书记载的内容，不能脱离说明书和附图对权利要求进行孤立的理解，不能因为权利要求的字面含义清楚而无视说明书及附图的内容对权利要求解释的作用。

第二节 欧洲专利局的权利要求解释规则

欧洲专利局是负责落实《欧洲专利公约》的专利审查、异议等程序的机构。欧洲专利局的权利要求解释规则对我们同样有借鉴意义，本节对此作简要介绍。

欧洲专利局进行权利要求解释所依据的法律条款是《欧洲专利公约》第69条。该条规定："欧洲专利或专利申请的保护范围由权利要求决定，说明书及附图应当用于解释权利要求。"[1] 据此，在确定专利申请的保护范围亦即权利要求的含义时，应当结合说明书及附图进行，而不能脱离说明书及附图，对权利要求进行孤立的理解。

---

[1] 原文为：The extent of the protection conferred by a European patent or a European patent application shall be determined by the claims. Nevertheless, the description and drawings shall be used to interpret the claims. 参见：[EB/OL].[2016—10—13]. http://www.epo.org/law-practice/legal-texts/html/epc/2016/e/ar69.html.

在长期的审查实践中，欧洲专利局根据上述法律规定形成了很多涉及权利要求解释的判例。《欧洲专利局上诉委员会判例法》在"权利要求的解释"的"一般原则"一节中写道："所属技术领域技术人员在解释专利权利要求时，应排除那些不合逻辑或在技术上讲不通的解释，他应该怀着强烈的整体意识（即以建设性而非割裂性的心态），考虑专利的全部公开内容，作出合乎技术常理的解释；解读专利权利要求应抱着乐于理解之心，而非刻意误解之心。"❶ 其中明确提到要"考虑专利的全部公开内容，作出合乎技术常理的解释"。这就表明，解释和确定权利要求的内容，不能对权利要求进行孤立的理解，而应当考虑专利申请文件的全部公开内容，包括说明书、附图等。例如，在T1599/06案例中，欧洲专利局上诉委员会强调，必须根据专利申请的上下文并且以所属领域技术人员的公知常识为背景来阅读、理解和确定权利要求中的术语的含义。该书还提到，上诉委员会主张使用说明书和附图来解释权利要求以确定权利要求的可专利性（包括发明创造的新颖性、创造性以及权利要求的清楚性等），这是一般原则。只有在个别的案例中，上诉委员会才强调要限制说明书和附图在解释权利要求中的作用。❷

综合起来看，欧洲专利局确定的基本解释规则是：以所属领域普通技术人员的视角，根据专利申请文件的上下文，对权利要求作出合乎技术常理的解释。在解释的过程中，当然要考虑说明书和附图的内容，不能对权利要求进行孤立的理解。

---

❶ 欧洲专利局上诉委员会. 欧洲专利局上诉委员会判例法［M］. 6版. 北京同达信恒知识产权代理公司，译. 北京：知识产权出版社，2016：260. 该书英文版 *Case Law of the Boards of Appeal of the European Patent Office* 第7版、第8版的相关内容基本保持不变，可参见第8版第287页的相关内容。相关版本可从欧洲专利局的官网 http://www.epo.org/index.html 下载。

❷ 欧洲专利局上诉委员会. 欧洲专利局上诉委员会判例法［M］. 6版. 北京同达信恒知识产权代理公司，译. 北京：知识产权出版社，2016：262.

第三节　我国的专利权利要求解释规则

一、权利要求解释的基本内涵

我国《专利法》第五十九条第一款规定："发明或者实用新型专利权的保护范围以其权利要求的内容为准，说明书及附图可以用于解释权利要求的内容"。由于该条规定位于第七章"专利权的保护"，故一般被认为是侵权程序中确定专利权利要求保护范围的解释规则。

除了第七章，我国《专利法》其他章节并未规定专利权利要求解释的规则，随之而来的问题是，在专利授权确权程序中是否需要解释权利要求？有一种观点认为，权利要求解释是为了确定专利权的保护范围，只有专利侵权程序中才需要解释权利要求并确定专利权的保护范围，专利授权确权程序中应当审查专利权利要求的可专利性，而不是确定其保护范围，故不应当适用《专利法》第五十九条第一款的规定解释权利要求，而应当对权利要求进行通常含义上的理解，确定权利要求的技术内容。该观点特别区分了专利侵权程序中专利权利要求的解释和专利授权确权程序中专利权利要求的理解，认为"解释"和"理解"的内涵不同，适用的法律规则应当不同，具体的解释（理解）方法亦应当不同——侵权程序中应当适用《专利法》第五十九条第一款的解释规则，授权确权程序中应当适用"本领域通常含义的理解"规则。[1] 这种观点的存在说明专利界对于什么是专利权利要求解

---

[1] 参见：崔哲勇. 对专利授权确权审查程序中权利要求的理解［J］. 知识产权，2016（10）.

释、专利授权确权程序中是否需要解释专利权利要求等问题，还存在不同的认识。因此，有必要对这些问题进行讨论。

（一）什么是权利要求解释

专利权利要求是采用语言文本表达的技术方案，根据该技术方案确定专利权的保护范围。我们可以从以下几个维度来认识权利要求：首先，权利要求是一种语言文本；其次，权利要求表达一个或若干个技术方案；再次，权利要求表达的技术方案由说明书公开的技术内容概括而来；最后，权利要求确定专利权的保护范围。由于权利要求是通过语言文本来表达技术方案，因此，如何理解权利要求中的语言文本及其所表达的技术方案的真实含义，就成为权利要求的解释问题。所谓权利要求解释，是指对权利要求的载体——语言文本进行解释，确定其所表达的技术方案的客观含义，并据此确定专利权的保护范围。权利要求解释的对象是其载体——语言文本，解释的目标是确定其表达的技术方案的客观含义并借此确定其保护范围。

首先，权利要求是一种语言文本。语言文本，不经解释，无法确定其真实的含义，这是不言自明的道理。文学作品只有经过解释，才能确定其表达的文学含义。法律文本只有经过解释，才能确定其表达的规范含义。合同文本只有经过解释，才能确定其表达的合意。权利要求作为一种语言文本，当然也需要经过解释，才能确定其表达的客观含义。权利要求的解释，就是理解并确定权利要求的语言文本及其所表达的技术方案的真实、客观含义的过程。

其次，权利要求采用语言文本的形式表达一个或若干个技术方案。权利要求表达的技术方案是什么含义？不同的人有不同的理解。为了确定技术方案的含义，当然需要解释。权利要求表达的技术方案是在说明书和附图公开的技术内容的基础上作出的提炼和概括。我国《专利法》第二十六条第三款、第四款对权利要求书和说明书的关系作出了明确的规定。鉴于二者之间的法定关系，权利要求中记载的技术方案不是孤立的，而是和整个专利申请文件或专利文件（包括权利要求书、说明书、附图等）联系在一起的，专利文件构成权利要求的语言环境（即语境）。因此，理解和确定权利要求表达的技术方案，应当结合权利要求的语言文字及其所在的语境，作出客观、合理的解读，这个解读的过程即为解释。一方面，权利要求表达的技术方案应当通过权利要求书本身来理解，这是因为权利要求书的上下文构成技术方案的最小语境，对技术方案的理解不能脱离该最小语境。另一方面，说明书及附图构成权利要求表达的技术方案的更大的语境，对权利要求的理解和解释不能脱离说明书及附图，不能对权利要求进行孤立的理解，否则就违反了《专利法》第二十六条第三款、第四款关于权利要求与说明书之间的关系的规定。

最后，权利要求解释的对象是语言文本，解释的目标是确定权利要求的语言文本所表达的技术方案的真实含义。权利要求解释是一项有目的的思维活动，其目的是确定权利要求所表达的技术方案的真实含义。权利要求能不能获得授权？其保护范围有多大？这些都是由权利要求的语言文本所表达的技术方案决定的。因此，确定权利要求中的技术方案的真实含义，具有十分重要的意义。我们解释权利要求，唯一的目标就是确定权利要求所表达的技术方案的真实含义，只要其技术方案确定了，权利要求的保护范围也就确定了。尽管权利要求解释看上去有些玄乎，相关的论著亦不少见，但总结起来，就是一句话，即通过权利要求的语境资料确定权利要求所表达的技术方案的真实含义。

（二）专利授权确权程序中是否需要解释权利要求

在专利授权确权程序中，专利审查员审查权利要求是否可以授予专利，应当首先确定权利要求所表达的技术方案的含义。专利审查员应当如何确定权利要求所表达的技术方案的含义呢？是将权利要求置于权利要求书、说明书及附图的语境下进行解读，确定权利要求所表达的技术方案的含义？还是对权利要求进行孤立的理解并确定其含义？这就涉及权利要求和说明书的关系。前文已述，权利要求表达的技术方案是在说明书和附图公开的技术内容的基础上作出的提炼和概括，我国《专利法》第二十六条第三款、第四款对权利要求书和说明书之间的关系作出了明确的规定，因此权利要求中记载的技术方案不是孤立的，而是和整个专利文件（包括权利要求书、说明书、附图等）联系在一起的，专利文件构成权利要求的语境。理解和确定权利要求表达的技术方案，必须将权利要求放在权利要求书、说明书及附图构成的语境下进行。如果脱离说明书和附图等语境资料，对权利要求进行孤立的理解，既违背了《专利法》第二十六条第三款、第四款关于权利要求与说明书之间的关系的规定，也违背了权利要求是在说明书公开的技术内容的基础上的提炼和概括的基本事实，而且极可能偏离权利要求所表达的由专利文件语境所限定的真正的技术方案。这种孤立理解所得到的技术方案是一个抽象、宽泛、没有语境限定的"技术方案"，与权利要求所表达的由语境限定的技术方案并不是一回事。

结合权利要求书、说明书、附图等语境资料解读和确定权利要求所表达的技术方案，这一过程即为权利要求的解释。因此，在专利授权确权程序中，为了确定权利要求所表达的技术方案，当然要对权利要求进行解释，解释的过程中当然需要运用权利要求书、说明书、附图等语境资料。

前述特别区分权利要求的解释与权利要求的理解并认为专利授权确权程序中不需要解释权利要求的观点，误解了权利要求解释的内涵，割裂了权利要求与说明书之间的关系，是不能成立

第三章 对专利权利要求的解释

的。权利要求的解释与权利要求的理解实际上是一回事，是相同的思维活动，其根本目标都是确定权利要求所表达的技术方案的真实含义，而要确定权利要求所表达的技术方案的真实含义，当然需要运用权利要求书、说明书及附图等语境资料对权利要求进行解释。解释权利要求的过程即为理解权利要求含义的过程，二者根本不可区分，作出区分既不可能也无意义。如果说授权确权程序中不需要解释权利要求，不应当适用《专利法》第五十九条第一款"说明书及附图可以用于解释权利要求的内容"的规定，而只需要对权利要求进行"本领域通常含义的理解"，那就意味着割裂权利要求与说明书之间的法定关系，对权利要求进行孤立、抽象的理解。这种脱离权利要求书、说明书及附图等语境资料的所谓的"本领域通常含义的理解"，实际上就是一种外部证据优先于内部证据的解释方法。这种理解权利要求的方法是美国专利法明确否定的。美国的 MPEP 明确提到："在最宽合理解释标准中，权利要求的文字必须给予通常含义，除非该含义和说明书不一致。术语的通常含义，是指在发明作出时所属领域的普通技术人员所给予该术语的普通、惯常之义。术语的通常含义可以通过一系列资料予以证明，包括权利要求文字本身、说明书、附图和在先技术。但是，最佳的资料是说明书。"❶ 据此，权利要求术语的通常含义的确定，不能脱离专利文件，尤其不能脱离专利说明书。CAFC 在 Medrad，Inc. v. MRI Devices Corp. 案中对此作出了进一步的解释："我们不能在真空中寻找（权利要求）术语的通常含义，相反，我们必须在说明书和审查历史档案的语境下寻找（权利要求）术语的通常含义。"❷ CAFC 在其全席审理的 Phillips v. AWH 案判决中对上述解释予以明确认可。❸ 虽然

---

❶ See MPEP Rev. 07. 2015，November 2015，at 2100—37.
❷ See Medrad, Inc. v. MRI Devices Corp.，401 F. 3d 1313，1319 (Fed. Cir. 2005).
❸ See PHILLIPS v. AWH CORP. 415 F. 3d 1313.

上述两案为侵权案件，但是，该两案确定的这一解释规则同样适用于美国专利商标局的行政程序和相应的诉讼程序。由此可见，"本领域通常含义的理解"，应当是本领域技术人员通篇阅读了权利要求书、说明书及附图等专利文件后所理解的通常含义，而不应当是脱离权利要求书、说明书及附图等专利文件而仅由外部证据确定的通常含义。

总之，由于权利要求是在说明书公开的技术内容的基础上的提炼和概括，权利要求书和说明书之间存在《专利法》第二十六条第三款、第四款规定的关系，权利要求的解读必须置于权利要求书、说明书及附图的语境下进行。无论是专利侵权程序，还是专利授权确权程序，都应当适用《专利法》第五十九条第一款"说明书及附图可以用于解释权利要求的内容"的规定，运用权利要求书、说明书及附图等语境资料，对权利要求进行解释，并确定其所表达的技术方案的真实含义。只有确定了权利要求所表达的技术方案的真实含义，在专利授权确权程序中才能对权利要求进行可专利性审查，否则可专利性审查就会出现错误。

（三）适用哪些法律条款时需要解释权利要求

专利授权的法律要件非常多，如权利要求清楚、权利要求得到说明书支持、说明书公开充分、新颖性、创造性等。在适用哪些法律要件条款时需要解释权利要求呢？下面分别进行说明。

在适用《专利法》第二十二条判断专利权利要求是否具备新颖性、创造性时，首先需要固定权利要求所表达的技术方案，接下来才能将其与现有技术进行比较。因此，毫无疑问，在适用新颖性、创造性条款时需要解释权利要求的内容。

在适用《专利法》第二十六条第三款、第四款时，也需要解释权利要求。《专利法》第二十六条第三款规定："说明书应当对发明或者实用新型作出清楚、完整的说明……"该款规定中的

"发明或实用新型"是指权利要求所表达的技术方案,因此,在适用这款规定时,首先需要解释权利要求,固定其表达的技术方案,然后再判断说明书是否充分公开了该技术方案。《专利法》第二十六条第四款规定:"权利要求书应当以说明书为依据,清楚、简要地限定要求专利保护的范围"。如何判断权利要求是否清楚?是否满足"以说明书为依据"的要求?毫无疑问,首先需要解释权利要求、固定权利要求所表达的技术方案,然后才能作出判断。

以上只是举例说明,并非穷尽式列举。概括起来,凡是需要固定权利要求的内容的专利法条款,在适用时都需要解释权利要求。

二、权利要求解释的法律政策

在专利授权程序中,需要解释和确定权利要求的含义,以判断权利要求是否符合专利授权条件;在专利确权程序中,需要解释和确定权利要求的含义,以判断授权的权利要求是否真的符合专利授权条件,从而决定是否维持其权利效力;在专利侵权程序中,需要解释和确定权利要求的含义,以确定权利要求的保护范围。三个不同的程序中,都需要解释和确定权利要求的含义。但是,在不同程序中,解释权利要求的标准和规则是否应当一致?这是一个极有争议的话题。有的观点认为三个程序的目标不同,权利要求解释的规则和标准应当不同。实践中,美国即采用不同的解释规则,专利授权确权程序中适用"最宽合理解释"标准,专利侵权程序中适用"推定专利权有效"的规则。相反的观点则认为三个程序中权利要求解释的目标都是要确定权利要求的真实含义,解释规则和标准应当统一。例如,美国有的研究人员即认为美国的"双轨制"权利要求解释标准存在很多问题,应当统一权利要求的解释规则。[1] 应当说，上述观点都有一定的道理，没有绝对的正确或者绝对的错误。笔者认为，在讨论具体的权利要求解释规则之前，应当首先确定权利要求解释的法律政策，即以什么样的法律政策来指导权利要求解释。法律政策是指导法律解释和适用的宏观政策精神，在适用法律的过程中，即使是适用完全相同的法律条文，不同的法律政策亦可能影响法律适用的结果。因此，不同的法律政策对权利要求解释标准和规则会产生一定的影响。在专利授权、确权和侵权程序中，行政审查行为和司法裁判行为的目标不同，权利要求解释的法律政策亦应当有所不同。

（一）专利授权程序中权利要求解释的法律政策

在专利授权程序中，专利申请审查和相应的司法诉讼的终极目标是确定专利申请是否应当授予专利权。在这个阶段，确权授权专利的质量、权利要求的公示价值，降低本领域技术人员解读权利要求的信息处理成本，是权利要求解释应当追求的目标。因此，专利审查员应当尽量以挑错的眼光对待专利申请，并通过审查中的互动程序促使专利申请人尽量修改、完善权利要求，以实现权利要求本身表达的技术含义和说明书中表达的技术含义相一致，从而提高权利要求的公示价值。在这个阶段，尽管说明书及附图可以用于帮助理解（解释）和确定权利要求的含义，但不应当过分强调说明书和附图对权利要求的含义的限定作用，而应当相对弱化说明书及附图的限定作用。这样做有两个基本的理由：第一，在授权阶段，专利审查员应当通过审查程序帮助专利申请人完善权利要求的撰写质量，以确权授权专利的质量，因此在解

---

[1] See Dawn-Marie Bey & Christopher A. Cotropia, The Unreasonableness of The patent Office's "Broadest Reasonable Interpretation" Standard, 37 Aipla q. j. 285 2009.

释和确定权利要求的含义时，应当相对弱化说明书和附图对权利要求的限定作用，尽量通过修改专利申请文本的方式将说明书中限定的含义直接写入权利要求中。第二，在专利授权程序中，专利申请人享有比较充分的修改权利要求的机会，应当配合专利审查员尽量完善权利要求的文本。在此情形下，相对弱化说明书和附图对权利要求的限定作用，既有利于完善权利要求文本，对专利申请人亦无不公，是合理的。

概括起来，在专利授权程序中，解释权利要求的基本法律政策是，在专利申请人享有比较充分的修改权利要求的机会的前提下，应当相对弱化说明书和附图在权利要求解释中的作用，鼓励专利申请人修改和完善权利要求文本，以此提高专利的授权质量。

（二）专利确权程序中权利要求解释的法律政策

在专利确权程序中，由于授权专利经过了国家知识产权局的审查，发明专利经过了形式审查和实质审查，实用新型专利经过了形式审查，专利权人对国家知识产权局的审查和授权行为产生了信赖，对于这种信赖利益，如果没有特别的反对理由，应当尽量予以保护。因此，专利确权程序中的权利要求解释，应当考虑对专利权人的信赖利益保护，不能动辄宣告授权专利无效，这是其一。其二，专利确权程序中的权利要求的解释，还应当考虑专利权人修改权利要求的机会和自由。由于专利权人在专利确权程序中修改权利要求的自由度很小，如果动辄以权利要求不符合专利授权条件而宣告其无效，对专利权人显然是不公平的。在专利授权程序中，由于专利申请人享有比较充分的修改权利要求的自由，因此，专利审查员以挑错的眼光对待权利要求是合适的。但是，在专利确权程序中，专利权人修改权利要求的自由度受到了严格的限制，专利审查员再以挑错的眼光对待已授权的权利要求，显然不合适。专利审查员应当以爱惜的眼光对待已授权的权利要求，尽量利用说明书及附图限定权利要求的含义、朝着维持专利权效力的方向解释权利要求。这样做的理由是：第一，授权专利经过专利行政部门的审查，专利权人对审查和授权结果产生了一定的信赖，对于这种信赖利益如果没有充分的理由不应当剥夺。第二，采用说明书及附图对权利要求进行限缩性的解释，缩小了权利要求表面上宽泛的含义。这种解释方法和结果不会侵蚀社会公众的利益，不会对社会公众造成不公。第三，在专利确权程序中，由于专利权人修改权利要求的机会受到了严格的限制，如果过分强调权利要求文字表面上的公示价值，而忽视说明书和附图对权利要求的限定作用，就会使已授权的权利要求面临动辄被宣告无效的极大威胁，这对专利权人是很不公平的。

概括起来，在专利确权程序中，解释权利要求的基本法律政策是，在专利权人修改权利要求的机会和自由受到严格限制的前提下，应当相对强化说明书和附图在权利要求解释中的限定作用，合理界定权利要求的含义和保护范围，不应动辄宣告权利要求无效。

（三）专利侵权程序中权利要求解释的法律政策

在专利侵权程序中，权利要求解释的目标是正确识别发明人的发明创造，合理确定权利要求的保护范围。在这一阶段，应当根据"保护范围和贡献大小相一致"的基本专利法法理，通过一定的权利要求解释方法，合理确定专利权的保护范围，既要使专利权人的真正技术贡献得到应有的保护，又不能将专利权的保护范围拓展到其真正的技术贡献之外。如何识别专利权人的真正技术贡献呢？那就要认真、仔细阅读专利说明书，看看说明书公开的真正的发明创造是什么。因此，在侵权程序中，一定要强化说明书和附图对权利要求文字含义的限定作用，要将隐藏在说明书字里行间的含义引入权利要求，要对权利要求作出合乎发明目的的解释。原则上，除了不能用说明书中的实施例不合理地限制权利要求的保护范围，说明书中其他的内容都可能对权利要求的保护范围产生限制作用。

概括起来，在专利侵权程序中，解释权利要求的基本法律政策是，确保专利权的保护范围不超出其真正的技术贡献范围，为此要强化说明书和附图对权利要求文字含义的限定作用，对权利要求作出合乎发明目的的解释。

综上所述，由于三个程序中权利要求解释的法律政策不同、目标不同，因此，权利要求解释的规则也应当有所差异，不能完全一致，否则就无法实现权利要求解释的法律政策目标。

三、观点争锋："时机论"vs."语境论"

(一) 专利权利要求解释"时机论"

专利权利要求解释"时机论"，是指专利权利要求的解释应当限定时机，当权利要求的文字含义清楚时，不应当采用相关权利要求书、说明书及附图等资料对权利要求进行解释，否则会破坏权利要求的公示作用；只有当权利要求的文字含义不清楚、有争议时，才应当采用相关权利要求书、说明书及附图等资料对权利要求进行解释，以确定权利要求的含义。❶ 由于权利要求的解释附带了前提条件——"时机"，只有权利要求的文字含义不清楚、存在争议时才需要解释权利要求，否则不需要解释权利要

---

❶ 参见：最高人民法院（2010）知行字第53-1号行政裁定书中专利复审委员会的再审答辩意见。张鹏. 论权利要求保护范围解释的原则、时机和方法 [M] //国家知识产权局条法司. 专利法研究 2009. 北京：知识产权出版社，2010：264-276. 崔哲勇. 对专利授权确权审查程序中权利要求的理解 [J]. 知识产权，2016（10）：75-82.

求,因此,这种观点可以简称为"时机论"。

专利权利要求解释"时机论"在实践中司空见惯。例如,在精工爱普生株式会社诉国家知识产权局专利复审委员会、郑亚俐、佛山凯德利办公用品有限公司、深圳市易彩实业发展有限公司发明专利权无效行政纠纷案中,专利复审委员会在向最高人民法院提交的再审答辩意见中明确提出:"权利要求保护范围的解释应该严格把握解释时机,以权利要求不清楚或者没有明确的唯一含义为前提。本领域对于'记忆装置'具有通常的理解,其含义明确,因此精工爱普生对'记忆装置'的解释不符合解释时机的要求。"❶

最高人民法院早年也表达过类似的观点。在宁波市东方机芯总厂诉江阴金铃五金制品有限公司侵犯专利权纠纷案中,最高人民法院认为:在确定专利权的保护范围时,既不能将专利权保护范围仅限于权利要求书严格的字面含义上,也不能将权利要求书作为一种可以随意发挥的技术指导。确定专利权的保护范围,应当以权利要求书的实质内容为基准,在权利要求书不清楚时,可以借助说明书和附图予以澄清,对专利权的保护可以延伸到本领域普通技术人员在阅读了专利说明书和附图后,无须经过创造性劳动即能联想到的等同特征的范围。既要明确受保护的专利技术方案,又要明确社会公众可以自由利用技术进行发明创造的空间,把对专利权人提供合理的保护和对社会公众提供足够的法律确定性结合起来。根据这一原则,发明或者实用新型专利权的保护范围不仅包括权利要求书中明确记载的必要技术特征所确定的范围,而且也包括与该必要技术特征相等同的特征所确定的范围,即某一特征与权利要求中的相应技术特征相比,以基本相同的手段,实现基本相同的功能,达到基本相同的效果,对于本领

---

❶ 参见:最高人民法院(2010)知行字第53—1号行政裁定书。

域的普通技术人员来说无须经过创造性的劳动就能联想到的。❶最高人民法院明确提到"在权利要求书不清楚时,可以借助说明书和附图予以澄清"。问题是,当权利要求书清楚时,是否需要借助说明书和附图来解释权利要求?对此最高人民法院并没有明说。但是,上述观点的隐含之义是,当权利要求清楚时,不需要借助说明书和附图予以澄清。由此可见,最高人民法院在该案中隐含表达了"时机论"——在权利要求书不清楚时,可以借助说明书和附图予以澄清;在权利要求书清楚时,无须借助说明书和附图予以澄清。

北京法院坚持"时机论"的判决亦不少见。例如,在"带液晶显示驱动器的8位微控制器"实用新型专利无效行政纠纷案中,北京市高级人民法院认为:权利要求是用来限定专利权的权利边界的,只有当权利要求不清楚时,才允许用说明书对权利要求进行解释,但不允许对权利要求进行限缩,以防止专利权人获得不当利益。涉案专利权利要求1保护的是一种带液晶显示驱动器的微控制器,本领域技术人员对"控制器"术语的理解不会产生歧义,因此不存在用说明书对权利要求进行解释的时机,同时,涉案专利权利要求1并未限定"控制器"的功能与公知的"控制器"有何区别,对比文件2已经披露了"LCD控制器",故原审法院认定对比文件2中"LCD控制器"相当于涉案专利权利要求1的"控制器"是正确的。❷ 这段判决理由明确采纳了权利要求解释"时机论"的观点。

(二)专利权利要求解释"语境论"

专利权利要求解释"语境论",是指在确定专利权利要求的

---

❶ 参见:最高人民法院(2001)民三提字第1号民事判决书。
❷ 参见:北京市高级人民法院(2014)高行(知)终字第1545号。

含义和保护范围时，必须借助于权利要求书、说明书及附图、专利审查历史档案等语境资料进行，必要时也应当借助专利所属领域的教科书、词典等外部证据进行。专利权利要求非经解释，其含义不可能清楚，因此，解释不应当限定时机。❶

最高人民法院在"墨盒案第二季"中明确表达了"语境论"的观点，认为：说明书的内容构成权利要求所处的语境或者上下文，只有结合说明书的记载，才能正确理解权利要求的含义。在这一意义上，说明书乃权利要求之母，不参考说明书及其附图，仅仅通过阅读权利要求书即可正确理解权利要求及其用语的含义，在通常情况下是不可能的。权利要求的解释就是理解和确定权利要求含义的过程。在这个过程中，必须结合说明书及其附图才能正确解释权利要求。专利复审委员会关于权利要求的解释应严格把握解释时机，以权利要求不清楚或者没有明确的唯一含义为前提的主张，既违背文本解释的逻辑，又不符合权利要求解释的实践，最高人民法院无法赞同。❷ 在该案中，最高人民法院对专利复审委员会提出的专利权利要求解释"时机论"明确予以否定。

北京市高级人民法院在 2016 年审结的纳幕尔杜邦公司诉专利复审委员会发明专利申请驳回复审行政纠纷案中，也非常明确地表达了"语境论"的观点。该判决认为：在专利授权程序中，对于权利要求中术语，应当结合权利要求书、说明书及附图等内部证据和所属技术领域的教科书、技术词典等外部证据，作出合理的解释，确定其真实的含义，并坚持内部证据优先于外部证据的解释规则。具体按照下列规则进行解释：当权利要求中的术语

---

❶ 参见：陈文煊. 专利权的边界——权利要求的文义解释与保护范围的正常调整 [M]. 北京：知识产权出版社，2014：168－171. 刘庆辉. 基于语境主义的专利权利要求解释 [J]. 电子知识产权，2016（7）：79－88.

❷ 参见：最高人民法院（2010）知行字第 53－1 号行政裁定书。

在所述技术领域有通常含义,在说明书中也有特别限定,如果该特别限定是清楚的,所属技术领域人员能够明白其特别限定的含义的,则应当采用说明书中的特别限定来确定该术语的含义;如果说明书中没有特别限定,或者特别限定不清楚,所属领域技术人员无法明白其特别限定的具体含义的,则应当采用所述技术领域的通常含义。如果该术语在所属技术领域没有通常含义,在说明书中也没有特别限定,或者特别限定不清楚的,则可以对该术语作"最宽泛的解释",并认定权利要求得不到说明书的支持。[1]该段判决理由显然是"语境论"的观点。

四、专利权利要求解释"时机论"批判

(一)"时机论"的核心思想

"时机论"认为,当权利要求本身的含义清楚时,不需要采用说明书及附图对权利要求进行解释,而只需要对权利要求进行通常含义上的理解。

权利要求不经解释,其本身的含义会清楚吗?笔者认为,只有站在所属技术领域的普通技术人员的视角,采用了所属技术领域的公知常识,利用所属技术领域所具有的通常认识来理解权利要求时,才可能认为权利要求本身的含义是清楚的。否则,权利要求本身的含义不可能是清楚的。因此,"时机论"的本质是坚持通常含义优先的解释规则。亦即,当权利要求中的术语在所属技术领域具有普遍接受的通常含义时,应当采用通常含义,而不能采用说明书中的限定来解释该术语的含义。只有当术语缺乏通常含义或者所属技术领域技术人员对术语的含义有争议时,才应

---

[1] 参见:北京市高级人民法院(2016)京行终 5347 号行政判决书和北京知识产权法院(2015)京知行初字第 4944 号行政判决书。

当采用说明书来解释、确定该术语的含义。由于通常含义通常是由所属技术领域的教科书、技术词典等外部证据来证明的，所以通常含义优先的解释规则也可以称为外部证据优先的解释规则。总之，"时机论"的核心思想是外部证据优先于内部证据、权利要求中的术语的通常含义优先于说明书限定的含义。

（二）"时机论"是错误的观点

第一，"时机论"强调权利要求的解释存在时机，这是没有道理的。"时机论"认为，当权利要求本身的含义清楚时，不需要解释权利要求，而只需要采用通常含义对权利要求作出正确的理解，只有权利要求本身的含义不清楚时才需要解释权利要求。该观点刻意区分权利要求的解释和权利要求的理解，认为"解释"和"理解"不同。对此，笔者不敢赞同。解释权利要求的过程即是理解权利要求的过程，理解权利要求的过程当然需要解释权利要求。"解释"和"理解"是同一思维过程，根本无法区分。

专利权利要求采用语言文本的形式表达一个或若干个技术方案。这个语言文本表达什么含义，确定了什么技术方案，无疑需要解释才能确定，不经解释不可能对其作出正确的理解。解释的过程中需要参考各种资料，包括权利要求书、说明书等内部证据，也包括所属领域的技术词典、教科书等外部证据。对权利要求仅仅进行孤立的理解，既不借助于内部证据，也不借助于外部证据，不可能确定其表达的真实含义。

正如上文所述，只有站在所属技术领域的普通技术人员的视角，采用了所属技术领域的公知常识，利用所属技术领域所具有的通常认识来理解权利要求时，才可能认为权利要求本身的含义是清楚的。此时，"时机论"者并非没有解释权利要求，而是利用了公知常识性的外部证据或者利用了已固化于其头脑中的公知常识对权利要求进行了解释。

第二,"时机论"割裂了权利要求和说明书的关系。我国《专利法》第二十六条第三款、第四款对权利要求书和说明书之间的关系作出了明确的规定,要求说明书应该充分公开发明的技术方案,使得所属技术领域的技术人员能够实现;权利要求书应当以说明书为依据,清楚、简要地限定要求专利保护的范围。基于权利要求书和说明书之间的法定关系,说明书记载的内容构成权利要求所处的语境,对于理解权利要求的含义不可或缺,只有结合说明书的记载,才能正确理解权利要求的含义。

从实务的角度讲,专利发明人在撰写专利申请文件时,通常先撰写说明书,在说明书中公开专利技术方案、实施例等内容,然后再将其中的技术方案总结、概括出来,记载在权利要求书中。亦即,权利要求书是在说明书的基础上概括的技术方案,与说明书具有不可分割的"血肉联系"。鉴于权利要求和说明书之间的关系,在确定权利要求的含义时,如果不参考权利要求书、说明书及其附图,在通常情况下不可能对权利要求作出正确的理解。

第三,"时机论"不符合语言文本解释的基本规则。任何语言文字表达的真实含义,都不能离开具体的语境,不同语境中的语言文字,具有不同的含义。脱离语境的语言文字,其含义是模糊的,不确定的。因此,要确定语言文字表达的真实含义,必须在其具体的语境下去理解。专利权利要求是一种语言文本,要确定其真实含义及保护范围,就必须透过其所在的语境去理解,而不能脱离其语境仅根据其字面含义确定。脱离专利权利要求的具体语境,对权利要求进行孤立的、字面含义的理解,不符合语言文本解释的基本规则。

第四,"时机论"无法确定权利要求书真正表达的技术方案。权利要求书是在说明书公开的技术信息的基础上提炼和概括的技术方案,"说明书是权利要求之母"。❶ 因此,权利要求书所表达的真正的技术方案,并非仅仅由权利要求书本身决定,而是由权利要求书、其他相关的权利要求及说明书等专利申请文件的语境限定的。要对权利要求书作出正确的理解,确定其所表达的真正的技术方案,应当透过整个专利申请文件的语境进行理解。如果脱离具体的语境,权利要求书就成了一个孤立的语言文本,其字面含义趋于宽泛、抽象、模糊,极可能偏离权利要求书记载的由专利申请文件语境所限定的真正的发明技术方案,变成一个含义宽泛、没有语境限定的"技术方案",这一"技术方案"与权利要求书记载的真正的发明技术方案极有可能不同。根据"时机论"确定的技术方案通常并不是权利要求真正表达的技术方案。"时机论"的观点会曲解专利发明人的主观意思,也会曲解权利要求真正表达的技术方案。以"具有宽视野的潜水面罩"实用新型专利权无效行政诉讼案为例(以下简称"潜水面罩"案),❷ 涉案专利权利要求1中有一技术特征"镜片",权利要求对"镜片"并无明确的特别限定,但是,根据涉案专利说明书及附图,涉案专利的背景技术中,既有采用平面镜片也有采用曲面镜片的,但要实现涉案专利的目的,克服背景技术中存在的缺陷,涉案专利的技术方案必然要采用平面镜片的技术特征。这一点能够从专利说明书及其附图中得到毫无疑义的解释。因此,涉案权利要求中的"镜片"应当仅指平面镜片,曲面镜片所构成的技术方案不在涉案专利的保护范围内。按照"时机论"的观点,涉案权利要求中的"镜片"一词本身的含义是清楚的,此时不需要结合说明书进行理解,可以指任意类型的"镜片"。但是,任意类型的"镜片"构成的技术方案显然不是专利发明人作出的技术贡献

---

❶ 参见:最高人民法院(2010)知行字第53—1号行政裁定书。

❷ 参见:北京市第一中级人民法院(2002)一中行初字第523号行政判决书和北京市高级人民法院(2003)高行终字第38号行政判决书。

和要求保护的技术方案，基于发明目的，发明人作出的技术贡献是平面镜片构成的技术方案，曲面镜片构成的技术方案显然不是发明人作出的技术贡献，也不是他意图保护的技术方案。"时机论"的观点会曲解权利要求真正表达的技术方案。

第五，"时机论"的本质是通常含义优先、外部证据优先的权利要求解释规则，这种解释规则是不合理的。说明书是发明人的技术词典，发明人当然可以而且有权利在其说明书中对权利要求中的术语进行界定，即使该术语在所属领域有通常含义，发明人也可以在说明书中重新进行界定。因此，理解权利要求应当坚持说明书的特别定义优先、内部证据优先的规则。如果坚持通常含义优先、外部证据优先的解释规则，就剥夺了发明人利用说明书定义其发明的权利和自由，背离了"说明书是发明人的技术词典"的基本认识，显然不合理。

（三）域外经验：专利权利要求解释坚持"语境论"

1. 美国经验

美国的MPEP在"可专利性"一章中专节规定专利权利要求解释的方法为"最宽合理解释"（Broadest Reasonable Interpretation），即不能仅仅根据专利权利要求的字面语言进行解释，而应在专利说明书的视野内由本领域普通技术人员给予最宽合理解释。根据"最宽合理解释"标准的适用方法，对于权利要求中的术语，如果说明书有特别限定的，按照限定的含义进行理解；说明书无限定的，按照所属技术领域的普通技术人员阅读整个专利文件后获得的通常含义（ordinary meaning）确定；既无特别限定的含义，又无通常含义的，才做"最宽泛的解释"。[1] 据此，专

---

[1] See MPEP "2111 Claim Interpretation; Broadest Reasonable Interpretation" Rev. 07. 2015, November 2015.

利审查员在确定专利权利要求的含义时，必须结合说明书等专利文件进行解释，以确定其特别的含义或者通常的含义或者最宽泛的含义，而不是脱离说明书对权利要求进行孤立的、片面的理解。

美国法院在进行专利权利要求解释时，也要结合说明书、审查历史档案等语境资料。❶ 在 CAFC 全席审理的 Phillips 案中，全体法官一致认为，本领域技术人员通常会在整个专利说明书的语境下阅读权利要求的术语并确定其含义，法官也应当和本领域技术人员一样，从说明书和审查历史档案开始权利要求的解释过程，不能在真空中寻找权利要求中术语的通常含义，而应当在说明书和审查历史档案的语境下寻找权利要求中术语的含义。❷ 虽然该案为侵权案件，但这一解释规则同样适用于专利审查行政程序及相应的诉讼程序。CAFC 确定的这一解释规则至今未变。

综上，无论是专利商标局的审查员还是联邦法院的法官在进行权利要求解释时，都应当将权利要求放在说明书的语境下去确定其含义，而不能脱离说明书对权利要求进行孤立的理解。

2. 欧洲专利局的经验

欧洲专利局也采用"语境论"的解释规则。《欧洲专利公约》第 69 条规定："欧洲专利或专利申请的保护范围由权利要求决定，说明书及附图应当用于解释权利要求。"❸ 据此，在确定专利申请的保护范围亦即权利要求的含义时，应当结合说明书及附

---

❶ See Vitronics Corp. v. Conceptronic Inc., 90 F. 3d 1576, 1583, 39USPQ2d 1573, 1577 (Fed. Cir. 1996); In re SuitcoSurface, Inc., 603 F. 3d 1255, 1260—61, 94 USPQ2d1640, 1644 (Fed. Cir. 2010); In re Abbott Diabetes Care Inc., 696 F. 3d 1142, 1149—50, 104 USPQ2d 1337, 1342—43 (Fed. Cir. 2012).

❷ See PHILLIPS v. AWH CORP. 415 F. 3d 1313.

❸ 原文为：The extent of the protection conferred by a European patent or a European patent application shall be determined by the claims. Nevertheless, the description and drawings shall be used to interpret the claims. 参见：[EB/OL]. [2016—10—13]. http://www.epo.org/law—practice/legal—texts/html/epc/2016/e/ar69.html.

图进行，而不能脱离说明书及附图，对权利要求进行孤立的理解。另外，《欧洲专利局上诉委员会判例法》在"权利要求的解释"的"一般原则"一节中写道："所属技术领域技术人员在解释专利权利要求时，应排除那些不合逻辑或在技术上讲不通的解释，他应该怀着强烈的整体意识（即以建设性而非割裂性的心态），考虑专利的全部公开内容，作出合乎技术常理的解释；解读专利权利要求应抱着乐于理解之心，而非刻意误解之心。"❶其中明确提到要"考虑专利的全部公开内容，作出合乎技术常理的解释"。该书还提到，上诉委员会主张使用说明书和附图来解释权利要求以确定权利要求的可专利性（包括发明创造的新颖性、创造性以及权利要求的清楚性、简洁性等），这是一般原则。只有在个别的案例中，上诉委员会才强调要限制说明书和附图在解释权利要求中的作用。❷由此可见，欧洲专利局在解释权利要求时，要考虑专利公开的全部内部，包括说明书及附图的内容。这种解释规则显然体现了"语境论"的思想。

（四）最高人民法院在"墨盒案第二季"中明确否定了"时机论"

最高人民法院在"墨盒案第二季"中，针对专利复审委员会提出的权利要求解释时机问题，进行了明确的阐述，认为："权利要求由语言文字表达形成，通过记载解决技术问题的必要技术特征的方式来描述和反映发明的技术方案，清楚、简要地表述请

---

❶ 欧洲专利局上诉委员会. 欧洲专利局上诉委员会判例法［M］. 6版. 北京同达信恒知识产权代理公司，译. 北京：知识产权出版社，2016：260. 该书英文版 *Case Law of the Boards of Appeal of the European Patent Office* 第7版、第8版的相关内容基本保持不变，可参见第8版第287页的相关内容。相关版本可从欧洲专利局的官网 http：//www.epo.org/index.html 下载。

❷ 欧洲专利局上诉委员会. 欧洲专利局上诉委员会判例法［M］. 6版. 北京同达信恒知识产权代理公司，译. 北京：知识产权出版社，2016：262.

求保护的范围。任何语言只有置于特定语境中才能得到理解。同时，基于语言表达的局限性和文字篇幅的限制，权利要求不可能对发明所涉及的全部问题表述无遗，需要通过说明书对要求保护的技术方案的技术领域、背景技术、发明内容、附图及具体实施方式等加以说明。为此，专利法明确规定了权利要求书和说明书之间的关系，要求说明书应该充分公开发明的技术方案，使得所属技术领域的技术人员能够实现；权利要求书应当以说明书为依据，清楚、简要地限定要求专利保护的范围。在专利法的上述法定要求下，说明书记载的上述内容对于理解权利要求含义更是不可或缺，两者具有法律意义上的密切关联性。说明书的上述内容构成权利要求所处的语境或者上下文，只有结合说明书的记载，才能正确理解权利要求的含义。在这一意义上，说明书乃权利要求之母，不参考说明书及其附图，仅仅通过阅读权利要求书即可正确理解权利要求及其用语的含义，在通常情况下是不可能的。权利要求的解释就是理解和确定权利要求含义的过程。在这个过程中，必须结合说明书及其附图才能正确解释权利要求。专利复审委员会关于权利要求的解释应严格把握解释时机，以权利要求不清楚或者没有明确的唯一含义为前提的主张，既违背文本解释的逻辑，又不符合权利要求解释的实践。"❶ 上文表述非常明显，最高人民法院明确否定权利要求解释"时机论"，坚持"语境论"。

（五）专利授权程序中不能适用"时机论"

专利授权程序中适用"时机论"的权利要求解释规则，会极大地损害专利申请人的利益，使得本来可以授权的专利申请而无法获得授权。按照"时机论"的观点，在权利要求本身的字面含义清楚时，应当忽视专利说明书和附图的语境限定作用，仅对权

---

❶ 参见：最高人民法院（2010）知行字第 53—1 号行政裁定书。

利要求本身进行孤立的理解，由此确定的权利要求的保护范围脱离了语境的限定，更加宽泛，进而导致权利要求不具备新颖性、创造性等法定条件，而无法获得授权。

　　首先，说明书可以对权利要求中的术语进行明确的特别限定，限定的含义可能不同于其文字表面上的含义。这种情况下适用"时机论"的权利要求解释规则，显然是错误的。根据普遍承认的权利要求解释规则，内部证据对权利要求的解释作用优先于外部证据，说明书中特别限定的含义优先于通常含义，因此，对于权利要求中的术语，应当优先采用说明书中特别限定的含义。例如，权利要求中的术语为"镜片"，说明书对该术语进行了特别的限定，明确陈述为"权利要求中的镜片是指平面镜片"，在此情况下，应当将权利要求中的"镜片"理解为"平面镜片"，而不应当理解为全部类型的镜片。

　　其次，说明书也可能对权利要求中的术语进行隐含的限定，隐含限定之义不同于其通常含义。在此情况下，也不能根据"时机论"认定权利要求不符合授权条件并直接驳回专利申请。例如，在上述"潜水面罩"案中，按照"时机论"的观点，涉案权利要求中的"镜片"二字本身的含义应当是清楚的，包括任意类型的"镜片"，故不必结合说明书进行理解，可以直接将其确定为包括任意类型的"镜片"。这样的话，由于现有技术中已经公开了曲面镜片的技术方案，权利要求相比于现有技术中的曲面镜片构成的技术方案就缺乏新颖性，从而无法获得授权。但是，根据涉案专利的发明目的，专利发明人做出的真正的技术方案是平面镜片构成的技术方案，曲面镜片构成的技术方案恰恰是其要克服的技术缺陷，而不是其作出的技术贡献，也不是其意图保护的技术方案。基于整个专利文件的语境，说明书对"镜片"实际上进行了隐含的限定，仅指"平面镜片"，因此，涉案权利要求记载的技术方案应当仅指平面镜片构成的技术方案，该技术方案相对于现有技术中曲面镜片构成的技术方案具备新颖性、创造性。此时，专利审查员合适的做法是适用"语境论"的解释规则，将权利要求中的"镜片"理解为"平面镜片"，并要求专利申请人将权利要求中的"镜片"修改为"平面镜片"。如果专利审查员适用"时机论"的解释规则，将权利要求中的"镜片"理解为所有类型的镜片，并据此认定权利要求不符合授权条件，直接驳回专利申请，则显然不合适。

（六）专利确权程序中不能适用"时机论"

专利确权程序中适用"时机论"的权利要求解释规则，会使已授权的权利要求面临动辄被宣告无效的极大风险，对专利权人是非常不利，也极不公平。首先，当说明书对权利要求中的术语作出了特别限定的，应当采用特别限定的含义，而不能适用"时机论"的规则，仅对权利要求进行孤立的理解。其次，当说明书对权利要求中的术语有隐含限定的，应当采用隐含限定之义，适用"时机论"的规则会造成不公平、不合理的后果。还以上述"潜水面罩"案为例进行说明。涉案权利要求对其中的术语"镜片"未予限定，但是，根据涉案专利的发明目的，专利发明人作出的真正的技术方案是平面镜片构成的技术方案，曲面镜片构成的技术方案恰恰是其要克服的技术缺陷，而不是其作出的技术贡献，也不是其意图保护的技术方案。基于整个专利文件的语境，说明书对"镜片"进行了隐含的限定，仅指"平面镜片"，因此，涉案权利要求中的"镜片"应当仅指"平面镜片"。由于专利权人在专利确权程序中修改权利要求的自由受到了严格的限制，无法将权利要求中的"镜片"修改为"平面镜片"，在此情况下适用"时机论"的解释规则，将涉案权利要求中的"镜片"理解为任意类型的镜片，并宣告涉案专利权利要求无效，是不公平、不合理的。专利发明人作出了技术贡献——由平面镜片构成的技术方案，该技术方案应当受到保护。如果一方面不给予专利权人修改权利要求的机会，另一方面又要适用"时机论"的解释规则，对权利要求进行宽泛的字面含义的理解，相当于从两头把专利权人卡死了，专利权人既无法进行限缩性的修改，又不能进行限缩性的解释，只有死路一条。专利权人有什么过错吗？为什么要让他承受这样不利的后果？他唯一的疏忽就是没有把权利要求中的"镜片"限定为"平面镜片"。因为这一点疏忽而让他承受专利权被宣告无效的严重后果，显然是不合理的。该案中，一、二审法院均不同意专利复审委员会的"时机论"解释方法，而是适用"语境论"的解释规则，采用说明书中的隐含限定之义，将权利要求中的"镜片"理解为"平面镜片"，从而撤销了专利复审委员会作出的无效宣告决定。

（七）专利侵权程序中不能适用"时机论"

在专利侵权程序中适用"时机论"的权利要求解释规则，会不当地扩大专利权利要求的保护范围，损害社会公众的利益。《专利法》第五十九条第一款规定："发明或者实用新型专利权的保护范围以其权利要求的内容为准，说明书及附图可以用于解释权利要求的内容"。据此，专利权的保护范围不是由权利要求的文字的表面含义决定的，而是由权利要求的内容决定的，而说明书及附图可以用于解释权利要求的内容。如果适用"时机论"的解释规则，脱离权利要求的语境，对其作一个文字表面意义上的宽泛理解，就会不当地扩大权利要求的保护范围，破坏权利要求的公示价值，损害社会公众（本领域技术人员）的信赖利益。还以上述"潜水面罩"案为例，如果对涉案权利要求中的"镜片"宽泛地理解为任意类型的"镜片"，则曲面镜片构成的技术方案也会落入其保护范围。但是，涉案专利说明书已隐含地限定权利要求中的"镜片"为"平面镜片"，曲面镜片构成的技术方案不是其作出的技术贡献,显然也不是专利发明人意图保护的技术方案,当然不应当纳入专利保护范围。如果对"镜片"作宽泛的理解,使得其包括本来不应当包括的曲面镜片构成的技术方案,显然就损害了社会公众的信赖利益。

五、专利权利要求解释应当坚持"语境论"

上文分析表明"时机论"具有多方面的缺陷,是错误的观点,应当坚决予以否定。笔者认为,对专利权利要求的解释,应当坚持"语境论",即采用语境主义的认识论来解释权利要求。

(一)语境主义是解释专利权利要求的认识论基础

语境主义是哲学上的一种认识论,它强调动作、说话或表达所发生的语境的作用,认为只有结合语境才能理解动作、说话或表达的具体含义。语境主义者认为,在知识的认识路径上,不是简单地探求知识文本的字面含义,而是要将语言文本置于具体的语境下去获取客观的知识。[1] 它的基本观点是:语言所表达的命题的含义取决于说话者所处的语境,由于语言具有语境依赖性,不同语境中的同一语言表达可能具有不同的含义。例如,一个女孩子娇嗔地对其男朋友说:"我打死你",其含义绝不是真的要打死男朋友,而是男女朋友之间的撒娇、玩笑话,甚至是甜言蜜语。但是,如果一个暴徒一边施暴一边叫嚣"我打死你",其意思就是要把施暴对象往死里打。可见,同样一句话"我打死你",在不同的语境下具有完全不同的含义。因此,对于语言文本的理解,应当将其置于具体的语境下来解读。脱离语境,不可能获得

---

[1] 参见:王娜.语境主义知识观:一种新的可能[J].哲学研究.2010(5):89—95.

对语言文本的真正认识。目前，语境主义的认识论已经渗入语言学、❶ 哲学、❷ 政治学、❸ 历史学❹以及法学❺等多种学科的研究中，极大地丰富了相关学科的研究视角和理论。

专利权利要求由语言文字构成，如何解释专利权利要求，确定其真实的含义，当然可以而且应当借鉴语境主义的认识论。基于语境主义的认识论，专利权利要求表达的技术方案必须透过其所在的语境去理解，不能脱离其语境仅根据其字面含义确定。脱离具体语境，对专利权利要求进行孤立的、字面含义的理解，不符合人类探求知识的认识规律，违背了语境主义的认识论，是不可取的。专利权利要求的解释，应当坚持语境主义的认识论方法，这是一个基本的前提。不管专利权利要求的解释应当参考哪些资料，采用何种具体的解释技术和方法，都应当坚持语境主义的方法和道路，脱离语境去讨论专利权利要求的含义，犹如追求水中月、镜中花，其方法是错误的，结论是不可靠的。

（二）语境的含义、构成及对专利权利要求的限定作用

语境，即语言交流环境，既包括语言因素，如书面语言的上下文、口语中的前言后语等；也包括非语言因素，如人际交流的时间、地点、场合、时代、交际对象以及社会、文化背景、自然

---

❶ 参见：宫铭."语言学转向"和"语境主义"——罗蒂新实用主义文学理论研究 [J]. 曲靖师范学院学报，2011，30 (2)：36—39.

❷ 参见：王娜. 语境主义知识观：一种新的可能 [J]. 哲学研究. 2010 (5)：89—95.

❸ 参见：邱国兵. 西方政治思想研究的方法论选择——文本中心主义与语境主义的争论：以马基雅维里为例 [J]. 上海行政学院学报，2006，7 (2)：31—39.

❹ 参见：王芳. 昆廷·斯金纳的"历史语境主义"探讨 [J]. 历史教学问题，2008 (5)：67—70.

❺ 参见：蔡琳. 裁判的合理性：语境主义还是普遍主义？[J]. 法律方法，2009，9 (2)：101—113.

环境等。❶ 前者称为狭义的语境或语言性语境；后者称为广义的语境或非语言性语境。❷ 语境的主要作用表现为：第一，语境对语义具有制约的功能，即语境可以限定语词的含义；第二，语境可以排除歧义，语词难免具有多种含义，而通过具体的语境可以排除语词的歧义。❸

专利权利要求的语境是指狭义的语境，即权利要求的语言性语境，主要由专利文件、专利审查历史档案及同族专利文件等构成。其中，专利文件——权利要求书、说明书及附图等构成权利要求的最小语境。权利要求语境的作用主要表现为两个方面：第一，限定权利要求中语词的含义。权利要求的字面含义往往比较宽泛和含糊，但由于权利要求是在说明书公开的技术发明的基础上概括的技术方案，与说明书具有不可分割的千丝万缕的联系，我们界定权利要求的保护范围不是根据其字面含义宽泛地确定其保护范围，而是要基于权利要求的语言文本和其所在的语境确定权利要求的保护范围。因此，语境对权利要求具有限定作用。第二，语境可以排除权利要求中语词的歧义。任何一种语言，其语词含义往往都不是唯一的，容易让人产生歧义，在权利要求的撰写水平不够高的情况下，权利要求中的语词具有歧义更是经常发生的现象。对歧义的排除、澄清只能借助于说明书及附图等进行。

现以上述"潜水面罩"案予以说明。涉案专利权利要求包括一技术特征"镜面：是由正向镜片与两侧的侧向镜片以黏合方式结合而成"。权利要求对"镜片"的形状并无明确限定，对此，可有两种解释，一种为采用权利要求中"镜片"的字面含义，包括平面镜片和曲面镜片；另一种为结合权利要求的上下文、说明书及附图等语境资料解释"镜片"的含义。专利复审委员会采取

---

❶❸ 参见：常俭. 浅论语境的功能 [J]. 思维与智慧，1991（4）：34—37.

❷ 参见：曾绪. 浅论语境理论 [J]. 西南科技大学学报（哲学社会科学版），2004，21（2）：94—97.

第一种解释方法，认为涉案专利权利要求中的"镜片"这一技术术语本身不能排除"镜片"形状为"曲面"的情况。一审法院则认为：虽然涉案权利要求对"镜片"并无限定，但根据说明书的记载，涉案专利的背景技术中，既有采用平面镜片也有采用曲面镜片的，但要实现涉案专利的目的，克服背景技术中存在的缺陷，涉案专利的技术方案必然要采用平面镜片的技术特征，这一点能够从专利说明书及其附图中得到毫无疑义的解释。因此，专利权利要求中的技术特征"镜片"仅指平面镜片，曲面镜片所构成的技术方案不在涉案专利的保护范围内。专利复审委员会仅依据涉案专利权利要求字面记载的技术特征"镜片"，就认为"镜片"既包括平面镜片也包括曲面镜片，而没有引入专利说明书及其附图对专利权利要求进行解释，缺乏法律依据。二审法院基本同意一审法院的意见。❶

专利复审委员会仅仅基于权利要求中"镜片"的字面含义进行解读，认为"镜片"既包括"平面镜片"也包括"曲面镜片"，这种解释割裂了权利要求和说明书之间的联系，忽视了说明书作为语境的限定作用，违反了语境主义的认识论。一审、二审法院并没有仅仅基于权利要求中"镜片"的字面含义进行解释，而是在考虑涉案专利的背景技术、技术方案、技术效果的基础上对"镜片"的含义进行解释，这一解释符合语境主义的认识论，无疑是正确的。

（三）"语境论"的基本思想

所谓"语境论"，亦可以称为"语境主义"解释方法，❷是

---

❶ 参见：北京市第一中级人民法院（2002）一中行初字第523号行政判决书和北京市高级人民法院（2003）高行终字第38号行政判决书。

❷ 参见：刘庆辉. 基于语境主义的专利权利要求解释［J］. 电子知识产权，2016（7）：79—88.

指在确定权利要求的含义时，应当首先结合权利要求书、说明书、附图等内部证据（语境资料），必要的时候也应当结合所属技术领域的教科书、技术词典等外部证据，对权利要求作出合理的解释。在解释权利要求时应当首先从内部证据开始，而不是从外部证据开始。当内部证据足以确定权利要求的含义时，不需要采用外部证据；只有当内部证据不足以确定权利要求的含义时，才有必要借助于外部证据来解释权利要求。当采用内部证据的解释结论与采用外部证据的解释结论发生冲突时，应当坚持内部证据优先于外部证据的解释规则。❶"语境论"的核心思想是内部证据优先于外部证据、权利要求中的术语的语境限定的含义优先于其通常含义。

（四）"语境论"的合理性

1. 语言文本的"语境论"解释规则决定了专利权利要求的解释应当坚持"语境论"

专利权利要求是一种语言文本，表达专利发明人要求保护的技术方案和权利范围。由于语言文字具有多义性、歧义性，不同的人对于同一语言文字可能会有不同的理解。语言学的研究表明，语言文字和文本的含义依赖于其语境（即上下文），对于任何语言文字和文本的理解，都不能脱离具体的语境。❷ 同样的语言文字和文本，在不同语境下，可能有不同的含义。只有将语言文字和文本置于其具体的语境，才有可能真正理解其所表达的真实含义。脱离具体的语境，对其进行孤立的理解，不可能确定其所表达的真实含义。

---

❶ 参见：北京市高级人民法院（2016）京行终 5347 号行政判决书。
❷ 参见：宫铭．"语言学转向"和"语境主义"——罗蒂新实用主义文学理论研究［J］．曲靖师范学院学报，2011，30（2）：36－39. 王娜．语境主义知识观：一种新的可能［J］．哲学研究，2010（5）：89－95．

第三章　对专利权利要求的解释

　　无论是文学作品、法律文本、合同文本，还是专利权利要求，只要是语言文本，就应当将其置于具体的语境下进行解读，才能确定其表达的真实的含义。例如，对于文学作品的某一段落，如果仅仅进行孤立的解读，很难理解其表达的真正含义，只有将该段落置于整个文学作品的上下文语境下，进行整体的解读，才有可能确定其表达的真实含义。又如，对于合同文本的某一条款的理解，如果仅仅进行孤立的解读，也很难得出正确的结论，唯有将其置于整个合同文本的上下文语境中，才有可能作出正确的理解。

　　对专利权利要求的理解或解释，同样应当坚持"语境论"，亦即，将权利要求置于权利要求书、说明书的语境下去理解，才有可能确定其所表达的技术方案的真实含义。专利权利要求的外在表现形式是语言文字，对于其中的语言文字，如果拆开来看，每个文字及符号都是有含义的，但是这些文字、符号组合在一起，表达什么含义，仁者见仁，智者见智。权利要求中的语言文字、符号难免具有多种含义，有的情况下甚至有歧义，要排除其歧义，确定其真实含义，就必须结合其上下文即权利要求书、说明书等构成的具体语境来进行整体的解读。否则，抛开权利要求书、说明书等语境资料，仅对权利要求进行孤立的理解，不可能得出正确的结论，即使得出正确的结论，也是巧合。

　　2. 权利要求与说明书的关系决定了权利要求解释应当采用"语境论"

　　我国《专利法》第二十六条第三款、第四款对权利要求书和说明书之间的关系作出了明确的规定，要求说明书应该充分公开发明的技术方案，使得所属技术领域的技术人员能够实现；权利要求书应当以说明书为依据，清楚、简要地限定要求专利保护的范围。在实务中，专利发明人在撰写专利申请文件时，通常先撰写说明书，在说明书中公开专利技术方案、实施例等内容，然后再将其中的技术方案总结、概括出来，记载在权利要求书中。说明书是发明人定义其发明的技术词典，是权利要求之母。因此，发明人有权利在说明书中对权利要求中术语的含义作出限定，即使该术语在所属技术领域有通常含义，发明人也可以重新定义。对此，《专利审查指南2010》也有明确规定——"权利要求的保护范围应当根据其所用词语的含义来理解。一般情况下，权利要求中的用词应当理解为相关技术领域通常具有的含义。在特定情况下，如果说明书中指明了某词具有特定的含义，并且使用了该词的权利要求的保护范围由于说明书中对该词的说明而被限定得足够清楚，这种情况也是允许的"。❶

由于说明书是发明人定义其发明的技术词典，说明书与权利要求之间存在法定的关系，因此，说明书记载的内容构成权利要求所处的语境，对于理解权利要求的含义不可或缺，只有结合说明书的记载，才能正确理解权利要求的含义，如果不参考权利要求书、说明书及其附图，在通常情况下不可能对权利要求作出正确的理解。

3. 参考美国和欧盟的经验，我们应当采用"语境论"的解释规则

首先，美国采用"语境论"的解释规则。美国专利商标局的MPEP（相当于我国的"审查指南"）在"可专利性"一章中专节规定专利权利要求解释的方法为"最宽合理解释"（Broadest Reasonable Interpretation），即不能仅仅根据专利权利要求的字面语言进行解释，而应在专利说明书的视野内由所属技术领域的普通技术人员给予最宽合理解释。根据"最宽合理解释"标准的适用方法，对于权利要求中的词语，如果说明书有特别限定的，按照特别限定的含义进行理解；说明书无特别限定的，按照所属技术领域的普通技术人员阅读整个专利申请文件后获得的通常含

---

❶ 参见：《专利审查指南2010》第二部分第二章第3.2.2节。

义（ordinary meaning）确定；既无特别限定的含义，又无通常含义的，才做"最宽泛的解释"。❶ 据此，专利审查员在确定专利申请权利要求的含义时，必须结合说明书等专利申请文件进行解释，以确定其特别的含义或者普通的含义或者最宽泛的含义，而不是脱离说明书对权利要求进行孤立的、片面的理解。美国联邦巡回上诉法院在审理授权确权案件中，和美国专利商标局一样，对权利要求的解释也适用"最宽合理解释"标准，坚持"语境论"的解释规则。

其次，欧盟也采用"语境论"的解释规则。《欧洲专利公约》第 69 条规定："欧洲专利或专利申请的保护范围由权利要求决定，说明书及附图应当用于解释权利要求。"❷ 据此，在确定专利申请的保护范围亦即权利要求的含义时，应当结合说明书及附图进行，而不能脱离说明书及附图，对权利要求进行孤立的理解。另外，《欧洲专利局上诉委员会判例法》在"权利要求的解释"的"一般原则"一节中写道："所属技术领域技术人员在解释专利权利要求时，应排除那些不合逻辑或在技术上讲不通的解释，他应该怀着强烈的整体意识（即以建设性而非割裂性的心态），考虑专利的全部公开内容，作出合乎技术常理的解释；解读专利权利要求应抱着乐于理解之心，而非刻意误解之心。"❸

---

❶ 参见：MPEP 2111—Claim Interpretation；Broadest Reasonable Interpretation.

❷ 原文为：The extent of the protection conferred by a European patent or a European patent application shall be determined by the claims. Nevertheless, the description and drawings shall be used to interpret the claims. 参见：[EB/OL]. [2016－10－13]. http：//www.epo.org/law－practice/legal－texts/html/epc/2016/e/ar69.html.

❸ 欧洲专利局上诉委员会. 欧洲专利局上诉委员会判例法[M]. 6 版. 北京同达信恒知识产权代理公司，译. 北京：知识产权出版社，2016：260. 该书英文版 *Case Law of the Boards of Appeal of the European Patent Office* 第 7 版、第 8 版的相关内容基本保持不变，可参见第 8 版 287 页的相关内容。相关版本可从欧洲专利局的官网 http：//www.epo.org/index.html 下载。

其中明确提到要"考虑专利的全部公开内容，作出合乎技术常理的解释"。该书还提到，上诉委员会主张使用说明书和附图来解释权利要求以确定权利要求的可专利性（包括发明创造的新颖性、创造性以及权利要求的清楚性、间接性等），这是一般原则。只有在个别的案例中，上诉委员会才强调要限制说明书和附图在解释权利要求中的作用。❶

4. 最高人民法院在"墨盒案"中明确认为在专利授权确权程序中应当结合权利要求书、说明书及附图对权利要求的含义进行解释

在"墨盒案"中，最高人民法院明确认为：在专利授权确权程序中，说明书记载的内容对于理解权利要求的含义不可或缺，通常情况下，仅仅通过阅读权利要求书而不参考说明书及其附图，不可能正确理解权利要求及其用语的含义。权利要求的解释就是理解和确定权利要求含义的过程。在这个过程中，必须结合说明书及其附图才能正确解释权利要求。❷ 该判决确认的解释规则即为"语境论"，这一解释规则合法合理，应当坚持、发扬。

（五）专利授权、确权和侵权程序中"语境论"的适用标准应当有所不同

本书反复强调，任何情况下，权利要求的解释都应当贯彻语境主义的认识论，坚持"语境论"，没有例外。这是否意味着专利授权程序、无效程序和侵权程序中应当坚持一致的解释标准？笔者认为，在不同的程序中，根据专利申请人（专利权人）对权利要求的修改空间和可能性的大小差异，解释标准应当有所不同，授权程序中语境的限定作用应当小一些，无效程序中语境的

---

❶ 欧洲专利局上诉委员会. 欧洲专利局上诉委员会判例法［M］. 6版. 北京同达信恒知识产权代理公司，译. 北京：知识产权出版社，2016：262.

❷ 参见：最高人民法院（2010）知行字第53—1号行政裁定书。

限定作用应当大一些，侵权程序中语境的限定作用应当最大。

权利要求的解释，语境的分析，语义的确定，等等，这些都是人际沟通的信息处理。信息处理需要成本，一个好的制度应当尽量降低信息处理成本。语境的限定作用越大，语境分析和语义确定等工作越就复杂，信息的解读成本就越高。从降低社会运作成本的角度讲，专利申请人应当尽量提高专利文本的撰写质量，消除权利要求中语词的模糊含义和歧义，尽量做到权利要求文本的字面含义与其语境限定的含义相一致，从而降低授权后权利要求文本的信息解读成本。但是，到了侵权程序阶段，从推定专利权有效性的角度出发，应当遵从权利要求的语境对权利要求含义的限定，平衡好专利权人的利益和社会公众的行为自由。因此，从授权程序到侵权程序，语境的限定作用应当是逐渐增强的。

在专利审查授权阶段，专利申请文本还处于可修改的阶段，专利申请人完全可以从说明书中提取内容对权利要求作出进一步限定，所以，为了消除权利要求文字记载的模糊性，降低专利授权后社会公众的信息解读成本，专利审查员应当督促专利申请人尽量明确权利要求中文字记载的含义，消除其模糊含义，提升其精确性，使权利要求的字面含义尽量趋近于其语境限定的含义。因此，在这个阶段，专利审查员不应过于强化语境对权利要求的限定作用，而是要相对弱化语境的限定作用，提醒专利申请人尽量修改、完善权利要求文本。对此，可以参照美国的做法，在专利说明书的视野内对权利要求的词语给予"最宽合理解释"，即在说明书的基础上，对权利要求的词语给予合理的最宽泛的解释。专利申请人为了克服最宽合理解释所可能带来的权利要求不符合授权条件的危险，则应当尽量修改权利要求中的语词，使语词的字面含义与说明书语境确定的含义保持一致。例如，在上文的"潜水面罩"案中，涉案权利要求中的"镜片"没有限定形状，可包括平面镜片和曲面镜片，但是结合说明书能确定其仅为平面镜片，平面镜片构成的技术方案才是发明人的技术贡献。因此，权利要求中的"镜片"的真正含义是指"平面镜片"。在专利申请审查阶段，为了提高权利要求文字含义的精确性，专利审查员应当弱化说明书、附图等语境资料的限定作用，对权利要求中的"镜片"做宽泛的解释，即解释为包括平面镜片和曲面镜片，并对专利申请人的发明创造进行"语境论"的解释，理解为平面镜片构成的技术方案，在此基础上认定权利要求得不到说明书公开的由平面镜片构成的技术方案的支持，从而要求专利申请人将权利要求中的"镜片"修正为"平面镜片"。如此一来，权利要求中的文字记载和说明书公开的发明内容完全匹配，可以显著降低后续专利确权程序和侵权程序中权利要求的解释成本，减少争议。但是，专利审查员不应当对权利要求中的"镜片"作出宽泛的理解并据此驳回专利申请。

在专利确权程序中，专利权人对专利权利要求还有一些修改机会，但是修改机会远远小于授权阶段，因此语境的限定作用要尽量大一些，以免脱离语境的权利要求解释导致权利要求不符合专利有效性条件。通过语境的限定作用，使权利要求的保护范围限制在一个合理的范围，避免那些对现有技术做出贡献的权利要求动辄被宣告无效。根据《国家知识产权局关于修改〈专利审查指南〉的决定》（2017），专利确权程序中，修改权利要求书的具体方式一般限于权利要求的删除、技术方案的删除、权利要求的进一步限定、明显错误的修正。其中，"权利要求的进一步限定"是指在权利要求中补入其他权利要求中记载的一个或者多个技术特征，以缩小保护范围。[1] 尽管修正后的《专利审查指南 2010》对专利确权程序中修改权利要求的具体方式的限制有所放宽，但仍然非常严格，不能将说明书中的隐含之义补入权利要求。因

---

[1] 参见：国家知识产权局令第 74 号：《国家知识产权局关于修改〈专利审查指南〉的决定》（2017）第八节的内容，该决定可以从国家知识产权局官方网站下载。

第三章 对专利权利要求的解释

此，对权利要求的解释、语境的限定作用的掌握，应当充分考虑上述情况。通常情况下，如果专利权人对权利要求中的某一语词有修改机会，审查员应当予以指出，建议专利权人进行修改，此种情况下就应当放松语境的限定作用。相反，如果专利权人没有修改机会，则应当严格遵从语境的限定作用。

在专利侵权程序中，为了确保专利权人和社会公众之间的利益平衡，不妨害社会公众的行为自由，应当最大化权利要求的语境限定作用。一般情况下，在确保专利权人的专利权得到有效保护的前提下，应当最大化社会公众的行为自由。因此，在侵权程序中，绝对不能脱离权利要求的语境、仅根据权利要求的字面含义确定权利要求的保护范围，相反，应当严格遵从语境限定原则，利用权利要求的语境限定权利要求的保护范围，使权利要求的保护范围保持在合理的范围，不损害社会公众的行为自由。在此阶段，说明书及附图、专利审查历史档案、同族专利文件等资料均应当用于限定权利要求的保护范围。还以上文的"潜水面罩"案为例，尽管涉案权利要求中的"镜片"没有限定形状，但是，结合说明书及附图能够毫无异议地确定，平面镜片构成的技术方案才是发明人作出的技术贡献。基于专利权保护范围与技术贡献相一致的《专利法》法理，由平面镜片构成的技术方案才是发明人应当享有的专利权保护范围，因此，在侵权程序中应当将镜片解释为平面镜片。

美国专利法实践中对权利要求的解释实行"双轨制"，在专利授权程序中采用"最宽合理解释"标准，在专利侵权程序中采用有限的"推定专利权有限"原则，其正当性依据是，前者程序中专利申请人享有充分的修改权利要求的自由，后者程序中专利权人没有修改权利要求的自由。这一"双轨制"的做法，实际上也是根据专利申请人（专利权人）对权利要求有无修改机会，在前一程序中弱化权利要求语境的限定作用，在后一程序中强化语

99

境的限定作用，与笔者的前述观点是相通的。

　　总结起来，权利要求的语境限定作用应当与专利申请人（专利权人）对专利权利要求享有的修改自由呈正比例关系，修改自由越大，限定作用越小，没有修改自由的，限定作用最大。从授权程序到专利确权程序，专利申请人（专利权人）享有的修改自由度趋小，语境的限定作用就应当趋大，到专利侵权程序，语境的限定作用最大。鉴于我国目前专利确权程序中，专利权人享有的修改机会和空间非常有限，因此专利确权程序中权利要求的语境限定作用和侵权程序中应当相仿。

　　（六）"语境论"下的语境分析方法

　　我国《专利法》第五十九条规定，"说明书及附图可以用于解释权利要求的内容"，但是《专利法》《专利法实施细则》和《专利审查指南2010》均无关于专利权利要求解释的具体规则和操作方法，导致实践中容易滋生两种错误倾向：一是不顾专利权利要求书和说明书的语境限定作用，仅以专利权利要求本身的字面含义宽泛地界定权利要求的保护范围，在上文的"潜水面罩"案中，专利复审委员会的解释方法即为显著的例子。二是把专利说明书中具体实施例的内容读入专利权利要求，不当地限缩权利要求的保护范围。例如，在"反射式萨格奈克干涉仪型全光纤电流互感器"发明专利权无效行政诉讼案中，专利复审委员会第14794号决定在对涉案专利权利要求1中的"全光纤电流互感器"进行界定时，引入其从属专利权利要求的附加技术特征和专利说明书实施例的内容对其进行限缩性解释，即为典型例子。最高人民法院对此予以了纠正，认为独立权利要求的含义清楚时，不能引入其从属专利权利要求的附加技术特征和专利说明书实施

例的内容对其进行限缩性解释。❶

专利权利要求解释的正确做法是，一方面，要根据权利要求的上下文、说明书及附图等语境资料确定权利要求的含义；另一方面，对于权利要求中的术语，如果其在所属技术领域具有通常含义而说明书又没有特别限定的，则不能用说明书不当地限制其含义，尤其不能把说明书中的实施例读入权利要求，限制其保护范围。对此，美国联邦巡回上诉法院在 PHILLIPS v. AWH CORP 案中作出了深入的分析，认为应当结合权利要求的上下文、说明书及附图等内部证据（即权利要求的语境资料）解释权利要求的含义，确定其保护范围。❷

基于语境主义的认识论，专利权利要求的解释，一般按照下列顺序进行语境分析，确定权利要求的含义：

首先，根据权利要求本身的上下文语境确定其术语和语词的含义，此时确定的含义往往是权利要求的字面含义。

其次，根据其他权利要求，即联系整个权利要求书的上下文语境，进行解释。在这一阶段，应当考虑独立权利要求和从属权利要求的关系，确定权利要求中术语的含义和权利要求保护范围的大小。一般情况下，应当尽量作出从属权利要求的保护范围小于独立权利要求保护范围的解释。但亦不应当绝对化，如果根据说明书经过合理的解释，发现从属权利要求和独立权利要求的保护范围一致，则只能认为权利要求的撰写质量不高。不能为了区分各个权利要求的保护范围，强行对各个权利要求作出不符合语境、违反公知常识的解释。

再次，采用说明书及附图公开的信息对权利要求进行解释。权利要求的字面含义大于其语境限定含义的，如果发明人对权利

---

❶ 参见：最高人民法院（2014）行提字第 17 号行政判决书。
❷ See PHILLIPS v. AWH CORP. 415 F. 3d 1311－1327.

要求没有修改机会，则应当严格用语境限缩字面含义；如果发明人有修改机会的，则审查员应当建议发明人尽量作出修改。

复次，是要利用专利审查历史档案对权利要求的含义进行限定，要禁止专利申请人出尔反尔、两头得利。

最后，同族专利文件和存在分案关系的专利文件也应当有限定作用，在必要的时候也应当用于解释权利要求。

（七）对反对"语境论"者的几点回应

反对"语境论"者担心，适用"语境论"的解释规则，存在以下几个弊端：第一，"语境论"会架空《专利法》第二十六条第四款关于"权利要求应当以说明书为依据"的规定；第二，"语境论"会降低专利文件撰写质量和专利授权质量；第三，"语境论"会破坏权利要求的公示作用；第四，"语境论"会提高权利要求的解释成本。笔者认为上述担心是没有必要的。

1. 适用"语境论"的解释规则，不会架空《专利法》第二十六条第四款关于"权利要求应当以说明书为依据"的规定

专利行政机关和法院在判断"权利要求是否以说明书为依据"时，应当首先确定权利要求的含义及其所表达的技术方案，然后才能就"权利要求是否以说明书为依据"作出判断，而不是仅仅根据权利要求的文字记载来判断"权利要求是否以说明书为依据"。由于权利要求是在说明书公开的技术内容的基础上作出的提炼和概括，权利要求和说明书之间存在千丝万缕的联系，"说明书乃权利要求之母"，因此，要确定权利要求的含义及其所表达的技术方案，就必然要将权利要求置于权利要求书、说明书等语境下来进行合理的理解。只有结合具体的语境，确定了权利要求所表达的真实含义和真正的技术方案之后，才能进一步就"权利要求是否以说明书为依据"作出判断。这是适用《专利法》第二十六条第四款规定的基本逻辑顺序。在权利要求的字面含义

过于宽泛，既无通常含义又无特别限定的含义的情况下，权利要求无法满足"以说明书为依据"的法定标准，《专利法》第二十六条第四款的规定仍然可以发挥作用。而且，在权利要求记载的技术方案超出了说明书公开的技术方案时，《专利法》第二十六条第四款的规定也能发挥作用。因此，适用"语境论"的解释规则并不会架空《专利法》第二十六条第四款规定的作用。

2. 适用"语境论"的解释规则不会降低专利申请文件的撰写质量和授权质量

首先，发明人主观上都希望撰写高质量的专利申请文件，而不希望撰写低质量的专利申请文件，甘冒被审查员驳回的风险。即使其权利要求撰写得不太好，也是能力所限或者无心之举。因此，坚持"语境论"的解释规则，不会鼓励发明人降低专利申请文件撰写质量，掌握好"语境论"的适用尺度，就不会降低专利授权质量。

其次，试图用"时机论"的权利要求解释规则来提升专利申请文件的撰写质量，既不合理，也不切实际。一方面，说明书是发明人定义其发明的技术词典，发明人有权利在说明书中定义其权利要求中的术语。因此，权利要求的解释，本来就应当适用"语境论"的解释规则。但是，为了提升专利申请文件撰写质量，违背"语境论"的解释规则，对权利要求孤立地作出宽泛的理解，并以此认定权利要求不符合授权条件，这是用错误的解释规则和结果来惩罚无辜的发明人，既不合法，也不合理。另一方面，由于专利发明人不可能将说明书中的所有限定条件都写入权利要求书中，因此，试图通过"时机论"的解释规则来督促专利发明人提升专利申请文件的撰写质量，也不切实际。

最后，采用"语境论"的解释规则，并不影响专利审查员针对权利要求书的缺陷发出审查通知书、提出修改的建议。通常情况下，如果说明书中的限定能够写入权利要求中，专利审查员当然可以而且应当建议专利申请人作出修改。专利申请人如果认为审查员的建议有道理，通常也会接受建议，作出修改。因此，采用"语境论"的解释规则，并不意味专利审查员将毫无作为，他仍然可以通过审查程序中与专利申请人之间的互动，帮助专利申请人修改、完善专利申请文件。

3. 适用"语境论"的解释规则不会破坏权利要求的公示作用

专利理论界和实务界都公认专利权利要求具有划定专利权边界的公示作用。❶ 专利权利要求就像草地上的一个篱笆，划定了社会公众与专利权人之间的边界。社会公众信赖专利权利要求的划界作用，据此从事生产、经营等活动，此种信赖利益应当予以保护，不得随意破坏，否则专利制度无法维系。因此，在解释权利要求时，应当遵循的根本原则是确保专利权利要求的公示作用免遭破坏和社会公众的信赖利益得到保护。

反对"语境论"者认为，当权利要求的文字含义清楚时，无须借助说明书来解释权利要求，否则会破坏权利要求的公示作用，损害社会公众的信赖利益。这种观点没有道理。

首先，专利权利要求的本质不是文字，而是文字所表达的技术方案。因此，发挥公示作用的不是权利要求的文字记载本身，社会公众信赖的对象也不是权利要求的文字记载本身，而是专利文件语境下权利要求所表达的技术方案。由于说明书是发明人定义其发明的技术词典，是权利要求之母，因此，理解权利要求所表达的技术方案，不仅要结合权利要求的文字记载本身，还要结合其具体的语境——权利要求书的上下文、说明书及附图等。

其次，所谓权利要求的公示作用，是指权利要求授权公告后，具有公示专利权的保护范围的作用。权利要求一旦被授权公

---

❶ 参见：闫文军. 专利权的保护范围——权利要求解释和等同原则适用[M]. 北京：法律出版社，2007：23.

告，社会公众信赖其公示作用，相信其权利边界不会扩大，据此开展生产经营活动，由此形成信赖利益。只要授权公告后的权利要求所表达的权利边界不扩大，就不会损害权利要求的公示作用和社会公众的信赖利益。由于《专利法》第五十九条第一款规定："说明书及附图可以用于解释权利要求的内容"，专利权利要求被授权后，所属领域的技术人员在解读权利要求时，也会采用"语境论"的解释规则，结合说明书及附图解释权利要求的内容。也就是说，在专利授权阶段，我们采用"语境论"的解释规则确定权利要求的保护范围；在专利授权后，由于我们仍然采用"语境论"的解释规则，从而使得权利要求在授权后并不会扩大保护范围。因此，在专利授权程序中采用"语境论"的解释规则，并不会破坏权利要求的公示作用和损害社会公众对权利要求的信赖利益。

最后，专利权利要求公示所面向的社会公众，并不是宽泛意义上的社会公众，而是该专利所属技术领域的普通技术人员，即"本领域普通技术人员"❶。所属技术领域技术人员在生产经营活动中要避让在先的专利技术时，是从所属技术领域技术人员的视角来解读在先的专利技术方案，理所当然会结合在先专利的权利要求的上下文、说明书及附图等语境资料来解读专利权利要求，而不会仅仅根据其权利要求的文字记载来理解权利要求的技术方案。

综上，所属技术领域技术人员在理解权利要求记载的技术方案时，会结合权利要求的上下文、说明书及附图进行，而不会仅根据权利要求文字的表面含义确定其保护范围。因此，采用"语境论"解释权利要求，并不会破坏权利要求的公示作用，损害社会公众对权利要求的信赖利益。

---

❶ 参见：《专利审查指南 2010》第二部分第四章第 2.4 节。

4. 适用"语境论"的解释规则不会额外增加权利要求的解读成本

说明书是发明人定义其发明的技术词典，是权利要求之母。发明人通常在说明书中公开其发明技术方案、实施例等技术内容，再将其中的发明内容提炼和概括出来，写入权利要求书中。基于权利要求与说明书之间的关系，所属技术领域普通技术人员在解读权利要求的含义时，不可能孤立地进行解读，而是会结合权利要求书的上下文和说明书、附图等内容进行合理的解读。因此，阅读权利要求书、说明书、附图等内容所承担的时间成本，原本就是所属技术领域技术人员在理解权利要求时所应当承担的成本。采用"语境论"的解释规则，并没有额外增加成本。

六、专利授权程序中的权利要求解释规则

（一）权利要求解释是专利申请合法性审查的必经步骤

专利权利要求的合法性审查是专利授权程序中的核心工作，包括《专利法》第二十六条第四款、第二十二条第二款、第三款、第四款等法律条款的适用。在进行合法性审查时，首先应当确定专利权利要求的技术方案，然后再判断权利要求是否符合《专利法》的有关规定。技术方案是以语言文本形式表达的，对于语言文本的理解，离不开解释工作。任何语言文本，不经解释，无法确定其真正的含义。因此，在授权程序中对专利权利要求的合法性进行审查时，应当首先解释和确定权利要求所表达的技术方案的真实含义，然后再进行合法性审查。

（二）权利要求解释的"语境论"及适用尺度

前文已述，在专利授权、确权和侵权程序中，我们都应当坚持"语境论"的权利要求解释规则。但是，为了确保授权专利符

第三章　对专利权利要求的解释

合《专利法》的各项规定，提高专利授权质量，在授权程序中对专利权利要求进行的解释工作，应当顾及《专利法》第二十六条第三款、第四款的要求。如果过多地依赖专利说明书、附图等内部资料对专利权利要求进行解释，则可能减损《专利法》第二十六条第三款、第四款规定的作用。因此，尽管在授权程序中应当坚持"语境论"的权利要求解释方法，但要掌握好"语境论"的适用尺度，要相对弱化语境的限定作用，尽量引导专利申请人通过修改专利申请文件的方式将说明书中的隐含限定特征写入权利要求中。

以"潜水面罩"案❶为例进行阐述。涉案权利要求1有一技术特征"镜片"，权利要求对"镜片"并无明确的特别限定，但是，根据涉案专利说明书及附图，涉案专利的背景技术中，既有采用平面镜片也有采用曲面镜片的，但要实现涉案专利的目的，克服背景技术中存在的缺陷，涉案专利的技术方案必然要采用平面镜片的技术特征。因此，涉案权利要求中的"镜片"应当仅指平面镜片，曲面镜片所构成的技术方案不在涉案专利的保护范围内。这是利用说明书语境资料对涉案发明进行合目的性解释的唯一结论。我们假设涉案专利为发明专利，要经历专利实质审查程序。在授权阶段的实质审查程序中，专利审查员应当弱化语境的限定作用，不要将权利要求1中"镜片"限缩为说明书中隐含之义"平面镜片"并直接作出授权决定，而应当作出审查通知书，要求专利申请人将权利要求1中"镜片"修改为"平面镜片"。当然，弱化语境的限定作用，并不是不适用"语境论"的解释规则，而是要通过"语境论"的解释规则引导专利申请人尽量对权利要求作出修改，使其字面含义最大化地接近于说明书中的语境

---

❶ 参见：北京市第一中级人民法院（2002）一中行初字第523号行政判决书和北京市高级人民法院（2003）高行终字第38号行政判决书。

限定含义。弱化语境的限定作用，更不是要对"镜片"作出宽泛的解释，并直接认定权利要求不符合授权条件而直接驳回专利申请。

但是，假设说明书对权利要求1中的"镜片"作出了特别的限定，例如陈述为"本专利权利要求中的镜片，特指平面镜片"，在此情况下，专利审查员就应当直接采用说明书的语境限定权利要求1中"镜片"的含义——特指平面镜片，而无须建议专利申请人将权利要求1中"镜片"修改为"平面镜片"，因为此种情况下，修不修改权利要求均无不可，基于内部证据优先、说明书特别定义优先的权利要求解释规则，权利要求1中"镜片"应当理解为"平面镜片"。

（三）具体的解释标准："最宽合理解释"

在坚持"语境论"的前提下，我们可以借鉴美国专利法中的"最宽合理解释"标准。"最宽合理解释"标准和"语境论"并不冲突，因为"最宽合理解释"是在专利申请文件语境下的"最宽"解释，必须考虑说明书中的特别限定。适用"最宽合理解释"标准的具体解释规则是：当权利要求中的术语在所述技术领域有通常含义，在说明书中也有特别限定的含义，如果该特别限定的含义是清楚的，所属技术领域人员能够明白其特别限定的含义的，则应当采用说明书中特别限定的含义来确定该术语的含义；如果说明书中没有特别限定的含义，或者特别限定的含义不清楚，所属领域技术人员无法明白其特别限定的具体含义的，则应当采用所述技术领域的通常含义。如果该术语在所属技术领域没有通常含义，在说明书中也没有特别限定的含义，或者特别限定的含义不清楚的，则可以对该术语作"最宽泛的解释"。专利审查员在作出"最宽泛的解释"之后，应当作出审查通知书，给予专利申请人陈述意见和修改权利要求的机会。如果专利申请人

第三章 对专利权利要求的解释

的意见陈述不能成立且拒不修改权利要求，则专利审查员可以作出驳回决定，认定权利要求得不到说明书的支持，或者认定其因保护范围过宽而缺乏新颖性、创造性。

首先，对于权利要求中的术语，如果专利说明书有特别的定义，就采用特别定义。例如，对于权利要求中的"镜片"，若说明书进行了特别的定义，特指"平面镜片"，则应当采用特别限定的含义，不应当对"镜片"作出宽泛的理解。当然，专利审查员也可以建议专利申请人直接将说明书中的特别限定写入权利要求中。但是，如果说明书未对"镜片"进行特别明确的限定，但是字里行间有隐含限定之义，即权利要求中的"镜片"在说明书中的隐含之义是指"平面镜片"，这种情况下，为了提高权利要求文字的精确性，降低授权后权利要求的解释成本，专利审查员不应当将说明书中的隐含之义读入权利要求，而应当要求专利申请人将说明书中的隐含之义直接写到权利要求中，亦即将权利要求中的"镜片"修改为"平面镜片"。

其次，说明书对于权利要求中的术语无特别定义的，则采用本领域技术人员阅读说明书之后所理解的通常含义。什么是权利要求术语的通常含义？是应当脱离专利文件、仅依赖本领域的教科书、词典等外部证据确定术语的通常含义？还是应当在专利文件语境下确定术语的通常含义？根据美国的 MPEP，权利要求中语词的通常含义的确定，不能脱离专利文件，尤其不能脱离专利说明书。❶ 根据联邦巡回上诉法院的判决，"我们不能在真空中寻找（权利要求）术语的通常含义，相反，我们必须在说明书和审查历史档案的语境下寻找（权利要求）术语的通常含义。"❷ 因此，参照美国法的经验，权利要求中语词的通常含义，是指本

---

❶ See MPEP Rev. 07. 2015，November 2015，at 2100—37.

❷ See Medrad, Inc. v. MRI Devices Corp.，401 F. 3d 1313，1319 (Fed. Cir. 2005). See also PHILLIPS v. AWH CORP. 415 F. 3d 1313 (Fed. Cir. 2005).

领域普通技术人员在专利申请日阅读权利要求书、说明书和附图等内部证据和所属领域的教科书、技术词典等外部证据之后对该语词所能理解的普通、惯常之义。通常含义的确定不能脱离权利要求书、说明书和附图而仅依靠外部证据。这是因为，专利申请人一般是按照所属领域的通常含义来使用技术术语、撰写专利文件的，因此，权利要求书、说明书等内部证据也是证明术语的通常含义的重要证据，通常含义的确定不能脱离内部证据。而且，我们通常只有根据权利要求书和说明书的内容才能确定专利所属的技术领域，然后才能去所属技术领域中寻找外部证据并确定术语的通常含义。离开内部证据，我们无法确定专利的技术领域，也就无法确定相应的外部证据，当然就无法确定权利要求中术语的通常含义。就此而言，通常含义的确定不仅离不开内部证据，而且应当始于内部证据。有些人在论及这一点时，认为通常含义是本领域普通技术人员根据外部证据所确定的通常含义，而不需要考虑内部证据。这无疑是错误的观点。总之，通常含义的确定，既要考虑外部证据，也要考虑内部证据，而不能仅考虑外部证据。

再次，对于权利要求中的语词，如果说明书既无特别定义，本领域普通技术人员阅读说明书之后又无法确定通常含义的，则作"最宽解释"。

最后，一旦采用"最宽解释"，则表明权利要求的保护范围太大，得不到说明书的支持，审查员应当以此为由发出审查通知书，要求专利申请人作出修改，缩小权利要求的保护范围。

在授权程序中，采用"最宽合理解释"标准，具有充分的正当性依据。首先，采用"最宽合理解释"标准，专利审查员可以扩大现有技术的检索范围并挑战权利要求的可专利性，促使专利申请人将权利要求修改至合适的保护范围，防止将现有技术纳入专利保护范围。为了确保专利申请人获得的权利保护范围与其技术贡献相一致，专利审查员应当始终以"挑刺"的眼光对待权利要求，尽量扩大现有技术检索范围，挑战权利要求的可专利性，迫使专利申请人作出合适的修改。其次，在专利审查程序中，专利申请人充分享有修改权利要求的机会，一旦专利审查员指出权利要求涵盖范围过宽的问题，专利申请人可以自由地修改，因此，"最宽合理解释"标准并不会损害专利申请人的利益，并无不公。再次，采取"最宽合理解释"标准，可以督促专利申请人修改权利要求，消除文字表达的模糊性，提高权利要求的确定性和公示价值。

七、专利确权程序中的权利要求解释规则

在李某乐诉专利复审委员会、郭某、沈阳某输变电设备制造有限责任公司发明专利权无效行政纠纷案中，最高人民法院认为在专利授权确权程序中，对权利要求的解释采取最大合理解释原则，即基于权利要求的文字记载，结合对说明书的理解，对权利要求作出最广义的合理解释。[1] 最高人民法院并未区分专利授权程序和专利确权程序，认为两个程序中都应当适用"最大合理解释"原则，亦即两个程序中的权利要求解释规则是完全一样的。笔者对此提出谨慎的质疑。

最高人民法院提出的"最大合理解释"原则应当是借鉴自美国权利要求解释的"最宽合理解释"标准。美国专利商标局确实未区分专利授权程序以及授权后的确权程序，一概适用"最宽合理解释"标准。美国联邦最高法院在最近的 Cuozzo 案中也认定美国专利商标局在专利授权后的多方复审程序（IPR）中适用"最宽合理解释"标准是正确的，主要理由之一是专利权人在 IPR 程序中享有的修改权利要求的自由和机会比较充分。但是，

---

[1] 参见：最高人民法院（2014）行提字第 17 号行政判决书。

在我国专利确权程序中，专利权人享有的修改权利要求的自由和机会比授权程序中要小得多，比美国 IPR 程序中专利权人享有的修改自由也小得多，因此，我国的专利确权程序中不宜贸然借鉴美国的"最宽合理解释"标准。由于美国的 IPR 程序和我国的专利确权程序非常相似，下面以美国的 IPR 程序为参照进行讨论。

（一）我国专利确权程序中对专利权人修改权利要求的限制比美国 IPR 程序严格得多

美国专利法关于 IPR 程序中权利要求的修改规则体现于第 316 条（d）款，具体如下：

"(d) Amendment of the patent.

(1) In general.——During an inter partes review instituted under this chapter, the patent owner may file 1 motion to amend the patent in 1 or more of the following ways:

(A) Cancel any challenged patent claim.

(B) For each challenged claim, propose a reasonable number of substitute claims.

(2) Additional motions.——Additional motions to amend may be permitted upon the joint request of the petitioner and the patent owner to materially advance the settlement of a proceeding under section 317, or as permitted by regulations prescribed by the Director.

(3) Scope of claims.——An amendment under this subsection may not enlarge the scope of the claims of the patent or introduce new matter."[1]

根据第 316 条（d）款（1）项之规定，专利权人可以提出一

---

[1] See 35 U.S.C.A. § 316.

次动议（motion）来修改权利要求，修改方式可以是：(A) 删除受到挑战的权利要求；(B) 用一定合理数目的权利要求替代受到挑战的权利要求。根据第 316 条（d）款（2）项之规定，在专利权无效请求人和专利权人为了实质性推进第 317 条项下的"争议"程序而共同提出要求的情况下，或者专利商标局制定的规则允许的情况下，专利权人还享有额外的动议修改权利要求的机会。根据第 316 条（d）款（3）项之规定，对权利要求的修改不得扩大保护范围或者引入新的技术信息（new matter）。

综上可以看出，在 IPR 程序中，专利权人享有的修改权利要求的机会虽然受到了一定的限制，但修改自由还是较大的，并非像我国一样"一般限于权利要求的删除、合并和技术方案的删除"。诚如美国联邦最高法院在 Cuozoo 案中所言：在 IPR 程序中，专利权人拥有至少一次修改权利要求的机会，并且在此前的行政程序（即专利申请审查程序）中拥有多次的修改机会，适用"最宽合理解释"标准对专利权人并非不公平。

与美国相比，在我国专利确权程序中，专利权人享有的修改权利要求的机会和自由受到了严格的限制。

《专利审查指南 2010》第四部分第三章第 4.6.1 节"修改原则"规定："发明或者实用新型专利文件的修改仅限于权利要求书，其原则是：(1) 不得改变原权利要求的主题名称。(2) 与授权的权利要求相比，不得扩大原专利的保护范围。(3) 不得超出原说明书和权利要求书记载的范围。(4) 一般不得增加未包含在授权的权利要求书中的技术特征。"

根据《国家知识产权局关于修改〈专利审查指南〉的决定》(2017)，专利确权程序中，修改权利要求书的具体方式一般限于权利要求的删除、技术方案的删除、权利要求的进一步限定、明显错误的修正。其中，"权利要求的进一步限定"是指在权利要求中补入其他权利要求中记载的一个或者多个技术特征，以缩小

保护范围。❶

由上可见，在我国的专利确权程序中，修改权利要求书的具体方式是受到了严格的限制，比美国IPR程序中权利要求修改方式的限制严格多了。在此情况下，借鉴美国IPR程序中的"最宽合理解释"标准，缺乏正当性，对专利权人极为不公平。

（二）我国专利确权程序中权利要求解释标准的适用应当考虑专利权人修改权利要求的自由度

适用"最宽合理解释"标准的一项重要的正当性依据是，专利权人对权利要求享有比较充分的修改机会。美国联邦最高法院赞成在IPR程序中适用"最宽合理解释"标准的重要理由之一，即是认为专利权人在IPR程序中享有比较充分的修改权利要求的机会。如果专利权人没有修改权利要求的机会，或者修改机会受到了严格的限制，不允许对权利要求中文字的字面含义进行限缩性修改，适用"最宽合理解释"标准就缺乏正当性。因此，整体上而言，我国专利确权程序中应当适用何种权利要求解释规则，取决于专利权人享有的修改权利要求的自由度。

根据《专利审查指南2010》和《国家知识产权局关于修改〈专利审查指南〉的决定》（2017）的有关规定，在专利确权程序中，修改权利要求书的具体方式一般限于权利要求的删除、技术方案的删除、权利要求的进一步限定、明显错误的修正。修改的自由度较小，因此，适用"最宽合理解释"标准的正当性依据并不充分。

作为一个折中方案，如果专利审查员并非严格、机械地执行《专利审查指南2010》关于权利要求修改方式的规定，允许专利

---

❶ 参见：国家知识产权局第74号令：《国家知识产权局关于修改〈专利审查指南〉的决定》（2017）第八节的内容，该决定可以从国家知识产权局官方网站下载。

权人对权利要求中的文字进行限缩性修改，则适用"最宽合理解释"标准是合适的。但是，如果专利审查员严格、机械地执行《专利审查指南 2010》关于权利要求修改方式的规定，不允许专利权人对权利要求中的文字进行限缩性修改，不允许将说明书中的隐含限定写入权利要求中，则不应适用"最宽合理解释"标准，而应当采用权利要求的语境资料（权利要求书上下文、说明书及附图等内部证据）对权利要求中的文字进行限缩性的解释，将说明书中的隐含之义读入权利要求中，此种解释标准可以称为"合理限缩解释"标准。

（三）"合理限缩解释"标准的利弊分析

美国联邦最高法院在 Cuozzo 案中认为：IPR 程序中适用"最宽合理解释"标准，可以有效地避免权利要求范围过于宽泛，从而使专利保护范围更加清楚明确，进而有利于保护公众利益。这一理由确实非常关键。我们面对的问题是，如果在专利确权程序中不适用"最宽合理解释"标准，采用"合理限缩解释"标准会产生何种弊病？是否会使得权利要求的保护范围过于宽泛并损害社会公众的利益？是否会提高权利要求的解释成本？

（1）适用"合理限缩解释"标准，并不一定会使得权利要求的保护范围过于宽泛并损害社会公众的利益。首先，权利要求表达的技术方案必须透过其所在的语境去理解，而不能脱离其语境仅根据其字面含义确定。脱离专利权利要求的具体语境，对权利要求进行孤立的、字面含义的理解，不符合人类探求知识的认识规律，违背了语境主义的认识论。其次，说明书是权利要求之母，权利要求书的上下文、说明书及附图是权利要求的最小语境，对权利要求的理解和解释，不能脱离权利要求书的上下文、说明书及附图，否则就不可能真正地理解权利要求的文字所表达的技术含义。最后，权利要求的公示对象并非普罗大众，而是涉案专利技术领域的技术人员。涉案专利技术领域的技术人员，在阅读涉案权利要求的技术方案时，当然会借助于权利要求书的上下文、说明书及附图来解释并确定权利要求的含义及其保护范围，而不会对权利要求进行孤立的理解。综上，权利要求的保护范围是由权利要求的文字所记载的技术方案确定的，而技术方案的理解必须要通过阅读权利要求的语境资料（权利要求书上下文、说明书及附图等内部证据）来进行。因此，适用"合理限缩解释"标准，采用语境资料对权利要求中的文字进行解释，并不会使得权利要求的保护范围过于宽泛并损害社会公众的利益。

（2）适用"合理限缩解释"标准，并不会损害权利要求的公示价值和社会公众的信赖利益。首先，专利权利要求的本质不是文字，而是文字所表达的技术方案。因此，发挥公示作用的不是权利要求的文字记载本身，社会公众信赖的对象也不是权利要求的文字记载本身，而是专利文件语境下权利要求所表达的技术方案。由于说明书是发明人定义其发明的技术词典，是权利要求之母，因此，理解权利要求所表达的技术方案，不仅要结合权利要求的文字记载本身，还要结合其具体的语境——权利要求书的上下文、说明书及附图等。其次，所谓专利权利要求的公示作用，是指权利要求授权公告后，具有公示专利权的保护范围的作用。权利要求一旦被授权公告，社会公众信赖其公示作用，相信其权利边界不会扩大，据此开展生产经营活动，由此形成信赖利益。只要授权公告后的权利要求所限定的权利边界不扩大，就不会损害权利要求的公示作用和社会公众的信赖利益。由于《专利法》第五十九条第一款规定："说明书及附图可以用于解释权利要求的内容"，专利权利要求被授权后，所属领域的技术人员在解读权利要求时，也会采用"语境论"的解释规则，结合说明书及附图解释权利要求的内容。也就是说，在专利授权阶段，我们采用"语境论"的解释规则确定权利要求的保护范围；在专利授权后，

第三章 对专利权利要求的解释

由于我们仍然采用"语境论"的解释规则,从而使得权利要求在授权后并不会扩大保护范围。因此,在专利确权程序中采用"语境论"的解释规则,并不会破坏权利要求的公示作用和社会公众对权利要求的信赖利益。最后,专利权利要求公示所面向的社会公众,并不是宽泛意义上的社会公众,而是该专利所属技术领域的普通技术人员,即"本领域普通技术人员"❶。所属技术领域技术人员在生产经营活动中要避让在先的专利技术时,是从所属技术领域技术人员的视角来解读在先的专利技术方案,理所当然会结合在先专利的权利要求的上下文、说明书及附图等语境资料来解读专利权利要求,而不会仅仅根据其权利要求的文字记载来理解权利要求的技术方案。

(3)适用"合理限缩解释"标准,可能会提升权利要求的解释成本。权利要求的解释,语境的分析,语义的确定,需要花费时间和精力,付出成本。语境的限定作用越大,语境分析和语义确定等工作越就复杂,解释成本就越高。从降低社会运作成本的角度讲,专利申请人应当尽量提高专利文本的撰写质量,消除权利要求中语词的模糊含义和歧义,尽量做到文本的字面含义与其语境限定的含义相一致,从而降低授权后权利要求文本的解释成本。在专利授权确权阶段,适用"最宽合理解释"标准,可以督促专利申请人修改权利要求,消除权利要求的模糊性,提高权利要求的确定性和公示价值。相反,如果适用"合理限缩解释"标准,则确实可能会提升权利要求的解释成本。但是,这一解释成本的提升也是有限的,因为涉案专利领域的技术人员在解读涉案专利权利要求时,本来就会通篇阅读专利文件以确定权利要求的含义和保护范围。

综上,在专利确权程序中适用"合理限缩解释"标准可能产

---

❶ 参见:《专利审查指南2010》第二部分第四章第2.4节。

生的唯一问题是，会在一定程度上提升权利要求的解释成本。尽管如此，与适用"最宽合理解释"标准、动辄宣告权利要求无效、否定专利权人作出的技术贡献相比，前者的弊端是可以忍受的。两害相权取其轻。我们应当倾向于保护专利权人作出的技术贡献。

(四) "合理限缩解释"标准的具体适用

"合理限缩解释"，即采用权利要求的语境资料——权利要求书上下文、说明书及附图等内部证据，对权利要求中的文字进行合理的限缩性解释。在适用该标准时，应当注意以下几点：

第一，在解释权利要求的含义时，要考虑权利要求的语境限定。既要考虑说明书中对权利要求的内容作出的特别限定，也要考虑说明书中的隐含限定，要将特别限定的含义和隐含限定的含义读入权利要求。

第二，在解释权利要求的含义时，要考虑说明书中记载的背景技术及其缺陷、发明目的、技术手段以及技术效果，要对权利要求作出符合发明目的的解释。

第三，在解释权利要求的含义时，尽管不能用实例对权利要求进行不当的限制，但是，实施例的内容对于理解权利要求的含义也有参考作用，不能无视实施例的内容。

(五) 结论

在我国专利确权程序中权利要求解释标准的适用，应当考虑专利权人享有的修改权利要求的自由度大小。由于《专利审查指南 2010》明确规定："修改权利要求书的具体方式一般限于权利要求的删除、技术方案的删除、权利要求的进一步限定、明显错误的修正"，专利权人享有的修改权利要求的自由比美国小得多，因此，我国不应轻率借鉴适用美国的"最宽合理解释"标准。在个案中，如果专利审查员并非严格、机械地执行《专利审查指南2010》关于"修改权利要求书的具体方式一般限于权利要求的删除、技术方案的删除、权利要求的进一步限定、明显错误的修正"的规定，允许专利权人对权利要求中的文字进行限缩性修改，则适用"最宽合理解释"标准是合适的。但是，如果专利审查员严格、机械地执行"修改权利要求书的具体方式一般限于权利要求的删除、技术方案的删除、权利要求的进一步限定、明显错误的修正"的规定，不允许专利权人对权利要求中的文字进行限缩性修改，则不应适用"最宽合理解释"标准，而应当采用权利要求的语境资料（权利要求书上下文、说明书及附图等内部证据）对权利要求中的文字进行限缩性的解释。

总体上而言，考虑到我国《专利审查指南2010》对专利确权程序中权利要求的修改作出了极其严格的限制，采用权利要求的语境资料对权利要求中文字的字面含义进行适度的限缩性解释——"合理限缩解释"，是比较妥当的解释规则。这样的解释规则符合"本领域技术人员"理解专利权利要求的思维习惯（即通篇阅读专利文件以确定权利要求的含义和保护范围），既能够保护专利权人的技术贡献，又不会产生多大的弊端，是利益平衡的合理结果。

八、涉功能性技术特征的解释规则

功能性技术特征，是指权利要求中对产品的部件或部件之间的配合关系或者对方法的步骤采用其在发明创造中所起的作用、功能或者产生的效果来限定的技术特征。但是，下列情形一般不宜认定为功能性技术特征：

（1）以功能或效果性语言表述且已经成为所属技术领域的普通技术人员普遍知晓的技术名词一类的技术特征，如导体、散热装置、黏结剂、放大器、变速器、滤波器等。

(2) 使用功能性或效果性语言表述，但同时也用相应的结构、材料、步骤等特征进行描述的技术特征。

根据《最高人民法院关于审理侵犯专利权纠纷案件应用法律若干问题的解释》（法释〔2009〕21号）第四条的规定，对于权利要求中以功能或者效果表述的功能性技术特征，应当结合说明书和附图描述的该功能或者效果的具体实施方式及其等同的实施方式，确定该技术特征的内容。上述规定适用于侵害专利权案件。

那么，在专利授权确权案件中，应当如何确定权利要求中的功能性技术特征的内容呢？

美国专利法中，对于功能性技术特征，有特别的解释规则。根据该法第112条（f）项的规定，❶ 功能性技术特征应当解释为包括专利说明书中所描述的相应结构、物质或者动作及其等同物。无论在美国专利商标局的行政审查程序，还是在法院的民事诉讼程序中，功能性技术特征都按上述规则确定其技术内容和保护范围。

但是，根据我国《专利审查指南2010》的规定，对于权利要求中所包含的功能性限定的技术特征，应当理解为覆盖了所有能够实现所述功能的实施方式。❷ 这一规定具有很多问题：第一，将功能性技术特征理解为覆盖了所有能够实现所述功能的实施方式，则基本上等于宣告功能性技术特征限定的权利要求得不到说明书的支持，这无异于杜绝采用功能性技术特征的撰写方式。因此，这种对功能性技术特征的理解方式无法解决功能性技

---

❶ 35 U.S.C.A. § 112 (f) "An element in a claim for a combination may be expressed as a means or step for performing a specified function without the recital of structure, material, or acts in support thereof, and such claim shall be construed to cover the corresponding structure, material, or acts described in the specification and equivalents thereof."

❷ 参见:《专利审查指南2010》第二部分第二章第3.2.1节"以说明书为依据"。

术特征限定的权利要求的授权确权问题。第二，将功能性技术特征理解为覆盖了所有能够实现所述功能的实施方式，会导致功能性技术特征限定的权利要求的保护范围过大，很容易被宣告无效。无效请求人只需要找出一个实现该功能性技术特征的功能的现有实施方式，就可以破坏该权利要求的新颖性、创造性。因此，功能性技术特征限定的权利要求即使获得了授权，其权利效力也不稳定，时刻有被宣告无效的风险。第三，将功能性技术特征理解为覆盖了所有能够实现所述功能的实施方式，意味着专利权人垄断了该项功能，其他人无法采用其他的技术手段来实现该功能，这必然阻碍技术创新。第四，即使功能性技术特征限定的权利要求通过了授权阶段的合法性审查，到了专利侵权程序中，对功能性技术特征要结合说明书和附图描述的该功能或者效果的具体实施方式及其等同的实施方式确定该技术特征的内容，这实际上缩小了权利要求的保护范围。专利权人在授权阶段很难获得授权，授权之后很容易被宣告无效，到了侵权阶段却又缩小了保护范围，每个阶段都吃亏，这是极为不公平的。

因此，笔者的观点是，在授权确权阶段也应当参照《最高人民法院关于审理侵犯专利权纠纷案件应用法律若干问题的解释》第四条确立的规则，对于权利要求中以功能或者效果表述的功能性技术特征，应当结合说明书和附图描述的该功能或者效果的具体实施方式及其等同的实施方式，确定该技术特征的内容。这样，无论对专利申请人还是对社会公众都是公平的。

司法实践中，已有若干案例支持笔者的上述观点。例如，在株式会社瑞光与专利复审委员会、张某首发明专利权无效宣告请求行政纠纷案（以下简称"转动装置案"）中，[1] 涉案专利的专利号为 01139639.3、名称为"转动装置，输送消耗品的方法，

---

[1] 参见：北京市高级人民法院（2016）京行终 3679 号行政判决书。

121

折叠织物的方法"的发明专利，专利权人为株式会社瑞光。涉案专利授权公告的权利要求1如下：

"1. 一种转动装置，包括：

一环形导向器；

一转动部件，用于使所述环形导向器转动；

多个移动部件，当被所述导向器导向时可移动，其中，所述移动部件之间的间隔能被改变。"

2014年7月16日，张某首针对涉案专利权向专利复审委员会提出无效宣告请求。2015年3月23日，专利复审委员会作出第25553号无效宣告请求审查决定（以下简称"被诉决定"），宣告涉案专利权全部无效。

二审法院认为：对于权利要求中以功能或者效果表述的功能性特征，应当结合说明书及附图描述的该功能或者效果的具体实施方式及其等同的实施方式，确定该技术特征的内容。在确定功能性特征的内容时，应当将功能性特征限定为说明书中所对应的为实现所述功能、效果不可缺少的结构、步骤特征。就涉案专利权利要求1而言，其三个技术特征均采用功能性限定特征撰写，因此，在创造性判断中，应当对该技术特征进行解释，即解释为本专利说明书及附图描述的该技术特征的具体实施方式及其等同的实施方式。

但是，法院在另一些案例中则与专利复审委员会的意见保持了一致，即认为应当将功能性限定的技术特征理解为覆盖了所有能够实现所述功能的实施方式。例如，在业聚医疗器械（深圳）有限公司与专利复审委员会、曹某鹏发明专利权无效行政纠纷案中，❶涉案专利权利要求1为"一种医疗器械，它包涂有治疗有效量的至少一类与内皮细胞表面抗原反应的抗体或其片段和一层

---

❶ 参见：北京市高级人民法院（2014）高行（知）终字第1978号行政判决书。

或多层基质,所述基质包括合成的或天然的材料,其中,在所述包涂的医疗器械植入血管中后,所述抗体或其片段和基质促进所述内皮细胞在所述医疗器械表面上体内粘附和增殖,其中所述抗体是单克隆抗体。"

专利复审委员会作出的被诉决定认为:涉案专利权利要求1中对"与内皮细胞表面抗原反应的抗体或其片段"采用了功能性限定:"能够促进内皮细胞的体内粘附和增殖"。首先,功能性限定的技术特征,应当理解为覆盖了所有能够实现所述功能的实施方式。权利要求1的功能性限定包括了所有能够促进粘附和增殖的抗体或其片段,由于本领域公知CD(分化抗原簇)分子是可用于鉴别和表征白细胞的细胞表面标志物,可存在于T细胞、B细胞等多种细胞中,内皮细胞表面抗原的种类很多,CD系列抗原仅为其中的一类。由此,能够与所述抗原反应的抗体也包括了很多种类。然而涉案专利说明书的所有实施例中均采用抗-CD34抗原的单克隆抗体,本领域技术人员根据实施例的记载,无从获知与抗-CD34抗原的抗体等同的替代方式或者明显的变形方式,也不能确定所有这些方式均能够取得所述功能,也就不能明了所述功能还可以采用除抗-CD34抗原的抗体之外的抗体来完成。其次,涉案专利说明书的所有实施例中均采用抗-CD34抗原的单克隆抗体,没有应用其他类型抗原的单抗。所属技术领域的技术人员不能确定此功能还可以采用说明书中未提及的其他替代方式来完成。虽然涉案专利说明书在发明内容部分第5页第1～3行提及其他内皮细胞表面抗原,例如KDR和Tie-2,但是对所属技术领域的技术人员来说,由于CD34与KDR和Tie-2为不同类型的表面抗原,性质存在差异,因此仍然需要通过实验来验证这些抗原的抗体的结果和用途,而不能直接将抗-CD34抗体的结果概括认定到KDR和Tie-2抗原上。亦即,说明书中提及的替代方式如何应用、所得到技术效果如何也并不确定。因此，权利要求1的功能性限定包含了请求人推测的内容，而其效果又难以预先确定和评价，超出了说明书公开的范围。最后，对于产品权利要求而言，应当尽量避免使用功能或者效果特征来限定发明。即使涉案专利的抗体或抗原采用功能性限定更为恰当，但是由于内皮细胞表面抗原的种类很多，涉案专利的说明书中实质仅记载了对应CD34抗原的单克隆抗体来实现所述功能，既没有记载实验数据证明其他不同类型抗原的抗体或其片段可以实现本发明，也没有给出令人信服的理论和规律指导本领域技术人员如何选择确定具有上述功能的抗体或其片段，因此本领域技术人员无法获得其他类似功能的抗体。综上所述，权利要求1得不到说明书的支持。

一审法院认为涉案专利权利要求1采用了功能性限定的技术特征，说明书中仅给出采用抗－CD34抗原的单克隆抗体具有所述功能的实施例，并没有进一步给出任何理论指导或者实验以验证实现所述功能或者效果的规律，因而本领域普通技术人员不能借由说明书的教导确定所述功能还可以采用除抗－CD34抗原的抗体之外的其他抗体来完成。与内皮细胞表面抗原反应的抗体，除抗－CD34抗体外，本领域技术人员对于其他的抗体是否具备促进内皮细胞在医疗器械表面上体内粘附和增殖的功能，还需要进行实验验证，权利要求1的技术方案包括了本领域技术人员不能从说明书充分公开的内容中得到或概括得出的内容，因而权利要求1不能得到说明书的支持。

二审法院认为，涉案专利权利要求1中对"与内皮细胞表面抗原反应的抗体或其片段"采用了功能性限定："能够促进内皮细胞的体内粘附和增殖"，属于以发明创造所要达到的功能或者效果本身限定发明技术方案的功能性技术特征。本专利说明书中仅给出采用抗－CD34抗原的单克隆抗体具有所述功能的实施例，并没有进一步给出任何理论指导或者实验以验证实现所述功能或者效果的规律，以引导本领域普通技术人员选择具有所述功能的与内皮细胞表面抗原反应的抗体或其片段，因而本领域普通技术人员不能借由说明书的教导确定所述功能还可以采用除抗－CD34抗原的抗体之外的其他抗体来完成。权利要求1的技术方案包括了本领域技术人员不能从说明书充分公开的内容中得到或概括得出的内容，因而权利要求1不能得到说明书的支持。

综合起来，专利复审委员会、一审法院和二审法院在该案中的观点是：对于权利要求中包含的功能性限定的技术特征，应当理解为覆盖了所有能够实现所述功能的实施方式，如果所属技术领域的技术人员不能确定功能性限定的技术特征的功能还可以采用说明书中未提到的其他替代方式来完成，则权利要求中的功能性限定的技术特征得不到说明书的支持。

二审法院在该案中对功能性限定的技术特征的内容的理解和上述"转动装置案"中的理解不一致。在上述"转动装置案"中，二审法院认为：对于权利要求中以功能或者效果表述的功能性特征，应当结合说明书及附图描述的该功能或者效果的具体实施方式及其等同的实施方式，确定该技术特征的内容。但是，在该案中，二审法院却认可专利复审委员会的观点，认为应当将权利要求中包含的功能性限定的技术特征应当理解为覆盖了所有能够实现所述功能的实施方式。笔者注意到，这两个案件的争议法律条款不同，"转动装置案"的争议法条是创造性条款，而该案的争议法条是"权利要求书是否得到说明书的支持"条款，但核心争议都是如何理解功能性限定的技术特征的内容。笔者认为，在审查权利要求的合法性时，应当首先解释和确定权利要求的内容，因此，无论是审查创造性条款还是审查"权利要求书是否得到说明书的支持"条款，对于功能性限定的技术特征，都应当首先解释并确定其内容，而解释的规则应当保持一致，不能在审查创造性条款时采用此解释规则，在审查其他条款时采用彼解释规则。在上述两案中，二审法院针对功能性限定的技术特征，在审查不同的法律条款时采取了不同的解释规则，这种做法应当检讨。当然，笔者注意到"转动装置案"的作出时间是 2016 年，而该案二审判决的作出时间是 2014 年 11 月 15 日，在此情况下，应当认为北京市高级人民法院对于功能性限定的技术特征的内容的理解出现了"新发展"、新观点，即不再将功能性限定的技术特征理解为覆盖了所有能够实现所述功能的实施方式，而是理解为说明书及附图描述的该功能的具体实施方式及其等同的实施方式。笔者赞同这一"新发展"、新观点。

九、典型案例评析

（一）专利授权程序中应当遵循"语境论"的权利要求解释规则

【案例 3-1】纳幕尔杜邦公司（以下简称"杜邦公司"）与专利复审委员会发明专利申请驳回复审行政纠纷案[1]

◆ 基本案情

涉案专利申请权利要求 1 为"一种共沸组合物或近共沸组合物，含有 62.4mol%～89.4mol% 的 E-HFC-1234ze 和氟化氢，其中所述组合物的特征在于，露点压力和泡点压力差小于或等于泡点压力的 3%"。涉案专利申请说明书中记载了权利要求 1 要求保护的 E-HFC-1234ze 是一种 E-HFC-1234ze 占多数的异构体 E-HFC-1234ze 或 Z-HFC-1234ze 的混合物。

专利复审委员会作出的复审决定认为：对比文件 1（EP1067106A1，公开日为 2001 年 1 月 10 日）公开了 1,3,3,3-四氟丙烯（即 HFc-1234ze）和氟化氢的共沸组合物（参见对比

---

[1] 参见：北京市知识产权法院（2015）京知行初字第 4944 号行政判决书。

文件1权利要求4）。将涉案专利申请权利要求1的技术方案与对比文件1公开的内容进行比较，二者的区别仅在于涉案专利申请权利要求1中还限定了共沸或近共沸组合物中 E-HFc-1234ze 的含量范围。涉案专利申请与对比文件1均涉及 HFc-1234Ze、HF 和 HFc-245fa 三者之间的反应以及 HFc-1234Ze 和 HF 的共沸组合物，本领域技术人员根据涉案专利申请说明书的记载无法确定权利要求1要求保护的共沸或近共沸组合物相对于对比文件1的共沸组合物会取得何种优异的技术效果。因此，基于上述区别特征，权利要求1实际解决的技术问题是确定共沸或近共沸组合物中 E-HFC-1234ze 的具体含量。

对于共沸或近共沸组合物中各种成分的含量，本领域技术人员可以运用常规技术手段测量得出。对此，涉案专利申请说明书第4页第3段中也指出，各种共沸混合物的组成（包括它们在特定压力下的沸点）均可计算得出（例如参见 Schotte Ind. Eng. Chem. ProceSSDeS. Dev. (1980) 19, 432—439）。这也表明，确定共沸混合物的组成是本领域技术人员的常规技术手段。因此，当本领域技术人员面对涉案专利申请实际解决的技术问题时，结合对比文件1公开的内容和本领域的常规技术手段，能够确定在不同条件下形成共沸或近共沸组合物中 E-HFC-1234ze 的含量范围，从而获得权利要求1的技术方案。

一审法院认为：涉案专利申请权利要求1为"一种共沸组合物或近共沸组合物，含有 62.4mol% ~ 89.4mol% 的 E-HFC-1234ze 和氟化氢……"，依据上述记载，权利要求1并没有限定 E-HFC-1234ze 占多数这一技术特征。但涉案专利申请说明书明确界定了权利要求1要求保护的 E-HFC-1234ze 是一种 E-HFC-1234ze 占多数的异构体 E-HFC-1234ze 或 Z-HFC-1234ze 的混合物。根据2001年《专利法》第五十六条第一款规定，发明或者实用新型专利权的保护范围以其权利要求的内容为准，说明书及附图可以用于解释权利要求。说明书作为权利要求解释的内部证据之一，其内部证据的证明效力应优于外部证据，说明书对权利要求用语有特别界定的，应当从其特别界定。在该案中，涉案专利申请说明书载明："本文使用的 E-HFC-1234ze 是指异构体 E-HFC-1234ze……或 Z-HFC-1234ze……的混合物，其中占据多数的异构体是 E-HFC-1234ze""本文使用的占据多数的异构体是指在组合物中浓度大于 $50mol\%$"，可见，涉案专利申请说明书明确界定了权利要求 1 要求保护的 E-HFC-1234ze 是一种 E-HFC-1234ze 占多数的异构体 E-HFC-1234ze 或 Z-HFC-1234ze 的混合物。在这种情况下，解释权利要求 1 的内容应依据内部证据的效力优于外部证据的原则，以说明书的特别界定为准，而非单纯依据权利要求 1 的字面描述，即应认定权利要求 1 中所述的 E-HFC-1234ze 是指异构体 E-HFC-1234ze 或 Z-HFC-1234ze 的混合物，其中占据多数的异构体是 E-HFC-1234ze。而对比文件 1 仅在制备方法中披露了使 1233zd 与 HF 反应生成 HFC-1234ze，并没有公开该 HFC-1234ze 中 E-HFC-1234ze 所占的比例。因此，E-HFC-1234ze 在异构体 E-HFC-1234ze 或 Z-HFC-1234ze 的混合物中占据多数的特征是权利要求 1 与对比文件 1 的区别特征。被诉决定遗漏了该区别特征，由此可能导致对于创造性的判断结果错误。综上，一审法院判决撤销复审决定。

专利复审委员会不服一审判决，提出上诉，认为：第一，在专利授权程序中，当权利要求本身的含义清楚时，不应当适用 2001 年《专利法》中关于"说明书及附图可以用于解释权利要求"的规定并采用说明书解释权利要求，对于涉案权利要求 1 中的 E-HFC-1234ze，应当采用其所属技术领域的通常含义，特指 1，3，3，3-四氟丙烯结构中双键为 E 式构型的单一异构体。第二，在专利授权程序中，即使说明书中对某一术语作出了与所属技术领域中通常认识不同的特殊定义，该特殊定义也应当写入权利要求，而不能采用说明书的特殊定义来界定权利要求中具有通常含义的术语。

二审法院认为：在专利授权程序中，对于权利要求中术语，应当结合权利要求书、说明书及附图等内部证据和所属技术领域的教科书、技术词典等外部证据，作出合理的解释，确定其真实的含义，并坚持内部证据优先于外部证据的解释规则。具体按照下列规则进行解释：当权利要求中的术语在所述技术领域有通常含义，在说明书中也有特别限定，如果该特别限定是清楚的，所属技术领域人员能够明白其特别限定的含义的，则应当采用说明书中的特别限定来确定该术语的含义；如果说明书中没有特别限定，或者特别限定不清楚，所属领域技术人员无法明白其特别限定的具体含义的，则应当采用所述技术领域的通常含义。如果该术语在所属技术领域没有通常含义，在说明书中也没有特别限定，或者特别限定不清楚的，则可以对该术语作"最宽泛的解释"，并认定权利要求得不到说明书的支持。涉案专利说明书对权利要求1中的E-HFC-1234ze作出了特别的限定，"E-HFC-1234ze是指异构体E-HFC-1234ze……或……Z-HFC-1234ze的混合物，其中占据多数的异构体是E-HFC-1234z"。但是，这一段表述的含义是不清楚的，所属技术领域技术人员无法明确其具体的含义。杜邦公司在二审庭审中认为应当将该段表述中的"或"理解为"和"，即该段表述的含义是指"本文使用的E-HFC-1234ze是指异构体E-HFC-1234ze……和Z-HFC-1234ze……的混合物，其中占据多数的异构体是E-HFC-1234ze"。但是，这种理解方式和该术语在说明书中的其他部分的含义是矛盾的，这种理解方式无法贯彻说明书的始终。例如，实施例中的表3、表4将E-HFC-1234ze、Z-HFC-1234ze分别列明，在此情况下，E-HFC-1234ze应当仅指其本身，而不可能是E-HFC-1234ze和Z-HFC-1234ze的混合物。综合说明书的上下文来看，说明书对权利要求中的术语 E-HFC-1234ze 的特别限定的含义不清楚，所属领域的技术人员根据说明书的记载无法确定该特别限定的具体含义。在此情况下，由于内部证据不足以确定权利要求的含义，故应当借助外部证据来确定权利要求的含义。由于该术语在所属领域有通常含义，故对该术语的理解应当采用其通常含义，即 E-HFC-1234ze 是指 1，3，3，3-四氟丙烯结构中双键为 E 式构型的单一异构体。综上，一审法院对权利要求 1 中的 E-HFC-1234ze 的理解是错误的，其据此撤销被诉决定的理由不能成立。二审法院遂判决撤销一审判决，改判驳回纳幕尔杜邦公司的一审全部诉讼请求。

◆ 评　述

专利复审委员会在该案中对 E-HFC-1234ze 的认定没有考虑说明书的特别界定，而采纳其在本领域的通常含义。其观点是，对于本领域技术人员而言，E-HFC-1234ze 在本领域的含义是明确的，按照本领域技术人员的通常理解，权利要求 1 的保护范围是清楚的，不需要结合说明书进行解释。但是，一审法院认为，涉案专利申请说明书中对于 E-HFC-1234ze 给出了明确界定，该定义与专利复审委员会按照通常理解的含义有所区别，因此，该案的权利要求应当按照说明书中记载的内容进行理解。该案提出的法律问题是，专利权利要求的解释应当坚持内部证据优先还是外部证据优先？所谓内部证据，是指权利要求书、说明书、附图、审查历史档案等。所谓外部证据，是指教科书、技术词典、专家证言等。笔者认为，专利复审委员会的权利要求解释观点是错误的，一审法院的观点亦失之偏颇，二审法院的观点是正确的。

本书赞同二审法院关于专利授权程序中的权利要求解释观点——在专利授权程序中，对于权利要求中的术语，应当结合权利要求书、说明书及附图等内部证据和所属技术领域的教科书、技术词典等外部证据,作出合理的解释,确定其真实的含义,并坚持内部证据优先于外部证据的解释规则。但是,该规则存在例外,即当内部证据不足以确定权利要求的含义时,应当采用外部证据来确定权利要求的含义。具体按照下列规则进行解释:当权利要求中的术语在所述技术领域有通常含义,在说明书中也有特别限定,如果该特别限定是清楚的,所属技术领域人员能够明白其特别限定的含义的,则应当采用说明书中的特别限定来确定该术语的含义;如果说明书中没有特别限定,或者特别限定不清楚,所属领域技术人员无法明白其特别限定的具体含义的,则应当采用所述技术领域的通常含义。如果该术语在所属技术领域没有通常含义,在说明书中也没有特别限定,或者特别限定不清楚的,则可以对该术语作"最宽泛的解释",并认定权利要求得不到说明书的支持。

(1) 内部证据优先于外部证据的权利要求解释规则是合理的。第一,权利要求是在说明书公开的技术信息的基础上作出的概括和提炼,因此,对权利要求的解读不能脱离说明书、附图等内部证据。第二,说明书是专利发明人自己编纂的词典,通常会对权利要求中的术语作出明确的界定或者隐含的限定,自己编纂的词典当然应当优先于外部词典、教科书等。第三,如果实行外部证据优先的规则,会割裂权利要求与说明书之间的法定关系,这样确定的权利要求的含义往往是抽象的、宽泛的,不是专利发明人的本意。专利发明人作出的发明是由说明书、附图等语境资料限定的,脱离语境资料的技术方案不是专利发明人作出的发明创造,当然不应当进行保护。只有权利要求书表达的并由说明书、附图等语境资料限定的技术方案,才是专利发明人作出的发明,才应当列入权利要求的保护范围。

(2) 美国法律实践中对专利权利要求的解释也坚持内部证据

优先于外部证据的规则。第一，美国法院对专利权利要求的解释坚持内部证据优先于外部证据。这个解释规则是由美国联邦巡回上诉法院（CAFC）2005 年全席审理 Phillips v. AWH 案中确立的。在法院之前审理的案件中，存在两种解释方法论：第一种解释方法是普通、惯常含义优先（The first methodology relies heavily on the ordinary and customary meaning of claim terms, often from dictionaries），亦即，对权利要求的术语，优先考虑其普通和惯用含义，通常根据字典、教科书等外部证据来确定；第二种方法是说明书语境含义优先（The second methodology relies on interpreting claim terms in the patent specification's context），亦即，对权利要求中的术语，优先采用其语境限定的含义，即采用专利说明书、附图及专利审查历史档案等内部证据来确定其含义。❶ 由于多年以来存在两种解释技术的区别，导致裁判标准不统一。2005 年，美国联邦巡回上诉法院全席审理了 Phillips v. AWH 案，明确确立了内部证据优先于外部证据的权利要求解释规则，即权利要求书、说明书及审查历史档案对权利要求的解释作用优先于字典、教科书、专家证言等，只有当内部证据不足以解释、确定权利要求的含义时，才需要借助于外部证据。❷ 该案虽为民事侵权案件，但这种解释规则也适用于专利申请审查的司法诉讼程序。第二，美国的 MPEP 对专利权利要求的解释也坚持内部证据优先于外部证据。MPEP 第 2100—2139 页明确写道："When the specification is clear about the scope and content of a claim term, there is no need to turn to extrinsic evidence for claim interpretation."❸ 其中文意思是说，当说明书对

---

❶ STEPHANIE ANN YONKER, POST - PHILLIPS CLAIM CONSTRUCTION: QUESTIONS UNRESOLVED. 47 IDEA 301 2006—2007.

❷ See PHILLIPS v. AWH CORP. 415 F. 3d 1311—1327.

❸ See MPEP, Rev. 07. 2015，November 2015 at 2100—39.

于权利要求中的术语的含义和范围界定得足够清楚时，不需要借助外部证据解释权利要求。

综上，在授权程序中，对权利要求的解释，应当坚持内部证据优先于外部证据的规则。但是，这一规则也存在例外，即当内部证据不足以解释和确定权利要求的含义时，应当采用外部证据来解释和确定权利要求的含义。

专利复审委员会在该案中主张"时机论"，这一观点是错误的，上文已进行过详细阐述，此处不再赘述。一审法院坚持内部证据优先于外部证据的解释规则，总体上而言，是正确的。但是，一审法院未考虑该案的实际情况，对于该规则的适用过于绝对，所作的认定结论是错误的。具体而言，涉案专利说明书对权利要求 1 中的 E-HFC-1234ze 作出了特别的限定，"E-HFC-1234ze 是指异构体 E-HFC-1234ze……或……Z-HFC-1234ze 的混合物，其中占据多数的异构体是 E-HFC-1234z"。如果这一定义是清楚无误的，对于权利要求中的 E-HFC-1234ze，当然应当采用这一特别限定的含义。但是，该案中的这一限定的含义是不清楚的，所属技术领域技术人员无法明确其具体的含义。杜邦公司在二审庭审中认为应当将该段表述中的"或"理解为"和"，即该段表述的含义是指"本文使用的 E-HFC-1234ze 是指异构体 E-HFC-1234ze……和 Z-HFC-1234ze……的混合物，其中占据多数的异构体是 E-HFC-1234ze"。但是，这种理解方式和该术语在说明书中的其他部分的含义是矛盾的，这种理解方式无法贯彻说明书的始终。例如，实施例中的表 3、表 4 将 E-HFC-1234ze、Z-HFC-1234ze 分别列明，在此情况下，E-HFC-1234ze 应当仅指其本身，而不可能是 E-HFC-1234ze 和 Z-HFC-1234ze 的混合物。综合说明书的上下文来看，说明书对权利要求中的术语 E-HFC-1234ze 的特别限定的含义不清楚，所属领域的技术人员根据说明书的记载无法确定该特别限定的具体含义。在此情况下，由于内部证据不足以确定权利要求的含义，故应当借助外部证据来确定权利要求的含义。由于该术语在所属领域有通常含义，故对该术语的理解应当采用其通常含义，即 E-HFC-1234ze 是指 1,3,3,3-四氟丙烯结构中双键为 E 式构型的单一异构体。综上，一审法院对于权利要求中的术语 E-HFC-1234ze 的解释结论是错误的。

(二) 专利确权程序中应当遵循"语境论"的权利要求解释规则

【案例 3-2】诚加兴业股份有限公司诉国国家知识产权局专利复审委员会及第三人东莞企石东山俊明塑胶五金制品厂实用新型专利权无效行政纠纷案❶

◆ 基本案情

诚加兴业股份有限公司（以下简称"诚加兴业公司"）于 2001 年 2 月 22 日向国家知识产权局提交了名称为"具有宽视野的潜水面罩"的实用新型专利申请，申请号为 01202277.2。该专利申请于 2002 年 1 月 16 日公告授权，专利权人为诚加兴业公司，其授权公告的权利要求 1 如下所示：

"一种具有宽视野的潜水面罩，其特征在于，其构成包括一副框、一镜面、一面罩及一主框；

副框：其框缘配合镜面的框缘，其夹掣镜面及面罩而与主框结合成一体；

镜面：是由正向镜片与两侧的侧向镜片以粘合方式结合而成；

---

❶ 参见：北京市第一中级人民法院（2002）一中行初字第 523 号行政判决书和北京市高级人民法院（2003）高行终字第 38 号行政判决书。

面罩：具有与镜面外缘结合框缘，该框缘并可置入主框的框槽内；

主框：具有与面罩、镜面的外缘、副框的框缘结合的框槽，其与副框可结合成一体。"

涉案专利的说明书载明："一般的单视窗（单镜面）或双镜面（双镜面）的潜水面罩，其所提供的视野角度远低于人的正常视野；而目前市面上出售的三视窗或四视窗的潜水面罩，其左右两侧视野是以透明材质与框体一体成型的视窗，或嵌入两小片平面玻璃于左右两侧。上述三视窗或四视窗所提供的潜水面罩，其实际上受限于装置在正面视窗与左右视窗间的框边，影响视野，因此，效果不佳。有鉴于以上状况，亦有以曲面玻璃做成可提供较宽广视野的设计者，然而由于造价过于昂贵而无法推广。探究其原因，是在作为镜面用的玻璃，为了安全的需要，镜面必须使用不易破裂或破裂时不产生尖锐、危险的状态的强化玻璃。而强化玻璃大都是平面的，若欲制成非平面状态，不但制作上有困难，而且成本非常昂贵，不适合大量生产；又，其在量产上也不易克服厚度、平整度、透光均匀度等问题。本实用新型的目的在于，提供一种具有宽视野的潜水面罩，其具有较宽的视野外，并具有安全可靠、可大量生产以及成本低等优点。"

涉案专利说明书的附图1（见本书图3-1）为涉案专利的立体分解图、附图2（见本书图3-2）为涉案专利的立体图。其中附图标记10为副框，20为镜面；30为面罩，40为主框。

针对涉案专利，东莞企石东山俊明塑胶五金制品厂（以下简称"东山俊明厂"）于2002年3月26日向专利复审委员会提出了无效请求，其理由是涉案专利的权利要求1～5均不具备新颖性、创造性。东山俊明厂同时提交了2件附件作为对比文件，其中附件2为96215080.0号中国实用新型专利说明书，授权公告日为1997年12月3日。东山俊明厂认为："涉案专利权利要求1

中的技术特征主框、副框、面罩均为已有技术……至于是否粘合只不过是一种惯常技术而已。"

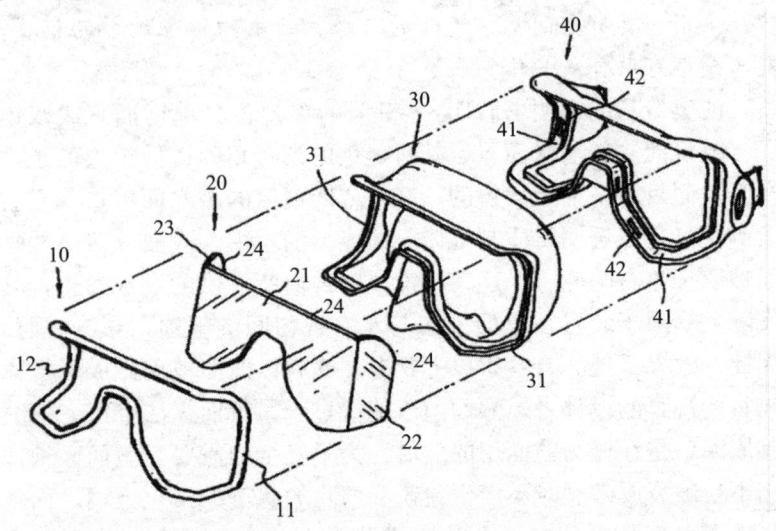

图 3-1 涉案专利附图 1

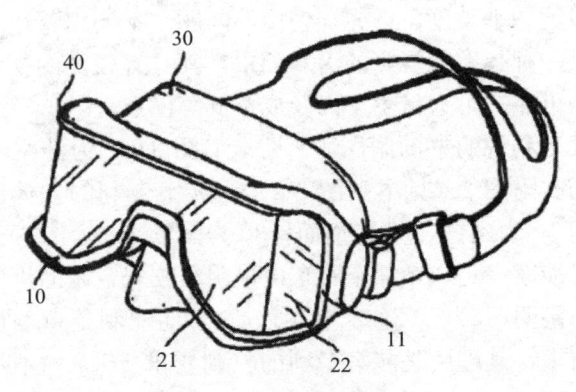

图 3-2 涉案专利附图 2

第三章　对专利权利要求的解释

专利复审委员会经审查作出第 3817 号无效决定，认定：96215080.0 号中国实用新型专利说明书（以下简称"对比文件"）构成涉案专利的现有技术。参见对比文件说明书附图 1，该"面罩"中包括有分别相当于涉案专利的"副框""镜面""面罩"以及"主框"的部件。涉案专利权利要求 1 中所述的"镜面：是由正向镜片与两侧的侧向镜片以粘合方式结合而成"一节内容与对比文件中的对应描述具有区别，即，在对比文件中相当于涉案专利的"镜面"的部件 12 是整体成型的，而在涉案专利中"镜面"是"粘合"成型的。但"粘合"这一技术特征属于方法技术特征的范畴，不予考虑。故涉案专利权利要求 1 不具备《专利法》第二十二条所规定的新颖性。专利权人认为对比文件中的"拱形曲面玻璃……造成使用者有眩晕的现象"。但涉案专利权利要求中专利权人并未将其"镜片"限定为"平面的"，而"镜片"这一技术术语本身不能排除"镜片"形状为"曲面"的情况，故不能认为上述"拱形曲面"是涉案专利相对于对比文件的区别技术特征。专利复审委员会据此宣告涉案专利无效。

一审法院认为：在解释专利权利要求时，应以专利权利要求记载的技术方案的内容为准，而不是严格以专利权利要求使用的文字字面意思为准。因此，确定一项专利的保护范围，应当分析专利说明书及其附图，在全面考虑涉案专利所属的技术领域、技术背景、技术解决方案、目的和效果的基础上加以确定。专利说明书及其附图可以对专利权利要求字面所限定的技术方案作出合理的扩大或者缩小的解释。根据涉案专利的说明书及附图，涉案专利的背景技术中，既有采用平面镜片也有采用曲面镜片的，但要实现涉案专利的目的，克服背景技术中存在的缺陷，涉案专利的技术方案必然要采用平面镜片的技术特征。这一点能够从专利说明书及其附图中得到毫无疑义的解释。因此，专利权利要求中的技术特征"镜片"仅指平面镜片，曲面镜片所构成的技术方案不在涉案专利的保护范围内。在第3817号无效决定中，专利复审委员会仅依据涉案专利权利要求字面记载的技术特征"镜片"，就认为"镜片"既包括平面镜片也包括曲面镜片，而没有引入专利说明书及其附图对专利权利要求进行解释，缺乏法律依据。一审法院遂判决撤销专利复审委员会作出的第3817号无效决定。

二审法院同意一审法院的认定，判决维持一审判决。

◆ 评 述

该案的争议焦点是涉案专利权利要求1中的"镜片"在无明确限定的情况下应当如何理解，如何确定其保护范围。专利权利要求1中的"镜片"并无限定词，但根据说明书的记载，"镜片"分为平面镜片和曲面镜片。如果将权利要求中的"镜片"狭义解释为"平面镜片"，则其不同于对比文件的"拱形曲面玻璃"，如果采取广义解释（涵盖"平面镜片"和"曲面镜片"），则其已被对比文件中的下位概念"拱形曲面玻璃"所公开。因此，如何理解、解释涉案权利要求中的镜片，对于创造性判断的结论影响极大。

显然，如何采用不同的解释方法，则涉案权利要求1中的"镜片"含义是不同的。就其字面含义而言，由于涉案权利要求1对"镜片"未予限定，因此其可以指任意类型的镜片。但是，如果通过专利说明书来解释并确定"镜片"的含义，则"镜片"仅指"平面镜片"。

专利复审委员会采取广义解释，认为：与对比文件中的"拱形曲面玻璃"相比，涉案专利权利要求并未将"镜片"限定为"平面镜片"，而"镜片"这一技术术语本身不能排除"镜片"形状为"曲面"的情况。显然，专利复审委员会的解释方法为字面主义的解释方法,是"最宽"解释。

一审法院、二审法院则认为应当采用说明书及附图对涉案权利要求的"镜片"含义进行限定,根据涉案专利所要克服的技术缺陷及要实现的发明目的,"镜片"应仅指"平面镜片"。

显然,一审法院、二审法院适用了"语境论"的权利要求解释方法,根据说明书的内容,对权利要求中的"镜片"作出了合乎发明目的的解释——仅指"平面镜片"。这种解释方法及结论是合理的。

首先,权利要求的保护范围不是由其文字的表面含义确定,而是由权利要求的文字及其语境共同确定。权利要求的语境包括说明书、附图等。我们在理解权利要求的真实含义时,首先应当通过权利要求书的上下文、说明书及附图等语境资料,确定语境资料中有没有特别定义,有没有明确的隐含限定之义,如果没有特别定义亦无明确的隐含限定之义的,才采用所属领域的通常含义。该案中,根据涉案专利的说明书及附图,涉案专利的背景技术中,既有采用平面镜片也有采用曲面镜片的,但要实现涉案专利的目的,克服背景技术中存在的缺陷,涉案专利的技术方案必然要采用平面镜片的技术特征。这一点能够从专利说明书及其附图中得到毫无疑义的解释。因此,专利权利要求中的技术特征"镜片"仅指平面镜片,曲面镜片所构成的技术方案不在涉案专利的保护范围内。

其次,权利要求的技术方案是从说明书披露的技术方案总结、概括而来,说明书是权利要求之母,是理解权利要求的语境,脱离说明书孤立地理解权利要求的技术方案,违背了说明书和权利要求书的关系原则,违背了语境主义的认识论。说明书对权利要求的解释作用,通常表现为:第一,说明书可以对权利要求中的词语进行特别的定义。第二,说明书也可以对权利要求中的词语进行隐含的限定,即权利要求中的词语的真实含义在说明书的上下文中有隐含的限定。该案中，对于权利要求中的"镜片"，说明书中就存在隐含限定，"镜片"仅指"平面镜片"。

再次，专利权人作出了技术贡献，即"平面镜片"限定的技术方案，其在撰写权利要求时没有明确限定为"平面镜片"，存在一点小瑕疵。但是，在专利复审委员会没有给予专利权人将"镜片"修改为"平面镜片"的机会的情况下，如果不将"镜片"解释为"平面镜片"，对专利权人是不公平的。当然，如果专利复审委员会给予了修改权利要求的机会，但是专利权人拒不修改，则专利复审委员会的上述解释并无不妥。

最后，"语境论"并不会破坏权利要求的公示作用，损害社会公众的信赖利益。权利要求的公示作用，是指权利要求授权公告后，具有公示专利权的保护范围的作用。权利要求一旦被授权公告，社会公众信赖其公示作用，相信其权利边界不会扩大，据此开展生产经营活动，由此形成信赖利益。只要授权公告后的权利要求所表达的权利边界不扩大，就不会损害权利要求的公示作用和社会公众的信赖利益。由于在专利侵权程序中也要遵循"语境论"的权利要求解释规则，即要采用说明书及附图等语境资料来解释权利要求的内容，本领域技术人员会在通读涉案专利文件后，能够确定涉案权利要求的保护范围是"平面镜片"组成的技术方案。因此，在确权程序中将"镜片"解释为"平面镜片"，由于限缩了权利要求的保护范围，并不会破坏权利要求的公示作用和社会公众的信赖利益。这样解释对专利权人和社会公众都是公平、合理的，没有损害任何一方的利益。

第三章 对专利权利要求的解释

（三）专利确权程序中的权利要求解释应当适用"最宽合理解释"标准吗？

【案例 3-3】李某乐诉专利复审委员会、郭某、沈阳天正公司发明专利权无效行政纠纷案❶

◆ 基本案情

涉案专利名称为"反射式萨格奈克干涉仪型全光纤电流互感器"，专利权人为郭某和沈阳天正公司，发明人为郭某。

涉案专利授权公告时的权利要求书的具体内容如下：

"1. 一种反射式萨格奈克干涉仪型全光纤电流互感器，其特征在于：它至少由光电单元和光纤电流感应单元连接构成；其中，光电单元用于产生用于检测的光信号，光纤电流感应单元利用该光信号检测流过其光纤绕组缠绕的母线中的电流，并返回该光电单元将检测光信号输出；所述的光电单元至少由光源、单模光纤耦合器、保偏光纤消偏器、光纤偏振器、光相位调制器、振荡源、保偏光纤延迟线以及光电检测器连接构成；光源输出的光信号经过单模光纤耦合器正向传输给保偏光纤消偏器；离开保偏光纤消偏器的光信号进入光纤偏振器；光纤偏振器将该光信号等分为两个正交的线偏振光分别送给光相位调制器；该光相位调制器根据来自振荡源的调制信号对两个正交的线偏振光进行同步调制，然后经过保偏光纤延迟线输出给光纤电流感应单元；从光纤电流感应单元返回的光信号到达光纤偏振器产生萨格奈克干涉，该干涉光经过单模光纤耦合器反向传输给光电检测器；光电检测器将检测信号输出。

2. 根据权利要求1所述的反射式萨格奈克干涉仪型全光纤电流互感器，其特征在于：所述的振荡源产生的调制信号的振荡

---

❶ 参见：最高人民法院（2014）行提字第17号行政判决书。

频率遵守如下的计算公式：

$f = 1/4\tau$

其中，τ 为保偏光纤延迟线的延迟时间。

3. 根据权利要求 1 所述的反射式萨格奈克干涉仪型全光纤电流互感器，其特征在于：所述的光纤偏振器和光相位调制器之间设有消偏头，该消偏头由保偏光纤构成，用于抑制交叉偏振耦合。

4. 根据权利要求 1 所述的反射式萨格奈克干涉仪型全光纤电流互感器，其特征在于：所述的光电单元还进一步设有由数字解调器、反馈控制电路和光相位调制器组成的闭环光相位调制电路，用于提高电流互感器信噪比和稳定性；其中，光电检测器连接数字解调器，用于经过该数字解调器输出检测结果，同时通过反馈控制电路将反馈控制信号传送给光相位调制器。

5. 根据权利要求 1 或 4 所述的反射式萨格奈克干涉仪型全光纤电流互感器，其特征在于：光电检测器依据如下的公式将检测的光强转换为电信号：

其中，I_d 为检测光强，I_s 为光源给出的光强，k 为整个光路的损耗，

为光相位调制器的调制信号，V 为光纤的费尔德常数，N 为感应光纤线圈的匝数。

6. 根据权利要求 1 或 4 所述的反射式萨格奈克干涉仪型全光纤电流互感器，其特征在于：所述的数字解调器将光电检测信号解调后得到的信号电压满足如下的公式：

其中，V_{dm} 为信号电压，J_1 为一阶贝塞尔函数，V 为光纤的费尔德常数，N 为感应光纤线圈的匝数，I 为高压电流母线中的电流。

7. 根据权利要求 4 所述的反射式萨格奈克干涉仪型全光纤电流互感器，其特征在于：所述的数字解调器进一步连接有用于

交流检测时滤除高频干扰的滤波器,且该滤波器为通频带为 1Hz—10kHz 的带通滤波器。

8. 根据权利要求 4 所述的反射式萨格奈克干涉仪型全光纤电流互感器,其特征在于:所述的数字解调器进一步连接有用于直流检测的滤波器,且该滤波器为通频带为 0—10kHz 的低通滤波器。

9. 根据权利要求 7 或 8 所述的反射式萨格奈克干涉仪型全光纤电流互感器,其特征在于:所述的滤波器还进一步连接有对检测到的电流进行放大、校正,并输出准确的电流测量值的处理器。

10. 根据权利要求 1 所述的反射式萨格奈克干涉仪型全光纤电流互感器,其特征在于:所述的光纤电流感应单元设在电流互感器的高压区,至少由 $\lambda/4$ 波片,其中 λ 为光纤中传递的光信号的波长、感应光纤线圈和感应光纤线圈端面镀反射膜组成;其中,$\lambda/4$ 波片用于将来自保偏光纤延迟线的线偏振光转换为两个圆偏振光,该两个圆偏振光经过感应光纤线圈到达端面的反射膜,该反射膜将该两个圆偏振光信号全反射,并沿着感应光纤线圈反向传播。

11. 根据权利要求 10 所述的反射式萨格奈克干涉仪型全光纤电流互感器,其特征在于:所述的 $\lambda/4$ 波片为宽带光纤波片。

12. 根据权利要求 10 所述的反射式萨格奈克干涉仪型全光纤电流互感器,其特征在于:所述的感应光纤线圈为超低双折射光纤或普通低双折射单模光纤或圆偏振保持光纤,该光纤围绕高压电流母线至少缠绕一匝。"

2009 年 9 月 27 日,李某乐向专利复审委员会提出无效宣告请求,理由之一是涉案专利不符合《专利法》第二十二条第二款、第三款的规定,并提交了证据 1~5。

2010 年 4 月 22 日,专利复审委员会作出第 14794 号无效宣

告请求审查决定(以下简称"第14794号决定"),维持涉案专利权有效。其中认定:

1. 关于权利要求1的新颖性和创造性

涉案专利权利要求1请求保护一种反射式萨格奈克干涉仪型全光纤电流互感器,证据1公开了一种串联式萨格奈克干涉仪电流互感器,两者技术领域相同。证据1具体公开了如下内容:光源LED、50∶50单模耦合器、保偏光纤消偏器、光纤偏振器、消偏头、保偏光纤延迟线、调制器、振荡源($f=1/4\tau$)、光电检测器(PD)以及锁相放大器构成了光电部分;而λ/4波片、单模光纤传感线圈和镜子构成了光纤电流感应部分,并且从图2中可以看出光电部分和光纤电流感应部分连接。根据图2结合相应文字部分的说明可以看出:光源输出的光信号经过单模光纤耦合器正向传输给保偏光纤消偏器;离开保偏光纤消偏器的光信号进入光纤偏振器;光纤偏振器将该光信号分为X轴和Y轴两个偏振光分别送给光相位调制器;该光相位调制器根据来自振荡源的调制信号对两个偏振光进行不同的调制,然后经过保偏光纤延迟线输出给光纤电流感应单元,光纤电流感应单元中的单模光纤传感线圈缠绕着载流导体,其端部连接有镜子,以镜面反射来反射光信号;从光纤电流感应单元返回的光信号到达光纤偏振器产生萨格奈克干涉,该干涉光经过单模光纤耦合器反向传输给光电检测器;光电检测器将检测信号输出。

将权利要求1请求保护的技术方案与证据1公开的内容相比,其区别在于:(1)涉案专利权利要求1中限定了电流互感器是全光纤的,而证据1中没有相应的文字表述;(2)涉案专利权利要求1中的光相位调制器对两个正交的线偏振光进行同步调制,而证据1中表述为"两个偏振态不同地被调制"。

关于区别特征(1),涉案专利说明书第7页第17~18行记载了"光纤电流感应单元设在电流互感器的高压区,由宽带光纤波片、感应光纤线圈和感应光纤线圈端面镀反射膜组成",说明书第 7 页第 24 行至第 8 页第 1 行记载了"本发明采用光纤端面镀反射膜作为反射面,该反射膜通过将光纤端面进行研磨后再镀上反射膜,相比于传统的光纤端面研磨后与反射镜粘接所构成的反射体,本发明的反射膜具有抗热胀冷缩以及震动的特点并且其结构易于安装,可降低制造成本",从涉案专利说明书的上述内容可以看出,涉案专利正是针对现有技术中使用与光纤端面粘接的反射镜作为反射体这种技术方案的缺陷进行的改进,因此应当认为涉案专利的技术方案明确排除了使用反射镜作为反射体的情况,涉案专利权利要求 1 中的"全光纤"应当是在光纤电流感应单元中由光纤端面镀反射膜作为反射体而构成的全光纤结构,而证据 1 的相应部分是由光纤端部的镜子作为反射体,与涉案专利中所限定的上述全光纤结构并不相同,证据 1 中作为非光纤部件的镜子需要和光纤粘接在一起,当发生机械振动时镜子与粘结剂的机械应力是不同的,再入射会受到扰动影响,而涉案专利在萨格奈克干涉仪的光纤端面镀膜作反射面比光纤端面粘结镜子构成反射体,具有抗热胀冷缩以及震动的特点,并且其结构易于安装,可降低制造成本。关于区别特征(2),虽然请求人坚持认为证据 1 中的不同的调制是指分别被调制,而在调制时间上,X 轴线偏振光和 Y 轴线偏振光是同步的,但是由于 X 轴线偏振光和 Y 轴线偏振光的传播速度是不同的,而且证据 1 的其他部分内容也并没有表明 X 轴线偏振光和 Y 轴线偏振光会同步地在光纤中传输,因此,根据证据 1 中公开的内容不能认定这两个正交的线偏振光是同步调制的。

由于涉案专利权利要求 1 请求保护的技术方案与证据 1 相比具有上述区别特征(1)和(2),而尚无证据表明上述区别特征为所属技术领域的惯用手段的直接置换,因此该权利要求 1 相对于证据 1 具备新颖性,符合《专利法》第二十二条第二款的规定。此外，在没有证据表明上述区别特征为本领域的公知常识的基础上，该权利要求1的技术方案相对于证据1来说并不是显而易见的，具有突出的实质性特点和显著的进步，符合《专利法》第二十二条第三款有关创造性的规定。

2. 关于从属权利要求2、3、5、6的新颖性和权利要求2～12的创造性

从属权利要求2～12均直接或间接引用权利要求1，而请求人所用的其他证据2～5均是用于评价从属权利要求的附加技术特征，在独立权利要求1具备新颖性和创造性的基础上，无论其从属权利要求的附加技术特征是否被证据1～5公开或是否为公知常识，在其作为引用基础的独立权利要求1具备新颖性和创造性的前提下，从属权利要求2、3、5、6具备新颖性，从属权利要求2～12分别相对于请求人主张的上述证据具备创造性。

综上，专利复审委员会作出第14794号决定，维持涉案专利权有效。

李某乐不服第14794号决定，向北京市第一中级人民法院提起行政诉讼。北京市第一中级人民法院认为：第14794号决定在评判涉案专利新颖性时，认定涉案专利的权利要求1与证据1公开的内容相比，存在两个区别技术特征：（1）涉案专利权利要求1中限定了电流互感器是全光纤的，而证据1中没有相应的文字表述；（2）涉案专利权利要求1中的光相位调制器对两个正交的线偏振光进行同步调制，而证据1中表述为"两个偏振态不同地被调制"。

对于区别技术特征（1），涉案专利权利要求1中的"全光纤电流互感器"，虽然目前还没有统一规范的定义，但也并不属于自定义的技术术语，其在光电技术领域具有通常的含义，即光传输部分以及感应部分均使用光纤或者采用光纤作为敏感元件。涉案专利权利要求1以及说明书中均没有明确涉案专利的"全光纤

第三章　对专利权利要求的解释

电流互感器"具有特定的含义，第14794号决定中引用的说明书的相关内容仅能说明涉案专利在对应于从属权利要求10的进一步的优选实施例中，采用了光纤端面镀反射膜的方式，并不是指明涉案专利中的"全光纤电流互感器"具有此处描述的特定含义。对于涉案专利权利要求1中涉及的"全光纤电流互感器"应该根据本领域具有的通常的含义来理解。根据上述的含义解释，可以理解，"全光纤电流互感器"并不要求电流互感器中的所有器件都是由光纤材料制成，关键要看电流敏感元件是否采用光纤。端面粘结镜子与光纤端面镀膜均起到的是镜面反射的作用，光纤端面粘结镜子虽然相比端面镀膜光传输的稳定性变差，但光仍然是在光纤中传输，不会导致电流互感器"全光纤"性质的改变。另外，一审法院查明的专业文献1~3中对于证据1所示的串联式萨格奈克干涉仪型电流互感器也是作为一种典型的全光纤电流互感器而被介绍的。证据1也并没有明确其中实现镜面反射的镜子一定就是粘结的镜子，本领域光纤端面的反射镜采用镀膜形式也是一种常用的手段，且没有任何证据表明只要光纤端面粘接镜子即会导致相应的电流互感器变为非"全光纤"。本领域技术人员根据证据1公开的内容可以直接地、毫无疑义地确定其所公开的光纤电流互感器也是全光纤电流互感器。据此，专利复审委员会对于上述区别技术特征（1）的认定存在错误，予以纠正。

　　对于区别技术特征（2），证据1仅提到"两路偏振光不同的被调制"，也即两路偏振光分别被调制，证据1没有明确具体的调制方式，可能是同步调制，也可能是异步调制。根据证据1公开的内容，本领域技术人员不能直接地、毫无疑义地确定证据1公开的技术方案必然就是采用了同步调制，也即不能认为证据1隐含公开了"同步调制"的特征。另外，李某乐提交的证据并不能证明涉案专利权利要求1的技术方案与证据1的传感器结构和工作原理完全相同，即使涉案专利与证据1的框图相同，也不能表明两者工作原理必然相同，且证据1能不能实现对XY轴同步调制与证据1是不是必然采用了同步调制是不同的概念。据此，李某乐的上述诉讼理由缺乏事实依据，不予支持。

综上，涉案专利权利要求1相对于证据1具有区别技术特征(2)，且没有证据表明该区别技术特征为本领域的公知常识，因此，涉案专利权利要求1具备新颖性和创造性。

在独立权利要求1具备新颖性和创造性的前提下，从属权利要求2～12自然也具备新颖性和创造性。因此，李某乐的诉讼理由无事实和法律依据，不予支持。

综上，北京市第一中级人民法院判决：维持专利复审委员会作出的第14794号决定。

李某乐、郭某、沈阳天正公司均不服一审判决，向北京市高级人民法院提起上诉。

北京市高级人民法院认为，涉案专利是全光纤电流互感器，其中的"全光纤"，根据李某乐曾经的陈述可知，其也认可"全光纤"指光从光源开始到光电检测器结束始终在光纤中进行。证据1采用镜子作为反射原件，必然导致光从光源开始到光电检测器结束的过程中在通过镜子反射时没有在光纤中的情形。该情形不符合李某乐上述有关"全光纤"的陈述。而且，根据涉案专利说明书的记载可知，涉案专利相比于现有技术的改进即在于不再使用反射镜作为反射体。因此，虽然权利要求1没有记载由光纤端面镀反射膜作为反射体这一技术特征，而是在权利要求10中记载了该特征，但权利要求1所记载的技术特征应不包含使用镜子作为反射体的内容，即权利要求1中的全光纤应当是使用镜子以外的其他反射体进行反射的全光纤结构。由此可见，涉案专利权利要求1所限定的"全光纤"与证据1的结构并不相同。一审法院的认定有误，予以纠正。专利复审委员会对此所作认定正确，应予维持。郭某和沈阳天正公司有关的上诉理由成立，予以支持。

第三章 对专利权利要求的解释

就证据 1 是否公开了涉案专利中"同步调制"这一技术特征，证据 1 在文字上并没有明确表述调制器所做的调制是"同步调制"，李某乐对此也予以认可。而证据 1 的附图 2 与涉案专利附图 1 相比，在调制信号上存在明显区别，不能证明李某乐有关二者在工作过程、调制器结构、调制信号等方面相同的主张。由于证据 1 并未公开"同步调制"这一技术特征，且无证据证明该区别技术特征系公知常识或被其他相关现有技术文件所公开，因此李某乐有关即便存在该区别技术特征，对于本领域技术人员而言也是显而易见的上诉理由不能成立。专利复审委员会和一审法院就此所作认定正确，李某乐有关的上诉主张，依据不足，不予支持。

由于权利要求 1 具备新颖性和创造性，故李某乐所提一审法院有关权利要求 1 的论断错误导致从属权利要求 2~12 不具备新颖性、创造性的上诉理由，亦不予支持。

综上，北京市高级人民法院在纠正一审判决有关证据和事实认定错误的情况下，判决：驳回上诉，维持原判。

李某乐不服二审判决，向最高人民法院申请再审。

最高人民法院认为：关于权利要求 1 中"全光纤电流互感器"的技术特征。第 14794 号决定认定权利要求 1 与对比文件证据 1 的区别技术特征有二，其一为："权利要求 1 中限定的电流互感器是全光纤的，而证据 1 中没有相应的文字描述"，各方当事人对此均无异议。对于该区别技术特征，第 14794 号决定认为涉案专利说明书中记载了涉案专利以光纤端面镀反射膜为反射面，其相比于在光纤端面粘接反射镜的技术方案具有多种优点，据此认定"从涉案专利说明书的上述内容可以看出，涉案专利正是针对现有技术中使用与光纤端面粘接的反射镜作为反射体这种技术方案的缺陷进行的改进，因此应当认为涉案专利的技术方案明确排除了使用反射镜作为反射体的情况，涉案专利权利要求 1 中的'全光纤'应当是在光纤电流感应单元中由光纤端面镀反射

149

膜作为反射体而构成的全光纤结构,而证据1的相应部分是由光纤端部的镜子作为反射体,与涉案专利中所限定的上述全光纤结构并不相同。"即第14794号决定用说明书中关于"反射膜"的内容对权利要求1中"全光纤电流互感器"的含义进行解释。

  专利授权确权程序中,权利要求解释的目的在于通过明确权利要求的含义及其保护范围,对权利要求是否符合专利授权条件或者其效力如何作出判断。基于此目的,在解释权利要求用语的含义时,必须顾及专利法关于说明书应该充分公开发明的技术方案、权利要求书应当得到说明书支持、专利申请文件的修改不得超出原说明书和权利要求书记载的范围等法定要求。通常情况下,在专利授权确权程序中,对权利要求的解释采取最大合理解释原则,即基于权利要求的文字记载,结合对说明书的理解,对权利要求作出最广义的合理解释。如果说明书未对权利要求用语的含义作出特别界定,原则上应采取本领域普通技术人员在阅读权利要求书、说明书和附图之后对该术语所能理解的通常含义,尽量避免利用说明书或者审查档案对该术语作不适当的限制,以便对权利要求是否符合授权条件和效力问题作出更清晰的结论,从而促使申请人修改和完善专利申请文件,提高专利授权确权质量。该案中,涉案专利权利要求1中记载全光纤电流互感器至少由光电单元和光纤电流感应单元连接构成,并没有记载"反射膜"的技术特征,"反射膜"的技术特征出现在权利要求1的从属权利要求10的附加技术特征中。说明书中既没有将具有"反射膜"的技术方案作为背景技术描述,也没有用"反射膜"这一技术特征对权利要求1所述的"全光纤电流互感器"作出特别界定,说明书中的相关内容仅能说明涉案专利在对应于从属权利要求10的进一步的优选实施例中,采用了光纤端面镀反射膜的方式,并不是指涉案专利权利要求1中的"全光纤电流互感器"具有此处描述的特定含义。第14794号决定在对权利要求1中的"全光纤电流互感器"进行界定时,引入其从属权利要求的附加技术特征和说明书的内容对其进行限缩性解释,适用法律错误,予以纠正。

关于权利要求1中"同步调制"的技术特征。第14794号决定认定权利要求1与对比文件证据1的区别技术特征二为:"权利要求1中的光相位调制器对两个正交的线偏振光进行同步调制,而证据1中表述为'两个偏振态不同地被调制'",各方当事人对此亦无异议。对于该区别技术特征,第14794号决定认为"虽然请求人坚持认为证据1中的不同的调制是指分别被调制,而在调制时间上,X轴线偏振光和Y轴线偏振光是同步的,但是由于X轴线偏振光和Y轴线偏振光的传播速度是不同的,而且证据1的其他部分内容也并没有表明X轴线偏振光和Y轴线偏振光会同步地在光纤中传输,因此,根据证据1中公开的内容不能认定这两个正交的线偏振光是同步调制的。"对此,最高人民法院认为,涉案专利权利要求1记载"光纤偏振器将该光信号等分为两个正交的线偏振光分别送给光相位调制器;该光相位调制器根据来自振荡源的调制信号对两个正交的线偏振光进行同步调制",此处所述"两个正交的线偏振光"即对比文件证据1中的X轴线偏振光和Y轴线偏振光。上述两个正交的线偏振光传播速度也是不同的,庭审中专利复审委员会对此予以认可。这两个传播速度不同的正交的线偏振光从光纤偏振器出来后送给光相位调制器,由来自振荡源的调制信号对其进行同步调制。而第14794号决定却以对比文件证据1中的X轴和Y轴线偏振光的传播速度不同为由认定该X轴和Y轴线偏振光"不同地被调制"并非涉案专利权利要求1所述的"同步调制",明显不当,最高人民法院予以纠正。专利权人在最高人民法院再审阶段将涉案专利权利要求1中的"同步调制"解释为两路调制信号对X、Y光同时进行调制,而其所称的产生另一路调制信号的反馈控制电路在权利要求1中并无记载,而是作为权利要求1的从属权利要求4

中的附加技术特征记载的,权利要求 1 中仅记载了一路来自振荡源的调制信号对两个正交的线偏振光进行同步调制。专利权人对"同步调制"的上述解释与权利要求 1 的记载明显不符,不予支持。

综上,专利复审委员会作出的第 14794 号决定关于区别技术特征(1)、(2)的相关认定错误,依法予以纠正。一审、二审判决对第 14794 号决定予以维持错误,依法应予撤销。最高人民法院遂判决:(1)撤销一、二审判决;(2)撤销第 14794 号决定;(3)专利复审委员会重新作出决定。

◆ 评 述

在该案中,最高人民法院明确提出,在专利授权确权程序中,对权利要求的解释采取最大合理解释原则,即基于权利要求的文字记载,结合对说明书的理解,对权利要求作出最广义的合理解释。如果说明书未对权利要求用语的含义作出特别界定,原则上应采取本领域普通技术人员在阅读权利要求书、说明书和附图之后对该术语所能理解的通常含义,尽量避免利用说明书或者审查档案对该术语作不适当的限制,以便对权利要求是否符合授权条件和效力问题作出更清晰的结论,从而促使申请人修改和完善专利申请文件,提高专利授权确权质量。

最高人民法院提出的"最大合理解释"原则源自于美国专利权利要求解释的"最宽合理解释"标准。美国在专利商标局进行的专利申请审查、复审、重颁等程序及相应的司法审查程序中均采用"最宽合理解释"标准对涉案权利要求进行解释。采用"最宽合理解释"标准的正当性依据在于:第一,采用"最宽合理解释"标准,专利审查员可以扩大现有技术的检索范围并挑战权利要求的可专利性,促使专利申请人将权利要求修改至合适的保护范围,防止将现有技术纳入专利保护范围。为了确保专利申请人获得的权利保护范围与其技术贡献相一致,专利审查员应当始终以"挑刺"的眼光对待权利要求，尽量扩大现有技术检索范围，挑战权利要求的可专利性，迫使专利申请人作出合适的修改。采用"最宽合理解释"标准可以实现这一政策目标。第二，在专利审查程序中，专利申请人充分享有修改权利要求的机会，一旦专利审查员指出权利要求涵盖范围过宽的问题，专利申请人可以自由地修改，因此，"最宽合理解释"标准并不会损害专利申请人的利益，并无不公。第三，采取"最宽合理解释"标准，可以督促专利申请人修改权利要求，消除文字表达的模糊性，提高权利要求的确定性和公示价值。

美国的"最宽合理解释"标准对我国有一定的借鉴意义。在我国的专利授权程序中，专利申请人享有较充分的修改权利要求的自由，因此可以借鉴美国的"最宽合理解释"标准，以促使专利申请人修改、完善权利要求文本，消除权利要求中文字的模糊性，提高专利授权的质量。

但是，在我国的专利确权程序中，专利权人修改权利要求的自由受到了严格的限制。修改权利要求书的具体方式一般限于权利要求的删除、技术方案的删除、权利要求的进一步限定、明显错误的修正。❶ 在此情况下，采用"最宽合理解释"标准的正当性不足，因此，不宜贸然借鉴美国的"最宽合理解释"标准。最高人民法院未区分我国专利授权程序和确权程序中专利申请人（专利权人）修改权利要求的自由度差别，笼统地认为专利授权和确权程序都应当适用"最大合理解释"原则解释权利要求，这一观点还可以商榷。笔者认为，从利益平衡的角度，在专利确权程序中，采用权利要求书上下文、说明书及附图、专利审查历史档案等语境资料对权利要求进行限缩性解释，是比较妥当的解释

---

❶ 参见：国家知识产权局令第 74 号：《国家知识产权局关于修改〈专利审查指南〉的决定》（2017）第八节的内容，该决定可以从国家知识产权局官方网站下载。

规则。还以前述"潜水面罩"案为例进行说明。该案中，涉案专利权利要求1中的"镜片"并无限定词，但根据说明书对专利权利要求1作合乎发明目的的解释，其中的"镜片"仅指平面镜片，只有平面镜片构成的技术方案才合乎发明目的，才是专利权人作出贡献和应当得到保护的技术方案。❶ 在此情况下，应当将专利权利要求1中的"镜片"理解为任意类型的镜片还是平面镜片呢？如果不考虑说明书的隐含之义，对权利要求1中的"镜片"作最宽泛的解释，则可以包括任意类型的镜片，这样的话，权利要求1相对于对比文件就缺乏创造性，只能被宣告无效。但是，对"镜片"作最宽泛的解释是不合理的，因为根据《专利审查指南2010》关于权利要求修改方式的严格限制性规定，专利权人无法将"镜片"修改为"平面镜片"。如果专利复审委员会一方面不允许专利权人将"镜片"修改为"平面镜片"，另一方面又要对"镜片"作最宽泛的解释，那么专利权人就被卡死在中间，没有出路，只能眼睁睁地看着专利权被宣告无效。这显然是不公平的。因此，那么给予专利权人将"镜片"修改为"平面镜片"的机会，要么对权利要求进行"语境论"的限缩解释，将"镜片"解释为说明书中的隐含之义——"平面镜片"。在目前专利复审委员会严格适用《专利审查指南2010》关于权利要求修改方式的严格限制性规定的情况下，专利确权程序中的合理解释规则是"语境论"下的限缩解释方法，即采用说明书及附图等语境资料对权利要求进行限缩性解释。这样的解释规则既符合"本领域技术人员"理解专利权利要求的思维习惯（即通篇阅读专利文件以确定权利要求的真正含义和保护范围），也能够保护专利权人的技术贡献，又不会产生多大的弊端。

---

❶ 参见：北京市第一中级人民法院（2002）一中行初字第523号行政判决书和北京市高级人民法院（2003）高行终字第38号行政判决书。

第三章 对专利权利要求的解释

（四）专利权利要求解释是否要坚持区别解释规则

在前述"反射式萨格奈克干涉仪型全光纤电流互感器"发明专利权无效行政案中，涉案专利授权公告时的权利要求书的具体内容如下：

"1. 一种反射式萨格奈克干涉仪型全光纤电流互感器，其特征在于：它至少由光电单元和光纤电流感应单元连接构成；其中，光电单元用于产生用于检测的光信号，光纤电流感应单元利用该光信号检测流过其光纤绕组缠绕的母线中的电流，并返回该光电单元将检测光信号输出；所述的光电单元至少由光源、单模光纤耦合器、保偏光纤消偏器、光纤偏振器、光相位调制器、振荡源、保偏光纤延迟线以及光电检测器连接构成；光源输出的光信号经过单模光纤耦合器正向传输给保偏光纤消偏器；离开保偏光纤消偏器的光信号进入光纤偏振器；光纤偏振器将该光信号等分为两个正交的线偏振光分别送给光相位调制器；该光相位调制器根据来自振荡源的调制信号对两个正交的线偏振光进行同步调制，然后经过保偏光纤延迟线输出给光纤电流感应单元；从光纤电流感应单元返回的光信号到达光纤偏振器产生萨格奈克干涉，该干涉光经过单模光纤耦合器反向传输给光电检测器；光电检测器将检测信号输出。

……

10. 根据权利要求1所述的反射式萨格奈克干涉仪型全光纤电流互感器，其特征在于：所述的光纤电流感应单元设在电流互感器的高压区，至少由 $\lambda/4$ 波片，其中 λ 为光纤中传递的光信号的波长、感应光纤线圈和感应光纤线圈端面镀反射膜组成；其中，$\lambda/4$ 波片用于将来自保偏光纤延迟线的线偏振光转换为两个圆偏振光，该两个圆偏振光经过感应光纤线圈到达端面的反射膜，该反射膜将该两个圆偏振光信号全反射，并沿着感应光纤线圈反向传播。"

最高人民法院认为应当对涉案专利权利要求1进行"最大合

理解释"的原因之一是,该权利要求并没有记载"反射膜"的技术特征,"反射膜"的技术特征出现在权利要求1的从属权利要求10的附加技术特征中。显然,最高人民法院采用了权利要求区别解释的规则,其言下之意是,既然专利权人选择在从属权利要求10中记载"反射膜"这一技术特征,而未在独立权利要求1中记载"反射膜"这一技术特征,说明专利权人有意在独立权利要求1中不包括"反射膜"限定的技术方案。亦即,最高人民法院认为在对权利要求进行解释时应当考虑专利撰写人的主观意思。

根据《专利法实施细则》第二十条的规定,"权利要求书应当有独立权利要求,也可以有从属权利要求。独立权利要求应当从整体上反映发明或者实用新型的技术方案,记载解决技术问题的必要技术特征。从属权利要求应当用附加的技术特征,对引用的权利要求作进一步限定。"采用独立权利要求、从属权利要求的形式撰写权利要求,有利于形成递进式的权利保护体系,独立权利要求保护范围最大,从属权利要求的保护范围逐级变小,这样专利权人就可以形成有效的权利防御体系,一旦独立权利要求被宣告无效,其从属权利要求可以发挥保护作用。基于《专利法实施细则》第二十条的规定,一旦专利权人选择了独立权利要求和从属权利要求的权利保护体系,就应当推定各个权利要求的保护范围是不同的。所谓权利要求区别解释规则,就是在解释权利要求时,应当将各个权利要求的保护范围解释为不同,尤其应当将独立权利要求和其从属权利要求的保护范围解释为不同。但是,权利要求的区别解释规则仅仅是一种推定。推定是可以推翻的,当案件事实表明独立权利要求和从属权利要求的保护范围实际上相同时,上述推定就被推翻了。❶

---

❶ 参见:张晓都. 专利民事诉讼法律问题与审判实践[M]. 北京:法律出版社,2014:38.

第三章 对专利权利要求的解释

权利要求是语言文本的一种类型，权利要求的解释和文本解释一样，要考虑专利撰写人（表意人）的主观意思，但是，专利撰写人的主观意思不能用来绝对地限制解释结果。在文本解释上，我们要考虑文本撰写者的意思表示，但是，从根本上来说，我们应当坚持客观解释原则。对于意思表示的解释，我们要追求表意人的真实意思，但是，在存在相对人的场合，不能为了追求表意人的真实意思，而损害相对人对外在的意思表示的信赖。我们要在保护相对人的信赖利益的前提下，考虑表意人的真实意思，如果二者发生冲突，则应当优先保护相对人的信赖利益。❶例如，对于合同的解释，我们要考虑表意人的真实意思，但是，为了保护合同相对方的信赖利益，解释的标准是合同相对方作为一个理性人会如何理解表意人的意思表示，即合同相对方的理性解读，而不是表意人的真实意思。如果只考虑表意人的真实意思，就可能损害合同相对方的信赖利益。基于同样的理由，对专利权利要求的解释，也应当站在所属领域的技术人员的视角进行客观的解读，以所属领域的技术人员阅读权利要求书、说明书及附图后对权利要求的通常认识为准，而不能用专利撰写人的意思来限制所属领域技术人员的客观认识。

本案中，专利权人用不同的术语表达独立权利要求 1 和从属权利要求 10 的技术方案，表明专利权人有意区分二者的技术方案和保护范围。这是专利权人的主观意思。通常情况下，我们在解释权利要求时要尊重专利权人的主观意思。但是，我们解释权利要求时应当站在所属领域技术人员的视角进行客观的解读，而不能用专利权人的主观意思来限制我们对权利要求进行客观的解释。有的情况下，专利权利要求的撰写可能会存在瑕疵，专利权

---

❶ 参见：卡尔. 拉伦茨. 德国民法通论（下册）[M]. 王晓晔，邵建东，程建英，等，译. 北京：法律出版社，2013：456—464.

人的本意是要区分独立权利要求和其从属权利要求的保护范围，但是，经过客观的解释，独立权利要求和其从属权利要求的保护范围却是一致的，发生这种情况只能归咎于专利权人撰写上的瑕疵。本案中，首先，我们应当推定独立权利要求1和其从属权利要求10的保护范围是不同的，但是，经过客观的解释，如果独立权利要求1和其从属权利要求10的保护范围是完全相同的，权利要求保护范围不一致的事先推定就被推翻了，这时就只能认为专利撰写上存在瑕疵。我们应当尊重客观实际，容忍瑕疵，不能为了消除瑕疵，偏离客观实际，作出不符合权利要求书和说明书客观记载的解释结论。当然，本案中独立权利要求1和其从属权利要求10的保护范围是否相同，是一个事实认定问题，笔者未参与案件的审理，不掌握案件事实，也无意纠缠。笔者只是想借用本案阐明一个规则：独立权利要求和从属权利要求的保护范围不同仅仅是一个推定，这一推定是可以推翻的，当案件事实表明独立权利要求和从属权利要求的保护范围实际上相同时，上述推定就被推翻了。我们应当尊重客观实际情况，不能固守权利要求的区别解释规则，机械地将实际保护范围一致的独立权利要求和从属权利要求解释成保护范围不一致。

（五）机械发明专利权利要求中的"包括"一词的解释及其对权利要求保护范围的作用

【案例3-4】徐某与专利复审委员会及张某发明专利权无效行政纠纷一案❶

◆ 基本案情

涉案发明专利号为200710111081.2、名称为"一种布置永

---

❶ 参见：北京市高级人民法院（2014）高行（知）终字第2948号行政判决书。

第三章　对专利权利要求的解释

久性组合模件的空心板及其实施方法",专利权人为徐某。

涉案专利授权公告时的权利要求1为"1.一种布置永久性组合模件的空心板,包括上层钢筋(1)、下层钢筋(2)、混凝土(3)、组合模件(4),组合模件(4)位于上层钢筋(1)与下层钢筋(2)之间,永久性埋在混凝土(3)内,其特征在于组合模件(4)的朝向与其所处位置板中的剪力传递方向一致,所述组合模件的朝向为该组合模件中的棒状填充物的长度方向。"

针对涉案专利权,张某于2012年12月12日向专利复审委员会提出无效宣告请求。专利复审委员会作出的被诉决定认为,涉案权利要求1采用"空心板,包括……"的方式撰写,是一个开放式权利要求,因此不能认为该空心板中只具有所限定的构造,而不具有暗梁等其他构造;由于涉案权利要求1包括空心板为单向板的技术方案,且本领域技术人员均知晓,在单向板中,弯矩较大的方向与剪力传递方向一致,因此,对比文件1公开了在单向板中,组合单元的布置方向与所处位置板中的剪力传递方向一致的技术方案,即公开了与权利要求1的技术方案实质相同的技术方案。而且,对比文件1与涉案专利都属于应用于楼板的空心板,其都解决了提高空心板抗剪性能的技术问题,获得了相同的技术效果,因此,涉案权利要求1相对对比文件1不具备新颖性。

一审法院认为,由于涉案权利要求1是一个开放式权利要求,其采用"空心板,包括……"的方式撰写,因此,并不能认为该空心板中只具有所限定的构造,而不具有暗梁等其他构造……专利复审委员会在第21453号决定中的相关认定正确。

二审法院认为,确定涉案权利要求1的保护范围,关键要确定其中"包括"一词的含义,亦即权利要求1是开放式权利要求还是封闭式权利要求。这需要结合权利要求1和说明书、附图记载的内容来进行解释。涉案专利权利要求1要求保护一种布置永久性组合模件的空心板,包括上层钢筋(1)、下层钢筋(2)、混

159

凝土（3）、组合模件（4），组合模件（4）位于上层钢筋（1）与下层钢筋（2）之间，永久性埋在混凝土（3）内，其特征在于组合模件（4）的朝向与其所处位置板中的剪力传递方向一致，所述组合模件的朝向为该组合模件中的棒状填充物的长度方向。涉案专利说明书明确记载"在板中又不需要配置箍筋，大大简化了施工工艺"，故涉案专利权利要求1不具备暗梁。暗梁与暗梁钢筋是一一对应关系，权利要求1不具备暗梁，意味着其不具备暗梁钢筋。原审法院和专利复审委员会仅仅因为涉案权利要求中的"包括"二字就认定权利要求1为开放式权利要求，包括含有暗梁的技术方案，明显与涉案专利说明书不符，缺乏依据。二审法院遂判决撤销一审判决和被诉决定。

◆ 评 述

开放式权利要求和封闭式权利要求的撰写、解释规则，在历次版本的《审查指南》中有所不同。《专利审查指南2001》中，开放式、封闭式与半开放式三种权利要求的撰写和解释规则规定在第二部分第十章"关于化学领域发明专利申请审查的若干规定"中；《审查指南2006》将开放式、封闭式权利要求的撰写和解释规则规定在了第二部分第二章第3.3节"权利要求的撰写规定"中，该节属于权利要求撰写规则的总括性章节；《专利审查指南2010》未作变动。

现行的《专利审查指南2010》有两个章节提到开放式权利要求和封闭式权利要求。其中，第二部分第二章第3.3节"权利要求的撰写规定"中规定，开放式的权利要求是指采用"包含""包括""主要由……组成"的表达方式撰写的权利要求，其一般解释为还可以含有该权利要求中没有述及的结构组成部分或方法步骤。封闭式的权利要求是指采用"由……组成"的表达方式，其一般解释为不含有该权利要求所述以外的结构组成部分或方法步骤。

第三章　对专利权利要求的解释

　　《专利审查指南 2010》第二部分第十章第 4.2 节"组合物权利要求"规定，组合物权利要求应当用组合物的组分或者组分和含量等组成特征来表征。开放式表示组合物中并不排除权利要求中未指出的组分；封闭式则表示组合物中仅包括所指出的组分而排除所有其他的组分。开放式和封闭式常用的措辞如下：

　　（1）开放式，例如"含有""包括""包含""基本含有""本质上含有""主要由……组成""主要组成为""基本上由……组成""基本组成为"等，这些都表示该组合物中还可以含有权利要求中所未指出的某些组分，即使其在含量上占较大的比例。

　　（2）封闭式，例如"由……组成""组成为""余量为"等，这些都表示要求保护的组合物由所指出的组分组成，没有别的组分，但可以带有杂质，该杂质只允许以通常的含量存在。

　　由于开放式、封闭式权利要求的撰写和解释规则在历次版本的《审查指南》中的章节不同，因此，现行的规则是仅适用于化学领域的专利发明，还是可以通用于所有领域的专利发明，存在争议。一种观点认为，既然现行的开放式、封闭式权利要求区分规则规定在第二部分第二章之"3.3 权利要求的撰写规定"一节，因此，法律解释论上，这一规则是通用的，适用于所有技术领域的发明。❶ 但是，封闭式的权利要求撰写和解释规则是否可以适用于机械领域，仍然存在疑问。从现有案例来看，几乎见不到机械领域的专利权利要求撰写为封闭式权利要求的例子。法律规则是适应社会现实需要而产生的，既然现实中机械领域几乎不存在封闭式权利要求的例子，那就意味着没有封闭式权利要求的撰写需求，也就没有必要将这种规则适用于机械领域。因此，笔者倾向于认为机械领域的专利权利要求不存在开放式与封闭式之

---

❶ 参见：郎贵梅．开放式与封闭式权利要求的区分适用于机械领域专利［J］．人民司法，2014（16）：56－59．

161

分，原则上都是开放式权利要求。

　　由于机械领域的专利权利要求原则上都是开放式权利要求，因此，在进行权利要求解释的时候，一般要将权利要求解释为还可以含有该权利要求中没有明确记载的结构组成部分。例如，一个关于杯子的发明专利权利要求，权利要求1为："杯子，包括杯体、杯把"，权利要求2为"如权利要求1所示的杯子，其特征在于，还包括杯盖"。就权利要求1而言，它是一个开放式的权利要求，其中的杯子也可以包括含有杯盖的情形。但是，原则与例外总是并存的。虽然一般要将机械专利权利要求解释为含有该权利要求中没有记载的结构组成部分，但是总存在例外，当对权利要求书、说明书上下文进行解读，可以明确地得出权利要求不包括某一部件的结论，例外就产生了，我们不能因为权利要求表面上是开放式权利要求就认为其包括这一部件。亦即，权利要求中有没有某一部件，不能仅基于权利要求属于开放式权利要求就对其进行一般规则意义上的解释，而要通篇阅读整个专利文档后综合认定该权利要求是不是含有该部件，亦即要贯彻"语境论"的权利要求解释规则，确定说明书中是否存在权利要求未明确记载的隐含限定特征。

　　在该案中，权利要求1为："1.一种布置永久性组合模件的空心板，包括上层钢筋（1）、下层钢筋（2）、混凝土（3）、组合模件（4），组合模件（4）位于上层钢筋（1）与下层钢筋（2）之间，永久性埋在混凝土（3）内，其特征在于组合模件（4）的朝向与其所处位置板中的剪力传递方向一致，所述组合模件的朝向为该组合模件中的棒状填充物的长度方向。"由于权利要求1以"包括"二字进行表达，故它不能排除除了上层钢筋（1）、下层钢筋（2）、混凝土（3）、组合模件（4）四个部件外，还有其他部件的情形。因此，仅就权利要求1进行文字上的解读，它是一个开放式的权利要求，可能包括含有暗梁的技术方案。但是，根据说明书的记载,"在板中又不需要配置箍筋,大大简化了施工工艺",故权利要求1不具备暗梁。暗梁与暗梁钢筋是一一对应关系,权利要求1不具备暗梁,意味着其不具备暗梁钢筋。原审法院和专利复审委员会仅仅因为权利要求1中的"包括"二字就认定权利要求1包括含有暗梁的技术方案,明显与涉案专利说明书的记载不符,缺乏依据。

(六)专利权利要求中明显错误的更正性解释

【案例3-5】洪某与专利复审委员会及宋某根实用新型专利权无效行政纠纷案[1]

◆ 基本案情

洪某是涉案专利权人,授权公告的权利要求书为:

"1. 一种精密旋转补偿器,包括外套管、内管、压料法兰、延伸管和密封材料,内管(1)与外套管之间装有柔性石墨填料,柔性石墨填料的端面装有压料法兰,压料法兰与外套管一端的法兰之间由螺栓连接,外套管内凸环和内套管外凸环之间设有钢球;在所述的外套管的另一端与延伸管连接,两者之间留有间隙,其特征在于:所述的延伸管为与内套管内径相同的直管,两者同轴对应;所述的压料法兰的外侧与外套管的内侧为紧密配合。"

在涉案专利说明书摘要和发明内容部分记载"……在所述的外套管的另一端与延伸管连接,两者之间留有间隙……"但在具体实施方式部分,记载:"……外套管外侧是直通延伸管5,与内管1内径相等,延伸管5与内管1之间留有适当间隙(1～10mm)……"。

---

[1] 参见:最高人民法院(2011)行提字第13号行政判决书。

宋某根于 2008 年 11 月 20 日向专利复审委员会提出无效宣告请求，并提交了涉案专利授权公告文本等作为证据。

2009 年 3 月 20 日，专利复审委员会作出第 13091 号无效宣告请求审查决定（以下简称"第 13091 号无效决定"），宣告涉案专利权全部无效。该决定认为：涉案专利权利要求 1 中的技术特征"外套管的另一端与延伸管连接，两者之间留有间隙"与说明书中的相应描述不一致，说明书中记载的是"外套管外侧是直通延伸管 5，……延伸管 5 与内管 1 之间留有适当间隙"，外套管和延伸管之间是固定连接的，不可能留有间隙，应该是延伸管 5 与内管 1 之间留有间隙，因此，该权利要求 1 的技术方案不能从说明书公开的内容得到或概括得出，从而得不到说明书的支持，不符合《专利法》第二十六条第四款的规定。

洪某不服第 13091 号无效决定，向北京市第一中级人民法院提起诉讼。

北京市第一中级人民法院认为：涉案专利权利要求 1 的技术方案不能从说明书公开的内容中毫无疑义地得出，涉案专利的权利要求书没有得到说明书的支持，不符合《专利法》第二十六条第四款的规定，洪某对其所称的打字错误不能作出合理的解释。第 13091 号无效决定认定事实清楚、适用法律准确，审查程序合法，据此判决：维持专利复审委员会作出的第 13091 号无效决定。

北京市高级人民法院二审认为：涉案专利权利要求 1 的技术特征部分的描述显示外套管和延伸管之间留有间隙，虽然在说明书的发明内容部分也有相同的表述，但在具体实施方式部分却记载为：外套管外侧是直通延伸管 5……延伸管 5 与内管 1 之间留有适当间隙。由于外套管与延伸管之间是固定连接关系，故二者之间不可能留有间隙。因此，涉案专利权利要求 1 的技术方案不能从说明书公开的内容中毫无疑义地得出，涉案专利权利要求书

第三章　对专利权利要求的解释

没有得到说明书的支持，不符合《专利法》第二十六条第四款的规定。涉案专利在说明书的摘要和发明内容部分与权利要求书的表述既有一致的地方，也有不一致的地方，使本领域技术人员无法作出清楚、正确的判断，洪某所称打字错误的解释过于牵强，其上诉主张不能成立。综上所述，洪某的上诉理由缺乏事实和法律依据，其上诉请求不予支持。遂判决：驳回上诉，维持原判。

洪某申请再审，请求撤销一、二审判决，理由之一是涉案专利权利要求1记载的"所属的外套管的另一端与延伸管连接，两者之间留有间隙"中的"两者"，属于可以依据专利文件准确判断的允许确认纠正的明显错误。第13091号无效决定拒绝对该权利要求中的明显错误予以正确解释违反了2006年《审查指南》的规定。一审、二审行政判决对明显错误的事实未予认定存在错误。涉案专利权利要求1得到了说明书支持。

最高人民法院再审认为：专利权利要求中的撰写错误并不必然导致该权利要求不符合《专利法》第二十六条第四款的规定。根据撰写缺陷的性质和程度不同，权利要求书中的撰写错误可以分为明显错误和非明显错误。对于权利要求中存在的明显错误，由于该错误的存在对本领域技术人员而言是如此"明显"，即在阅读权利要求时能够立即发现其存在错误，同时，更正该错误的答案也是如此"确定"，结合其普通技术知识和说明书能够立即得出其唯一的正确答案，所以，本领域技术人员必然以该唯一的正确解释为基准理解技术方案，明显错误的存在并不会导致权利要求的边界模糊不清。在专利授权之后，专利权人发现其授权公告文件中存在明显错误的情形时，没有机会再通过提交修改文本的方式进行更正。此时，在无效宣告请求的审查过程中，如果不对权利要求中的明显错误作出更正性理解，而是"将错就错"地径行因明显错误的存在而一概以不符合《专利法》第二十六条第四款的规定为由将专利宣告无效，将会造成《专利法》第二十六

165

条第四款成为一种对撰写权利要求不当的惩罚，导致专利权人获得的利益与其对社会做出的贡献明显不相适应，有悖于《专利法》第二十六条第四款的立法宗旨。由于本领域技术人员在阅读权利要求时能够立即发现该明显错误，并且能从说明书的整体及上下文立即看出其唯一的正确答案，此时，本领域技术人员在审阅该发明或实用新型的技术方案时，不会教条地"照搬错误"，而是必然会在自行纠正该明显错误的基础上，理解发明创造的技术方案。尤其是对该明显错误的更正性理解，并不会导致权利要求的技术方案在内容上发生变化，进而损害社会公众的利益和权利要求的公示性、稳定性和权威性。因此，从保护发明创造专利权，鼓励发明创造的基本原则出发，一方面应当允许对授权后的专利权利要求中存在的明显错误予以正确解释；另一方面，也要防止专利权人对这一解释的滥用。如果对明显错误进行更正性理解后的权利要求所保护的技术方案，能够从说明书充分公开的内容得到或者概括得出，没有超出说明书公开的范围，则应当认定权利要求能得到说明书的支持，符合《专利法》第二十六条第四款的规定。就该案而言，涉案专利是一种具有扭转装置的涉及热网管道的旋转补偿器，背景技术中记载，通过旋转补偿器的内外套管的旋转来吸收热网管道的轴向推力和位移量。解决现有旋转补偿器的同心度不精确，补偿器本身对横向管道位移的定位问题，同时也解决内压力和冲击力引起的填料外泄的问题。作为压力管道元件的旋转补偿器，产品需要符合焊缝检验、耐压实验以及气密实验等检验要求。焊缝、密封填料处应无渗漏现象。因此，所属领域技术人员知晓外套管和延伸管之间必须是无间隙连接，且不允许出现导致传输介质外泄。涉案专利权利要求1记载，"在所述的外套管的另一端与延伸管连接，两者之间留有间隙，"对于"两者之间留有间隙"的"两者"是何所指各方当事人各持己见。由于涉案专利权利要求1保护的补偿器包括外套管、内管、压料法兰、延伸管和密封材料，其中，外套管的一端经由法兰与内管相连接，另一端与延伸管连接。该旋转补偿器通过内外套管的旋转来吸收热网管道的轴向推力和位移量。因此，内管与外套管之间、以及外套管与延伸管之间不可能既连接，又留有空隙，权利要求1中"两者之间留有间隙"的"两者"不可能是指外套管与延伸管，而只可能是内管与延伸管。这种解释也与涉案专利说明书公开的"外套管（4）外侧是直通延伸管5，与内管1内径相等，延伸管5与内管1之间留有适当间隙1－10mm"相一致，而且，说明书附图亦明确标注了相符的位置。因此，本领域技术人员基于其具有的普通技术知识，能够知道权利要求1的撰写存在错误，通过阅读说明书及附图可以直接地、毫无疑义地确定"两者之间留有间隙"的"两者"应当是指延伸管与内管，不会误认为是外套管与延伸管之间留有间隙。"两者之间"应当属于明显错误。尽管涉案专利的撰写有可能使得一般读者根据阅读习惯，误认为"两者之间"留有间隙是指所述的外套管与延伸管之间留有间隙，但是，对"两者之间"的"两者"的理解主体是本领域的技术人员，而非不具有本领域普通知识的一般读者。由于本领域的技术人员能够清楚准确地得出唯一的正确解释，"两者之间留有间隙"是指内管和延伸管之间留有一定的间隙，这与说明书中公开的内容相一致。因此，涉案专利权利要求1所要求保护的技术方案能从说明书公开的内容中得出，得到了说明书的支持，符合《专利法》第二十六条第四款规定。遂判决撤销一、二审判决和第13091号决定。

◆ 评　述

专利权利要求书是以语言文字的形式表达要求保护的技术方案。由于语言文字的特点，有时候难免存在各种类型的撰写错误，在我国由于专利撰写水平参差不齐，撰写错误更是难以避免。因此，我们面临如何对待专利权利要求书中技术特征表达明显错误的问题。如果我们坚守权利要求的公示价值，从社会公众利益的角度出发，似乎不应当允许更正权利要求书中的撰写错误，专利权人应当自行承担其撰写错误带来的后果。但是，从另一方面考虑，专利权人作出了专利发明，为社会贡献了技术知识，对于其权利要求书中的撰写错误不给予任何修正机会，似乎对专利权人不太公平，与专利法上"权利与贡献相一致"的法理不符，故允许专利权人进行修正，似乎更加公平。上述两种观点，代表了两种思路。第一种观点基于权利要求的公示价值，是站在社会公众的立场。第二种观点基于"权利与贡献相一致"的专利法理，是站在专利权人的立场。两种观点均不无道理。最高人民法院在上述"精密旋转补偿器"案明确阐述了其支持对权利要求书中的明显错误进行修正性理解的立场。上述裁判自有道理，但是亦有负面影响，要克服其不利影响，关键在于如何在上述两种观点之间取得平衡，既保护专利权人的利益，又避免带来过多不利影响，这就需要作利益平衡的考量。笔者主张应当采取利益平衡的方法对待权利要求书中的明显错误，考虑到"保护和贡献相一致"的专利法理，应当给予专利权人修正权利要求书中明显错误的机会，并将修正结果予以公示。

1. 关于权利要求的明显错误

（1）什么是明显错误

权利要求书由语言文字构成，表达要求保护的技术方案，由于语言文字的特点以及撰写人的疏忽，权利要求书的文字表达与专利权人作出的技术方案难免存在不一致的地方，这种不一致可能构成权利要求书中的明显错误。所谓明显错误，是指专利权利要求技术特征表达中所存在的明显错误，所属领域技术人员基于其所具有的普通技术知识，在阅读权利要求后能够发现其可能存在技术特征表达错误，在进一步阅读说明书及附图的相关内容后能够确定出该技术特征的唯一正确答案。❶ 由于明显错误的存在,导致权利要求书限定的技术方案与说明书披露的技术方案不一致,这种不一致导致前者无法实现专利的发明目的。

(2) 如何判断明显错误

首先,是判断主体。阅读权利要求书的人员是本领域的普通技术人员,不是普通的社会公众,权利要求书中明显错误的判断主体是本领域普通技术人员。本领域的普通技术人员,是指一种假设的人,假定他知晓申请日或者优先权日之前发明所属技术领域所有的普通技术知识,能够获知该领域中所有的现有技术,并且具有应用该日期之前常规实验手段的能力,但他不具有创造能力。❷ 其次,判断方法和过程。第一,阅读权利要求书,确定权利要求书的技术特征表达是否前后一致,技术方案是否能够实施;第二,进一步阅读专利说明书及附图,确定权利要求书限定的技术方案与说明书披露的技术方案是否一致,如果不一致,则可能存在明显错误。第三,看权利要求书限定的技术方案能否实现发明的目的。如果本领域技术人员通过阅读专利权利要求书和说明书,能够明确地认识到权利要求书中存在明显错误,而且基于专利的发明目的,本领域技术人员完全能够对权利要求书作出更正性的理解,则应当确认权利要求书中存在明显错误。

2. 如何对待权利要求书中的明显错误

(1) 不允许修正权利要求书中的明显错误

如果确认权利要求书中存在明显的错误,应当如何处理?一种观点是,基于权利要求的公示价值和责任自负原理,应当由专利权人承担撰写错误的后果,拒绝给予修正的机会。

---

❶ 罗霞. 专利授权确权中如何看待存在的明显错误 [J]. 电子知识产权,2012 (6):60—65.
❷ 参见:《专利审查指南 2010》第二部分第四章之"2.4 所属技术领域的技术人员"。

发明和实用新型专利授权确权的法律适用——规则与案例

早期的专利制度中，只有专利说明书，没有权利要求书。[1] 专利的保护范围通过识别说明书披露的技术方案来确定，其弊端是权利保护范围不确定，阅读专利文件的信息处理成本高。为了提高权利保护范围的确定性，减小信息处理成本，后来出现了权利要求书。权利要求书通过简练的文字表达，限定要求保护的权利范围。首先，权利要求书具有确定性，社会公众只要阅读权利要求书就可以确定专利的保护范围。其次，权利要求书具有公示作用，是权利范围的公示。它公示了权利边界，以此告诫社会公众勿擅入权利范围。最后，权利要求书节省了信息处理成本。社会公众无须深入阅读复杂的专利说明书，就能知道专利权利要求的边界，因此可以大大减小信息处理成本。正是因为权利要求书具有重要的公示作用，无论是在专利授权、确权还是侵权案件中，权利要求书都是案件审理工作的中心。

不允许修正权利要求书中明显错误的主要理由如下：

首先，权利要求书具有公示作用，为了确保权利要求的公示作用不动摇，应当确保权利要求书的确定性，不应当允许修正。如果允许修正，无疑会动摇权利要求的公示作用，损害社会公众的信赖利益。

其次，如果允许对权利要求进行修正，也与责任自负的法理不符。权利要求书是权利人撰写的，作为理性人，权利人应当预见到权利要求书撰写错误的后果，谨慎对待撰写工作，如果粗心大意、不够谨慎，应当承担由此带来的后果。

最后，如果允许权利人在授权后修正权利要求书，无疑会纵容权利人粗心大意，无法正面激励权利人认真对待权利要求书撰写工作。反之，则可以对权利要求书的撰写工作形成正面激励，

---

[1] 参见：尹新天. 中国专利法详解 [M]. 北京：知识产权出版社，2011：362-363.

有利于提升权利要求书的撰写质量,尽量避免错误的出现。

(2) 允许修正权利要求书中的明显错误

另一种观点是应当给予修正明显错误的机会,理由大致如下:

首先,给予专利权人修正错误的机会,符合"权利与贡献一致"的专利法理。专利权人作出了发明创造,向社会贡献了技术知识,应当享有与贡献相一致的权利,否则就违背了专利法中"权利与贡献一致"的法理。专利权人虽然犯了撰写错误,但应当给予其修正错误的机会,让其保有一定的权利,而不应当因撰写错误而完全剥夺其专利权。

其次,修正权利要求书中的明显错误不会破坏社会公众的信赖。专利文档包括权利要求书、说明书及附图,专利技术方案由整个专利文档体现出来,社会公众信赖的是整个专利文档,而不仅仅是权利要求书,过分强调权利要求书的公示价值缺乏客观依据。社会公众在生产经营中,如果查看专利文档,绝不会仅仅阅读权利要求书,而是一并阅读说明书及附图,当他们阅读权利要求书并意识到当中可能存在错误时,一定会结合说明书及附图对权利要求书进行修正性理解。从这个角度出发,与其让社会公众每次都作修正性理解,不如给予权利人修正的机会,以节省社会公众的阅读和信息处理成本。

最后,由于语言文字表达的特点,权利要求书中出现撰写错误在所难免,拒绝给予专利权人修正权利要求书中明显错误的机会,将使专利权人丧失整个专利权,这是对专利权人撰写错误的过度惩罚,显失公平。

(3) 法院的立场

以上两种立场各有依据,选择何种立场实际上是一个法律政策的问题。最高人民法院和北京法院的判决与上述两种立场均有差别,是对权利要求作修正性理解或解释的立场。这一判决立场当然有其逻辑道理，但是，在我国目前的专利法实践中，此种判决也会产生一些负面影响，应当认真对待。

首先，我们目前的做法并不是修正，而是所谓修正性理解或解释。根据《专利审查指南 2010》的规定，在专利确权程序中，对于专利权利要求书中的明显错误是不允许修改的。最高人民法院在上述案件中强调应当对权利要求进行修正性理解或解释，而不是真正的修正。上述案件经过法院裁判确认后，并没有一个修正权利要求书并予以公示的程序，专利复审委员会并不会给予专利权人修正错误的机会并对权利要求书重新予以公示，法院的裁判文书也不会作为专利文档一并公示。对于社会公众而言，他们看到的仍然是授权公告的具有明显错误的权利要求书，但是该权利要求书不是其本身记载的含义了，而是法院确认之后的含义。面对该权利要求书，社会公众的阅读和信息处理成本并没有降低，争讼可能还会存在。法院的裁判虽然保护了专利权人的利益，但是却减损了权利要求书的公示价值，忽略了授权公告的权利要求书与法院确认的权利要求书的含义不一致所带来的成本问题，这一成本完全由社会公众承担，专利权人只享受利益，没有承担任何成本，这实际上是一种不公平。专利权人犯了撰写错误，为什么要由社会公众来承担全部成本？因此，如果国家知识产权局缺乏配套的公示程序，法院目前的裁判具有相当的负面效应，除非法院责令国家知识产权局采取配套措施，对修正后的权利要求书重新予以公示。

其次，以上述案件为例，在专利授权阶段，审查员没有发现权利要求书中的明显错误，意味着审查员可能是按照权利要求书字面记载的含义检索现有技术，并进行新颖性、创造性判断。在专利确权程序阶段，法院赋予了权利要求修正后的含义。授权程序中审查的权利要求和法院赋予修正后含义的权利要求极有可能是不同的技术方案，这样审查员在授权阶段针对修正前的权利要求所做的新颖性、创造性判断可能就不适用于法院赋予修正后含义的权利要求。这就意味着法院赋予修正后含义的权利要求是否具备新颖性、创造性，值得怀疑。

（4）对上述立场的评价

不允许修正权利要求书中明显错误的立场，侧重维护权利要求的公示价值，保护社会公众的信赖利益，也有利于激励专利申请人提升权利要求书的撰写水平，就此而言，此种立场具有强大的说服力。但是，如果不提供任何修正错误的机会，实际上就是对专利权人撰写错误的惩罚，这种惩罚完全没有考虑专利权人作出的技术贡献，超出了必要的限度，并不公平。

允许修正权利要求书中明显错误的立场，侧重考虑专利权人作出的技术贡献，保护专利权人的合法利益，不主张过度惩罚专利权人的撰写错误，符合"权利与贡献一致"的专利法理，更加贴近专利申请制度运作情况，是一种务实的态度。但是，允许修正应当要附条件，如果不附任何条件，则会过度减损权利要求的公示价值，损害社会公众的信赖利益。

最高人民法院在上述案件中持修正性解释权利要求的立场，这一立场的利弊已如上述，不再赘述。

综上，本书认为，从兼顾专利权人利益和社会公众利益的立场出发，最好的办法是给予专利权人修正明显错误的机会，同时要将修正结果予以公告。可喜的是，根据《国家知识产权局关于修改〈专利审查指南〉的决定》（2017），在专利确权程序中，专利权人可以修正权利要求中的明显错误。[1]

---

[1] 参见：国家知识产权局第74号令：《国家知识产权局关于修改〈专利审查指南〉的决定》（2017）第八节的内容，该决定可以从国家知识产权局官方网站下载。

第四章　专利申请文件和专利文件的修改

第一节　专利申请文件的修改

一、《专利法》第三十三条的基本文义

《专利法》第三十三条规定:"申请人可以对其专利申请文件进行修改,但是,对发明和实用新型专利申请文件的修改不得超出原说明书和权利要求书记载的范围,对外观设计专利申请文件的修改不得超出原图片或者照片表示的范围。"根据《专利审查指南2010》的规定,对专利申请文件的修改不得超出原说明书和权利要求书记载的范围,原说明书和权利要求书记载的范围包括原说明书和权利要求书文字记载的内容和根据原说明书和权利要求书文字记载的内容以及说明书附图能直接地、毫无疑义地确定的内容。❶ 以上是关于专利申请文件修改的实证法律规范。

从法理上进行解读,《专利法》第三十三条包括了以下两层含义。

---

❶ 参见:《专利审查指南2010》第二部分第八章第5.2.1.1节"修改的内容和范围"。

（一）《专利法》第三十三条允许专利申请人对专利申请文件进行修改

首先，专利申请人有修改专利申请文件的现实需要。专利申请文件的撰写难免存在缺陷，为了使专利申请文件更加精确、完美，进行修改是十分正常的。比如，对说明书做一些局部的调整、完善，对权利要求重新进行调整、概括，这些都是显而易见的需要。

其次，专利申请人的修改自由应当受到保障。修改专利申请文件，既是专利申请人的现实需要，也是其基本的权利。专利申请文件是专利申请人的作品，专利申请人对此享有修改的自由和权利，这点毋庸置疑，应当受到保障。只要专利申请人对专利申请文件的修改不损害社会公众的利益、不过度拖延专利审查程序，就应当受到尊重和保障。

最后，允许专利申请人修改专利申请文件，有利于完善和提高我国的专利质量。我国《专利法》实施才30多年，实践经验尚不够丰富，专利申请文件的撰写水平、专利的质量都有待提升。赋予专利申请人修改专利申请文件的自由，可以有效提升专利申请文件的质量和授权专利的质量，具有积极的现实意义。

（二）《专利法》第三十三条对专利申请文件的修改进行了限制

自由从来都是有边界的。《专利法》第三十三条赋予专利申请人修改专利申请文件的自由的同时，也对修改自由进行了限制，即"对发明和实用新型专利申请文件的修改不得超出原说明书和权利要求书记载的范围，对外观设计专利申请文件的修改不得超出原图片或者照片表示的范围"。限制修改自由的目的在于：第一，维系我国的专利先申请制度；第二，避免专利申请人滥用修改权利损害社会公众的信赖利益。下文详细阐述，此处暂且不论。

二、《专利法》第三十三条的立法目的

尽管《专利法》和《专利审查指南 2010》对专利申请文件的修改作出了具体的规定，但是实践中对上述法条的适用标准存在极大的争议。何谓"原说明书和权利要求书记载的范围"？如何理解"根据原说明书和权利要求书文字记载的内容以及说明书附图能直接地、毫无疑义地确定的内容"？对这些问题的理解，争议极大。在实践中，国家知识产权局专利局、专利复审委员会对此适用比较严格的标准，通过《专利法》第三十三条驳回了许多专利申请。

为了准确适用上述法律规定，理解《专利法》第三十三条的立法目的，极为重要。概括起来，《专利法》第三十三条旨在实现以下立法目标：

第一，维护先申请制度，防止专利申请人抢占申请日，然后在申请日后补入新的发明内容，不当得利。根据《专利法》第九条的规定，我国实行专利先申请制度，当两个以上的申请人分别就同样的发明创造申请专利的，专利权授予最先申请的人。先申请制度与先发明制度相比，其优点在于制度实施成本低、效率高，容易操作。这是因为证明谁是先申请人相比于证明谁是先发明人，要容易得多。但是，先申请制度也可能会导致专利申请人急于将尚未完成的发明向国家知识产权局提出专利申请，抢占专利申请日，然后再补充完善发明技术方案，并通过修改的方式将申请日后完成的技术内容补入专利申请文件。为了消除先申请制度可能带来的弊端，从根本上维护先申请制度，有必要防止专利申请人抢占申请日并将申请日后完成的技术内容补入专利申请文件。《专利法》第三十三条旨在实现这一制度目标。因此，适用《专利法》第三十三条，就要防止专利申请人将申请日后完成的

技术内容补入专利申请文件，只要在专利申请文件的修改中不引入新的技术内容，就符合《专利法》第三十三条的规定。

第二，维护信赖利益保护原则，避免损害社会公众因信赖专利申请文件所产生的信赖利益。专利申请文件一经公开，社会公众就信赖专利申请文件记载的技术内容，并据此展开生产经营活动。如果专利申请人补入新的技术内容，则意味着其变更了发明技术方案，这样必然会损害社会公众对原专利申请文件的信赖利益。因此，《专利法》第三十三条的又一个立法目的是要维护信赖利益保护原则。

第三，《专利法》第三十三条的第三个立法目的是实现专利申请人的利益与社会公众利益之间的平衡。《专利法》第三十三条一方面允许专利申请人修改专利申请文件，保护专利申请人的利益；另一方面又对专利申请文件的修改进行限制，保护社会公众信赖专利申请文件所产生的信赖利益，实现专利申请人的利益和社会公众信赖利益的平衡。

三、《专利法》第三十三条的适用标准

（一）目前实践中的适用情况

目前的专利授权确权实践中，专利复审委员会一般都贯彻《专利审查指南2010》的规定，对《专利法》第三十三条的适用标准是"对专利申请文件的修改的适用不得超出原说明书和权利要求书记载的范围，原说明书和权利要求书记载的范围包括原说明书和权利要求书文字记载的内容和根据原说明书和权利要求书文字记载的内容以及说明书附图能直接地、毫无疑义地确定的内容"。重点是确定修改后的内容在原说明书和权利要求书中有没有明确的文字记载，或者能不能根据原说明书和权利要求书直接地、毫无疑义地确定。所谓"直接地、毫无疑义地确定"，就是

判断原说明书和权利要求书的字里行间是否明确地表达了修改后的内容。根据专利复审委员会的若干决定，原说明书和权利要求书的隐含之义，或者原说明书和权利要求书隐含公开的内容，并不属于根据原说明书和权利要求书能"直接地、毫无疑义地确定"的内容。

近几年，最高人民法院相继审理过几个比较典型的涉及《专利法》第三十三条的案件。不过，最高人民法院在前后几个案件中的表述并不相同。在"墨盒案第一季"中，最高人民法院认为：对于"原说明书和权利要求书记载的范围"，应该从所属技术领域普通技术人员角度出发，以原说明书和权利要求书所公开的技术内容来确定……原说明书和权利要求书记载的范围应该包括如下内容：一是原说明书及其附图和权利要求书以文字或者图形等明确表达的内容；二是所属技术领域普通技术人员通过综合原说明书及其附图和权利要求书可以直接、明确推导出的内容。只要所推导出的内容对于所属技术领域普通技术人员是显而易见的，就可认定该内容属于原说明书和权利要求书记载的范围。与上述内容相比，如果修改后的专利申请文件未引入新的技术内容，则可以认定对该专利申请文件的修改未超出原说明书和权利要求书记载的范围。❶ 从上述表述来看，"原说明书和权利要求书记载的范围"＝"原说明书和权利要求书明确表达的内容"＋"从原说明书和权利要求书可以直接、明确推导出的内容"。在"墨盒案第二季"中，最高人民法院继续坚持"墨盒案第一季"的适用标准。❷ 这一标准可以概括为"直接、明确推导"的标准。

在"后换挡器支架"案中，最高人民法院认为："原说明书

---

❶ 参见：最高人民法院（2010）知行字第53号行政裁定书。
❷ 参见：最高人民法院（2010）知行字第53-1号行政裁定书。

和权利要求书记载的范围"具体可以表现为：原说明书及其附图和权利要求书以文字和图形直接记载的内容，以及所属技术领域普通技术人员根据原说明书及其附图和权利要求书能够确定的内容。审查专利申请文件的修改是否超出原说明书和权利要求书记载的范围，应当考虑所属技术领域的技术特点和惯常表达、所属技术领域普通技术人员的知识水平和认知能力、技术方案本身在技术上的内在必然要求等因素，以正确确定原说明书和权利要求书记载的范围。❶ 从该判决的表述来看，"原说明书和权利要求书记载的范围"="原说明书和权利要求书直接记载的内容"+"根据原说明书和权利要求书能够确定的内容"。这一标准可以概括为"根据原说明书和权利要求书能够确定"的标准。但是，何谓"根据原说明书和权利要求书能够确定的内容"？根据原说明书和权利要求书，能够确定什么内容？这些问题都需要进一步厘清。

在"墨盒案"中，最高人民法院针对"原说明书和权利要求书记载的范围"提出了"直接、明确推导"的标准；但是，在"后换挡器支架"案中，最高人民法院又提出了"根据原说明书和权利要求书能够确定"的标准。前后两个标准显然存在差异，前者为"根据原说明书和权利要求书能够直接、明确推导的内容"，后者为"根据原说明书和权利要求书能够确定的内容"，"推导"和"确定"显然不同，"推导"的内容范围要大于"确定"的内容。由此可见，最高人民法院在《专利法》第三十三条的适用标准上也前后摇摆不定。

(二)《专利法》第三十三条适用标准解析

实践中对于如何适用《专利法》第三十三条仍然存在很多争

---

❶ 参见：最高人民法院（2013）行提字第21号行政裁定书。

议，并未达成共识。笔者认为，为了妥善适用《专利法》第三十三条，应当回归该条的立法目的，只有符合立法目的的适用标准，才合法、妥当。前文已述，《专利法》第三十三条的立法目的在于维护专利先申请制度、保护社会公众的信赖利益、维护专利申请人利益和社会公众信赖利益的平衡。为了实现《专利法》第三十三条的上述立法目的，应当将《专利法》第三十三条的适用标准确定为修改后的专利申请文件（或专利文件）未引入原说明书及权利要求书中未公开的技术内容。

首先，《专利法》第三十三条规定中"原说明书和权利要求书记载的范围"应当解释为"原说明书和权利要求书公开的范围"，"记载的范围"即为"公开的范围"。其一，专利申请人向社会公开的技术信息范围，即为社会公众信赖的范围。只要修改后的内容不超出原说明书和权利要求书公开的范围，就不会损害社会公众的信赖利益。其二，只要修改后的内容不超出原说明书和权利要求书公开的范围，也就不会冲击我国的专利先申请制度。为了维护专利先申请制度，专利申请人不得将申请日后作出的发明内容写入原专利申请文件中。如果修改后的内容未超出原说明书和权利要求书公开的范围，则意味着专利申请人未将申请日后作出的未记载在原专利申请文件中的发明内容写入原专利申请文件中，也就意味着专利先申请制度得到了维护。其三，坚持"修改后的内容不超出原说明书和权利要求书公开的范围"，也能较好地实现专利申请人的利益和社会公众利益之间的平衡。一方面，确保专利申请人在原说明书和权利要求书公开的范围内享有修改专利申请文件的自由，可以较好地保障专利申请人的利益；另一方面，确保专利申请人对专利申请文件的修改不超出原说明书和权利要求书公开的范围，也能保障社会公众对原专利申请文件产生的信赖利益。总之，将《专利法》第三十三条规定中"原说明书和权利要求书记载的范围"解释为"原说明书和权利要求书公开的范围",符合《专利法》第三十三条的立法目的。

其次,"公开的范围"不仅包括原专利申请文件中明确公开的范围,而且也包括隐含公开的范围。我们看一份专利说明书公开了什么内容,不仅要看其文字明确公开了什么内容,还要看其字里行间隐含公开了什么内容。例如,对于涉案专利申请所属技术领域的公知常识,即使说明书未明确记载,但已隐含其间,所属技术领域的技术人员通过阅读说明书能够知道其间隐含了这一公知常识的,应当认定该公知常识被说明书公开了。在撰写专利申请文件时,专利申请人没有必要、也不可能将每一个技术信息都交代得十分详细,这样既无必要,也浪费时间和精力。所属技术领域的公知常识即使不写入专利文件中,也隐含在专利文件中,所属技术领域的技术人员完全可以解读出来。比如,涉案专利申请的发明客体为自行车,由于车轮是自行车的常规部件,此乃公知常识,即使权利要求书和说明书未明确记载车轮,也应当认为该专利申请隐含公开了车轮这一部件。专利申请人事后通过修改加入车轮部件,符合《专利法》第三十三条的规定。又如,涉案专利申请的客体为一个无线电通信装置,原专利申请文件记载了收发信号的接收机和发射机,没有记载天线部件。由于接收机和发射机之间通过天线完成信号收发是不言自明的公知常识,因此,即使专利申请文件未记载天线部件,该无线电通信装置也当然公开了天线这一部件。专利申请人在专利申请日后通过修改的方式将天线加入原专利申请文件,符合《专利法》第三十三条的规定。

再次,只要修改的内容未超出原专利说明书和权利要求书公开或隐含公开的技术信息的范围,就符合《专利法》第三十三条的规定。换句话说,与原专利说明书和权利要求书公开(包括隐含公开)的技术信息相比,申请日后通过修改方式补入的技术信息不属于新的技术信息,这种修改方式就符合《专利法》第三十三条的规定。

最后,判断修改是否符合《专利法》第三十三条的规定,应当站在所属技术领域的技术人员的视角进行。所属技术领域的技术人员,是指一种假设的"人",假定他知晓申请日或者优先权日之前发明所属技术领域所有的普通技术知识,能够获知该领域中所有的现有技术,并且具有应用该日期之前常规实验手段的能力,但他不具有创造能力。统一判断主体,对于认定原专利说明书和权利要求书公开的技术信息的范围,对于认定修改是否符合《专利法》第三十三条的规定,具有重要意义。

四、说明书和权利要求书的具体修改规则

根据《专利法》第三十三条的规定,说明书的修改,只要不超出原说明书及权利要求书记载的范围(即公开的技术信息的范围),即符合法定要求。权利要求书的修改,亦如此。但是,在不超出原说明书及权利要求书记载的范围的前提下,修改后的权利要求是否可以扩大保护范围?对此还有必要作进一步的讨论。目前,业界存在两种观点。

观点一:以专利申请文件是否向社会公众公开为标准作出区分,对于实用新型专利申请以及尚未公开的发明专利申请,修改后的权利要求能够以说明书为依据的,即认定该修改没有超出原说明书和权利要求书记载的范围;对于已经公告的发明专利申请,专利申请人以原说明书、附图中记载的技术内容为依据,在原权利要求限定的保护范围内进行修改,并且修改后的权利要求能够以说明书为依据的,即认定该修改没有超出原说明书和权利要求书记载的范围。

该观点认为,一旦专利申请文件通过国家知识产权局向社会公众公开了,原权利要求就为社会公众所知晓,社会公众对该权利要求的保护范围产生了信赖,形成了信赖利益。如果专利申请

人事后通过修改的方式扩大了权利要求的保护范围，就会损害社会公众信赖原权利要求所产生的信赖利益。因此，基于信赖利益保护原则，公开后的权利要求不得通过修改的方式扩大其保护范围。对于实用新型专利申请以及尚未公开的发明专利申请，由于尚未向社会公众公开，社会公众对之并未产生信赖利益，修改后的权利要求即使扩大了保护范围，也不会对社会公众造成任何损害，因此，只要能够得到说明书的支持，即为合法。

观点二：不区分专利申请文件是否向社会公众公开，只要修改后的权利要求能够得到原说明书和权利要求书的支持，即认定该修改没有超出原说明书和权利要求书记载的范围。这种观点也被称为"支持论"——即修改后的权利要求得到原说明书和权利要求书的支持。

贯彻"支持论"的观点会损害社会公众的信赖利益吗？假设专利申请文件公开后，修改后的权利要求虽然能够得到说明书的支持，但是扩大了保护范围，这会损害社会公众的信赖利益吗？如果社会公众信赖的对象仅仅是原专利申请文件的权利要求，则贯彻"支持论"的观点会损害社会公众的信赖利益。否则，即不会损害社会公众的信赖利益。因此，关键是要确定发明专利申请公开后授权前社会公众的信赖对象和预期是什么。对此，我们应当结合《专利法》第三十三条的规定进行分析。《专利法》第三十三条已明文规定，专利申请人可以修改原权利要求书和说明书。因此，社会公众应当预见，专利申请人在申请日后极有可能修改权利要求书，其既可能扩大原权利要求的保护范围，也可能缩小原权利要求的保护范围，两种修改方式只要不超出原说明书和权利要求书公开的范围，都是合法的。专利申请文件公开后，社会公众信赖的对象是原说明书和权利要求书，而不仅仅是原权利要求书。因此，笔者认为，只要修改后的权利要求不超出原说明书和权利要求书公开的范围，能够得到说明书支持的，就符合

《专利法》第三十三条的规定。贯彻"支持论"的观点并不会损害社会公众的信赖利益。

在"计算机监控防误装置专用电磁锁"实用新型专利权无效行政纠纷案中,北京市高级人民法院明确表达了"支持论"的观点,认为:"权利要求书的修改,只要能够得到原说明书和权利要求书的支持,表明其意图获得的保护范围与其在原说明书和权利要求书中的技术贡献是匹配的,既不会获得不正当的利益,也不会损害他人合法权益,因此应当予以允许。"❶

比较法上,欧洲专利局也采纳上述第二种观点。根据《欧洲专利公约》第 123 条第 2 款的规定,修改后的专利申请文件不得包含任何超越原申请内容的客体。实践中,在遵循该项规定的前提下,扩大权利要求保护范围的修改方式是允许的,只要修改后的权利要求没有超出原申请文件公开的内容。❷

五、典型案例评析

【案例 4-1】南京胜太电力工程有限公司与专利复审委员会及珠海优特电力科技股份有限公司实用新型专利权无效行政纠纷案❸

◆ 基本案情

涉案实用新型专利名称为"计算机监控防误装置专用电磁锁",申请号为 200620126279.9,申请日为 2006 年 10 月 30 日,授权公告日为 2008 年 2 月 6 日。涉案专利申请时的权利要求书如下:

"1. 一种电磁锁,在锁的动作点设置一对常闭常开双接点的

---

❶ 参见:北京市高级人民法院(2014)高行终字第 66 号行政判决书。
❷ 参见:汉斯·高德,克里斯·阿贝尔特. 欧洲专利公约手册[M]. 王志伟,译. 北京:知识产权出版社,2008:66—68.
❸ 参见:北京市高级人民法院(2014)高行终字第 66 号行政判决书。

微开关，微开关接入计算机监控系统回路，其特征是锁的不同动作使微开关状态发生变化，通过微开关把锁的状态信号准确传送给计算机监控系统。"

2007年6月29日，国家知识产权局向南京胜太电力工程有限公司（以下简称"胜太公司"）发出补正通知书，指出涉案专利的原始申请文件存在缺陷。胜太公司收到国家知识产权局发出的上述补正通知书后，对涉案专利文件进行了相应的修改。胜太公司对涉案专利文件进行第一次修改后，国家知识产权局于2007年8月17日向胜太公司发出著录项目变更通知书和第二次补正通知书，上述通知书指出涉案专利说明书附图的说明部分不完整，缺少对附图4的说明，不符合《专利法实施细则》第十八条第一款第（四）项的规定，胜太公司应该对其进行修改。胜太公司收到国家知识产权局的上述通知书后，再次对涉案专利的申请文件进行了修改。修改之后，国家知识产权局于2008年2月6日对涉案专利授予了实用新型专利权。

涉案专利授权公告的权利要求书如下："1. 计算机监控防误装置专用电磁锁，其特征是线圈与行程开关相接，锁芯设置在线圈的一侧，指示钉与行程开关相接；接地插孔、微开关装在锁体上，接地棒通过接地插孔与微开关在工作状态下相接，解锁孔安装在锁芯的一侧。"

相对于原说明书，授权的说明书第1页第3段增加了"提供一种计算机监控防误装置专用电磁锁"，第1页第4段增加了"其特征是线圈与行程开关相接，锁芯设置在线圈的一侧，指示钉与行程开关相接；接地插孔、微开关装在锁体上，接地棒通过接地插孔与微开关在工作状态下相接，解锁孔安装在锁芯的一侧"，第2页倒数第2段增加了"对照附图，其结构是线圈2与行程开关3相接，由行程开关3控制线圈电源的通断，锁芯4设置在线圈2的一侧，工作时，它将锁芯4吸合，指示钉5与行程开关 3 相接，工作时指示灯亮；接地插孔 6、微开关 7 装在锁体上，接地棒 9 通过接地插孔 6 与微开关 7 在工作状态下相接，通过微开关 7 的通断显示接地棒 9 是否插入接地插孔 6；解锁孔 8 安装在锁芯 4 的一侧，接地线接入孔 10 装在接地棒 9 内，用于装入接地线"。

原说明书记载的"由于接地棒 9 的插入而改变了微开关 7 的触片 12 的位置，从而向计算机监控系统发出状态信号"，在授权的说明书中被修改为"微开关 7 由于接地棒的插入而改变状态，从而向计算机监控系统发出状态信号"。

2012 年 4 月 23 日，珠海优特电力科技股份有限公司（以下简称"优特公司"）针对涉案专利向专利复审委员会提出无效宣告请求，其理由包括涉案专利说明书及权利要求 1 的修改不符合《专利法》第三十三条的规定。

2012 年 7 月 18 日，专利复审委员会举行了口头审理。2012 年 7 月 20 日，专利复审委员会作出第 19033 号决定，认为：

1. 关于微开关

原说明书及权利要求书记载的"微开关"为：在锁的动作点设置一对常闭常开双接点的微开关，微开关接入计算机监控系统回路，通过微开关把锁的动作信号准确输送到计算机监控系统。授权的权利要求 1 中除限定"微开关装在锁体上"之外未对"微开关"的数量、结构类型以及信号传递途径进行任何限定。不再限制微开关的数量使得其保护范围由原来的一对变成涵盖多对或者不成对，而且现实中也常常会担心一对微开关的接点不可靠或需要提供多对接点的情况，而采用多对接点；不再限制微开关的结构类型使得其保护范围由原来的常闭常开双接点开关变成涵盖仅有常开，或者仅有常闭，或者单接点开关等各种类型；此外，原申请文件中仅记载了微开关接入计算机监控系统回路这样唯一一种信号传递途径的工作方式，而不再限制上述计算机监控系统的信号采集途径同样会导致权利要求1保护范围的扩大。因此，对于"微开关"的修改客观导致了授权的权利要求1不当地扩大了保护范围，而且该保护范围的扩大不能根据原说明书和权利要求书记载的范围无法直接地、毫无疑义地确定，因此超出了原说明书和权利要求书记载的范围，不符合《专利法》第三十三条的规定。

2. 关于接地棒

授权的权利要求1及说明书第1页倒数第4行、第2页倒数第4行中的"接地棒通过接地插孔与微开关在工作状态下相接"并未在原申请文件记载。而且，原说明书第1页最后1段具体实施方式部分记载的"由于接地棒9的插入而改变了微开关7的触片12的位置，从而向计算机监控系统发出状态信号"，在授权的说明书第3页具体实施方式中被修改为"微开关7由于接地棒的插入而改变状态，从而向计算机监控系统发出状态信号"。一方面，原申请文件对微开关有特定限定；另一方面，上述修改将原带有触片的微开关扩大为任意形式的微开关，涵盖了不在原申请范围内的"触点式微开关""点帽微开关"等各种微开关形式，不当地扩大了保护范围；再者，原始公开的技术内容"接地棒改变微开关的触片的位置"变为"接地棒与微开关在工作状态下相接"，上述技术内容的改变并不能从原说明书和权利要求书记载的范围中直接地、毫无疑义地确定，因此上述对说明书和权利要求书的修改不符合《专利法》第三十三条的规定。

3. 关于接地插孔、微开关、锁体、解锁孔、锁芯、线圈之间的位置关系

授权的权利要求1及说明书中增加了"接地插孔、微开关装在锁体上"的技术特征，但"锁体"这一措辞并未在原申请文件记载，虽然原说明书附图1中标示出"接地插孔6"和"微开关7"，但现有技术中电磁锁整体、电磁锁外壳或者锁的固定件都可

以被称为锁体,对于具有立体结构的电磁锁来说,上述增加的特征是无法从原说明书和权利要求书记载的范围中直接地、毫无疑义地确定的。

授权的权利要求 1 及说明书中增加了"解锁孔安装在锁芯的一侧"的技术特征。原说明书附图 1 中附图标记 8(解锁孔)分别出现在线圈 2 之上,以及线圈 2 与微开关 7 之间的位置。因此根据原说明书和权利要求书记载的范围,尤其包括说明书附图均无法直接地、毫无疑义地确定上述增加的技术特征。

综上所述,以上列出的各处修改要么直接导致了权利要求 1 修改超范围;要么由于对说明书的修改影响到对应的权利要求 1 的保护范围,因此应当宣告权利要求 1 无效。由于涉案专利全部权利要求不符合《专利法》第三十三条的规定,因此专利复审委员会对于提出的其他无效宣告请求理由及证据该决定不再涉及。

综上,专利复审委员会作出第 19033 号决定,宣告涉案专利全部无效。

胜太公司不服第 19033 号决定提起行政诉讼。

北京市第一中级人民法院认为,涉案专利的授权文本将原始申请文件权利要求书中对"微开关"的具体限定全部删除,使得修改后权利要求的保护范围扩大至所有类型的微开关,而涉案专利原始说明书除了对"常开常闭两副接点"微开关可以适用于涉案专利产品有明确记载外,对其他类型的微开关是否适用于涉案专利产品均未予以记载,从该说明书中也无法直接地、毫无疑义地推导出全部类型的微开关均能适用于涉案专利产品的结论。因此,涉案专利授权公告文本中对于"微开关"的记载亦缺乏相应的修改依据,属于修改超范围。

涉案专利原始授权文件说明书中记载有"由于接地棒(9)的插入而改变了微开关(7)触片(12)的位置,从而向计算机监控系统发出状态信号"的内容。从该内容可知,原始申请文件中对于接地棒和微开关之间如何配合进行了描述，其详细指出两个部件之间的配合是通过"改变触片位置"这一具体动作实现的。涉案专利授权公告文本将上述配合关系修改为"接地棒通过接地插孔与微开关在工作状态下相接"，上述修改使得两个部件之间通过何种动作实现配合的技术内容被删除，从而使得接地棒和微开关之间还存在其他多种工作配合方式或动作，而其他方式的配合方式或动作方式在涉案专利原始申请文件中并未记载。因此，涉案专利授权公告文本的上述修改超出了原始申请文件的记载范围，亦无法从原始申请文件中直接地、毫无疑义地推导出，属于修改超范围。

涉案专利原始申请文件中的附图1已经明确显示了"解锁孔（8）安装在锁芯（4）的一侧"的技术特征，在涉案专利授权文本中所补充加入的上述信息是本领域技术人员从涉案专利原始申请文件中可以直接推导出的技术内容，第19033号决定中关于在涉案专利授权公告文本中增加了上述技术特征属于修改超范围的认定错误，应当予以纠正。

第19033号决定的事实认定虽然存在部分错误，但该决定中关于涉案专利授权文本中"微开关"和"接地棒"的修改不符合《专利法》第三十三条规定的认定正确，涉案专利授权公告文本仍存在修改超范围的缺陷，要求撤销第19033号决定的诉讼请求应当不予支持。

北京市第一中级人民法院依照《行政诉讼法》第五十四条第（一）项的规定，判决维持第19033号决定。

胜太公司不服一审判决，向北京市高级人民法院提起上诉，请求撤销一审判决和第19033号决定，判令专利复审委员会重新作出无效宣告请求审查决定。其上诉理由是：（1）一审法院以机械行业标准对微开关进行定义解释，从而认为对微开关的修改超出了原申请文件保护范围，不符合《专利法》的规定，应当予以撤销。涉案专利原说明书和涉案专利说明书中均出现"微开关""一对常闭常开双接点的微开关"和"常开常闭两副接点"三组词在同一含义上交替使用。"微开关"就是指"一对常闭常开双接点的微开关",这种修改在原说明书中有依据,并未产生新的内容,未超出原说明书和权利要求书记载的范围。(2)"电磁锁通过何种方式向计算机监控系统传递信号"的技术特征并未从原权利要求书中删除,涉案专利说明书第3页第3~5行已经对电磁锁通过何种方式向计算机监控系统传递信号"进行了清楚说明和限定,因而涉案专利权利要求书这样修改只是改变了表述方式,计算机监控系统的信号采集方式仍是唯一确定的,既未超出原说明书和权利要求书记载的范围,也未导致权利要求保护范围的扩大。一审判决对此事实认定错误。(3)"由于接地棒9的插入而改变了微开关7的触片12的位置"与"微开关由于接地棒的插入而改变状态"表述的是同一个意义,这种修改是能够直接地、毫无疑义地确定的,没有超范围。(4)优特公司在一审庭前提交的证据即机械行业标准JB/T3022—2004,在法庭上并未质证,不能作为定案依据。一审判决将此作为定案依据,违反法定程序。

北京市高级人民法院认为:

1. 关于专利申请文件的修改规则

《专利法》第三十三条的立法目的是:第一,保护专利申请人的修改权利。一方面,在程序上,应当给予修改的机会;另一方面,在实体上,只要是原说明书和权利要求书公开的技术贡献,在程序上符合要求,原则上应当允许专利申请人通过修改将原说明书和权利要求书公开的技术贡献纳入保护范围。第二,限制专利申请人的修改。一方面,应当维护先申请原则,不允许增加原说明书和权利要求书没有公开的技术信息,架空先申请原则,获得不正当利益;另一方面,应当防止修改专利申请文件而损害他人合法权益。

在授权之前，影响专利申请文件修改是否超范围的主要因素有：第一，修改对象，权利要求书和说明书的作用不同、法律地位不同、修改规则也不完全相同。在授权之前，说明书的修改应当严格遵守先申请原则，不允许增加原说明书和权利要求书没有公开的技术信息，架空先申请原则。说明书的修改，如果产生了本领域技术人员不能从原说明书和权利要求书中直接地、毫无疑义地确定的技术内容，这样的修改应当被认定为超范围。权利要求书的修改，只要能够得到原说明书和权利要求书的支持，表明其意图获得的保护范围与其在原说明书和权利要求书中的技术贡献是匹配的，既不会获得不正当的利益，也不会损害他人合法权益，因此应当予以允许。第二，修改时机，主动修改和被动修改的规则也不相同。如果是主动修改，只要符合先申请原则，没有增加与原说明书和权利要求书公开的技术内容之外的技术信息，而且符合技术贡献匹配原则，能够得到原说明书和权利要求书公开的技术内容的支持，就不会获得不正当的利益，又不会损害社会公众的利益，应当予以准许。如果是被动修改，除上述限制外，应当遵守国家知识产权局的相关要求。如果不遵守国家知识产权局规定的限制条件，可能导致专利审查程序的不适当拖延，浪费审查成本。

2. 关于微开关的修改

一审法院没有对优特公司提交的机械行业标准 JB/T3022—2004 进行质证即予以采信，确属程序违法。虽然有关微开关的证据没有经过质证，但是该证据系用于确定本领域技术人员的知识水平，即使没有该证据，本领域技术人员也能够知晓微开关的类型。胜太公司也认可关于微开关类型的相关认定。因此，一审法院的程序瑕疵，并不影响相关事实认定，不足以支持胜太公司的上诉主张。胜太公司的相关上诉主张，应当不予支持。

在该案中，争议的关键在于权利要求书关于"微开关"的修改是否符合《专利法》第三十三条的规定。涉案专利权利要求书对"微开关"的修改，相对于原说明书和权利要求书公开的技术信息而言，有两方面的影响：

第一，扩大了保护范围，将所有微开关均纳入修改后的权利要求保护范围。对本领域技术人员而言，使用其他微开关或者多对微开关，是否能够实现涉案专利权利要求 1 所要解决的技术问题，是判断权利要求书修改是否得到原说明书和权利要求书的支持的关键。如果能够得到支持，表明权利要求书的修改并没有使专利申请人获得与其在原说明书和权利要求书中公开的技术贡献不匹配的保护范围，也不会损害他人合法权益；如果不能得到支持，表明修改后的权利要求书使专利申请人获得了与其在原说明书和权利要求书中公开的技术贡献不匹配的保护范围，专利申请人获得了不正当的利益，也可能会损害他人合法权益。

原说明书只是公开了使用一双常闭常开微开关能够实现技术方案所要解决的技术问题，没有公开本领域技术人员使用其他微开关或多对微开关是否能够实现技术方案、解决相应技术问题，因此根据该案现有证据应当认定修改后涵盖各种类型和数量的微开关得不到原说明书和权利要求书的支持，与其在原说明书和权利要求公开的技术贡献不匹配，超出了原说明书和权利要求书记载的范围。

第二，扩大了信号传递路径的具体方式。本领域技术人员在原说明书和权利要求书基础上，可以根据需要来确定信号传递路径，从而解决相应技术问题，实现相应技术效果。这种修改，虽然相对于原权利要求书扩大了保护范围，但是修改之后的保护范围能够得到原说明书和权利要求书的支持，因此这个修改并不超范围。

3. 关于接地棒的修改

关于接地棒与微开关的连接方式，说明书和权利要求书均有

第四章　专利申请文件和专利文件的修改

修改，正如前面所述，对权利要求书和说明书的修改规则不完全相同，因此应当分别予以评述。

对授权公告前的说明书的修改，应当严格遵守先申请原则，不得增加本领域技术人员依原说明书和权利要求书不能直接地、毫无疑义地确定的技术信息。原说明书中只是公开了"接地棒改变微开关的触片的位置"，而修改以后的说明书却变为"接地棒与微开关在工作状态下相接"，很明显，修改以后的说明书相应部分将"接地棒改变微开关的触片的位置"以外的其他具体连接方式也增加进来，这些增加的技术信息，是本领域技术人员依据原说明书和权利要求书并不能直接地、毫无疑义地确定的技术信息。如果允许这样的修改，将会架空先申请原则，因此，这样的修改不应当允许，应当认定为超出了原说明书和权利要求书公开的技术信息的范围，不符合《专利法》第三十三条的规定。

对于授权公告前的权利要求的修改，需要判断其是否能够得到原说明书和权利要求书的支持。修改后的权利要求1在原说明书只是公开了"接地棒改变微开关的触片的位置"的基础上限定"接地棒与微开关在工作状态下相接"，相对于原说明书记载的内容而言，明显扩大了保护范围，涵盖了接地棒与微开关的其他具体连接方式。与此同时，"微开关"也修改为不仅仅限于原说明书公开的"常闭常开两副触点"微开关，而包括所有类型的微开关。在涉案专利权利要求1没有具体限定微开关的类型，而且说明书没有公开其他类型和数量的微开关如何与接地棒具体连接、是否能够解决相应技术问题并取得相应技术效果的情况下，根据在案证据不能认定本领域技术人员能够根据原说明书和权利要求书的公开内容能够实现修改后权利要求书要求保护的全部技术方案。因此，应当认定修改以后的权利要求1不能得到原说明书和权利要求书的支持。

综上，专利复审委员会和一审法院认为说明书和权利要求中关于"接地棒与微开关在工作状态下相接"的此项修改超出了原说明书和权利要求书记载的范围，不符合《专利法》第三十三条的规定，结论正确。胜太公司的相应上诉主张，无事实和法律依据，应当不予支持。

北京市高级人民法院遂判决驳回上诉，维持原判。

◆ 评　述

在该案中，二审判决认为权利要求书和说明书的作用不同，法律地位不同，修改规则也不完全相同。在授权之前，说明书的修改应当严格遵守先申请原则，不允许增加原说明书和权利要求书没有公开的技术信息，架空先申请原则。权利要求书的修改，只要能够得到原说明书和权利要求书的支持，即应当予以允许。这一裁判标准是非常正确的，其关于权利要求书的修改规则，体现了"支持论"的观点，既不会损害社会公众的信赖利益，也有利于保护专利申请人的技术贡献，在专利申请人和社会公众之间取得了较好的利益平衡，值得提倡。

质疑者认为贯彻"支持论"的观点是否会损害社会公众的信赖利益。笔者认为，这种担心是没有必要的。《专利法》第三十三条已明文规定，专利申请人可以修改原权利要求书和说明书。因此，社会公众应当预见，专利申请人在申请日后极有可能修改权利要求书，其既可能扩大原权利要求的保护范围，也可能缩小原权利要求的保护范围，两种修改方式只要不超出原说明书和权利要求书公开的范围，都是合法的。专利申请文件公开后，社会公众信赖的对象是原说明书和权利要求书，而不仅仅是原权利要求书。因此，只要修改后的权利要求不超出原说明书和权利要求书公开的范围，能够得到说明书支持的，就符合《专利法》第三十三条的规定。贯彻"支持论"的观点并不会损害社会公众的信赖利益。

第二节 专利文件的修改

一、现行法律规范的检讨

我国《专利法实施细则》第六十九条规定:"在无效宣告请求的审查过程中,发明或者实用新型专利的专利权人可以修改其权利要求书,但是不得扩大原专利的保护范围。发明或者实用新型专利的专利权人不得修改专利说明书和附图,外观设计专利的专利权人不得修改图片、照片和简要说明。"据此,在专利确权程序中,专利权人可以修改权利要求,但是不得扩大保护范围,而说明书及附图则不得修改。应当说,这一规定是合理的。首先,说明书及附图的内容不得修改。这是因为专利经过了授权程序,社会公众对说明书及附图的内容产生了信赖,如果允许专利权人再进行修改,会影响到社会公众的信赖。而且,在专利授权程序中,专利申请人享有充分的修改说明书的机会,如需修改在专利授权程序中就可进行,不必等到专利确权程序中再修改。其次,权利要求的修改不得扩大保护范围。一旦专利获得授权并公开后,社会公众信赖权利要求的保护范围,并据此开展生产经营活动。如果专利权人事后修改权利要求,扩大了其保护范围,就会使得社会公众原本未侵入专利权保护范围的行为因专利权保护范围扩大而落入其保护范围,从而损害社会公众的信赖利益。因此,对权利要求的修改只能缩小保护范围,而不能扩大其保护范围。

但是,凡是缩小权利要求保护范围的修改都合法吗?并不一定。这还涉及《专利法》第三十三条的适用,取决于缩小保护范围后的权利要求是否能够得到说明书的支持。在专利授权阶段,对权利要求的修改不得超出原说明书和权利要求书记载的范围；在专利确权阶段，对权利要求的修改当然不得超出原说明书和权利要求书记载的范围，这是不言自明的道理。《专利法》第三十三条的规定虽然是适用于专利授权阶段的规范，但在专利确权阶段亦应当参照适用。《专利法》对专利确权阶段是否应当适用《专利法》第三十三条未作出明确规定，显系法律漏洞，我们在专利确权程序中适用法律时应当填补这一漏洞，参照《专利法》第三十三条的规定。因此，即使修改后的权利要求缩小了保护范围，但是如果引入了原说明书和权利要求书未公开的技术信息，得不到原说明书和权利要求书的支持，则参照《专利法》第三十三条的规定，也是不允许的。

总结一下，在专利确权程序中，专利权人只能修改权利要求书，而不能修改说明书，对权利要求的修改只能缩小保护范围，而不能扩大保护范围，而且参照《专利法》第三十三条的规定，对权利要求的修改不得超出原说明书和权利要求书记载的范围。这就是《专利法》和《专利法实施细则》对于专利确权程序中专利文件修改的限制。

但是，《专利审查指南2010》对权利要求的修改作出了非常严格的限制。《专利审查指南2010》第四部分第三章第4.6节"无效宣告程序中专利文件的修改"之第4.6.1节"修改原则"明确规定：

"发明或者实用新型专利文件的修改仅限于权利要求书，其原则是：

（1）不得改变原权利要求的主题名称。

（2）与授权的权利要求相比，不得扩大原专利的保护范围。

（3）不得超出原说明书和权利要求书记载的范围。

（4）一般不得增加未包含在授权的权利要求书中的技术特征。"

根据国家知识产权局《关于修改〈专利审查指南〉的决定》（国家知识产权局令第七十四号），在专利确权程序中，"修改权利要求书的具体方式一般限于权利要求的删除、技术方案的删除、权利要求的进一步限定、明显错误的修正"。权利要求的删除是指从权利要求书中去掉某项或者某些项权利要求，例如独立权利要求或者从属权利要求。技术方案的删除是指从同一权利要求中并列的两种以上技术方案中删除一种或者一种以上技术方案。权利要求的进一步限定是指在权利要求中补入其他权利要求中记载的一个或者多个技术特征，以缩小保护范围。

应当说，根据《专利法》和《专利法实施细则》的有关规定，专利确权程序中专利权人修改权利要求的自由度还是比较大的，只要不扩大保护范围、不超出原说明书及权利要求书记载的范围即可。在这一限度内，专利权人既可以删除权利要求、合并权利要求、删除技术方案，还可以从说明书中提取技术特征补入权利要求，也可以重新组合原若干权利要求中的若干技术特征，形成一个新的权利要求。但是，根据《专利审查指南2010》上述规定，专利权人的修改自由受到了严格的限制，例如，根据该指南"4.6.1修改原则"第（4）项之规定，"一般不得增加未包含在授权的权利要求书中的技术特征"，这显然过度限制了专利权人的修改自由。

为什么专利权人不得增加未包含在已授权的权利要求书中的技术特征？为什么专利权人不能在原权利要求的保护范围内和原专利文件公开的技术信息范围内重新提炼、概括权利要求？第一，这种修改方式缩小了保护范围，未损害社会公众的信赖利益。第二，这种修改方式也没有超出原说明书及权利要求书记载的范围，符合《专利法》和《专利法实施细则》的有关规定。因此，从《专利法》和《专利法实施细则》的相关规定进行分析，上述修改方式当然是可以的。国家知识产权局通过《专利审查指南2010》这种部门规章进一步限制专利权人修改权利要求书的自由和权利，缺乏明确的上位法依据。如果说这种修改方式有弊端，其唯一的弊端可能就是降低了无效请求人挑战授权专利有效性的成功概率。但是，这不应当构成限制专利权人修改权利要求的自由和理由。我们要建设创新型国家，要鼓励发明创造，对发明人、专利权人就不能太苛刻，对于专利权人作出的发明创造，只要符合法律规定，就应当授予专利权。在授权后，应当允许专利权人在确权程序中通过修改的方式弥补授权专利的瑕疵，只要这种修改符合《专利法》和《专利法实施细则》的规定，不损害国家和社会公众的利益，不给审查机关造成过重的工作负担，就应当允许。

综上，笔者的观点是，人民法院在审查相关案件时，应当对《专利审查指南2010》关于权利要求修改方式的相关规定是否抵触《专利法》和《专利法实施细则》的有关规定进行审查，如果认定构成抵触的，则不应当参照《专利审查指南2010》的有关规定，而应当直接依据《专利法》和《专利法实施细则》的有关规定的精神进行审查并作出认定。

二、典型案例评析

目前的司法实践中，北京知识产权法院和北京市高级人民法院基本上都尊重并参照《专利审查指南2010》的有关规定，对专利确权程序中权利要求修改方式的合法性进行审查。但是，在具体的适用标准上还是存在一些区别，例如专利复审委员会对"技术方案的删除"掌握得比较严格，而法院对"技术方案的删除"掌握得比较宽松。下面以具体案例进行分析。

(一)马库什权利要求中取代基的删除是否属于技术方案的删除

【案例 4-2】拜尔公司与专利复审委员会及江苏七洲绿色化工股份有限公司发明专利权无效行政纠纷案❶

◆ 基本案情

涉案专利授权公告时的权利要求第 1~3 项,第 7~9 项如下:

"1. 式(Ⅰ)3-芳基-4-羟基-△3-二氢呋喃酮衍生物及其立体异构和对映异构纯的化合物以及其混合物,

其中

X 代表 C1—C6 烷基,卤素

Y 代表 C1—C6 烷基,卤素

Z 代表 C1—C6 烷基,卤素,

n 代表 0—3 的数,或 X 和 Z 与其连接的苯基一起形成下式的萘基;

其中 Y 定义同上,或其中:

A 和 B 与其连接的碳原子一起形成饱和或不饱和 3—8 元环,该环可被 C1—C6 烷氧基取代,或

A 和 B 与其连接的碳原子一起代表 C3—C8 元环,该环中两个取代基与其连接的碳原子一起代表饱和 C5—C7 环,该饱和环可任选被 C1—C6 烷基、C1—C6 烷氧基或卤素取代并且可被氧间断,

G 代表氢(a)或下列各式的基团:

其中

L 和 M 各自代表氧或硫,

---

❶ 参见:北京市高级人民法院(2013)高行终字第 2046 号行政判决书。

R1 代表任选被卤代的 C1—C14 烷基，C2—C14 烯基，或 C3—C8 环烷基，该基团任选被卤素或 C1—C6 烷基取代，

或被 C1—C6 烷基取代的苯基，

任选被卤素，C1—C6 烷基，C1—C6 烷氧基，C1—C6 卤代烷基或 C1—C6 卤代烷氧基取代的苯基 C1—C6 烷基，

任选被卤素和/或 C1—C6 烷基取代的杂芳基，

R2 代表 C1—C20 烷基，C1—C8 烷氧基 C2—C8 烷基或 C1—C8 多烷氧基 C2—C8 烷基，其中每一基团均任选被卤素取代，

苯基或苄基，其中每一基团均任选被卤素，硝基，C1—C6 烷基，C1—C6 烷氧基或 C1—C6 卤代烷基取代，

R3，R4 和 R5 相互独立地代表任选被卤代的 C1—C8 烷基，C1—C6 烷硫基，或代表苯基，苯氧基或苯硫基，其中每一基团任选被卤素，硝基，氰基，C1—C4 烷氧基，C1—C4 卤代烷氧基，C1—C4 烷硫基，C1—C4 卤代烷硫基，C1—C4 烷基或 C1—C4 卤代烷基取代。

2. 根据权利要求 1 式（Ⅰ）3-芳基-4-羟基-△3-二氢呋喃酮衍生物及其立体异构和对映异构纯的化合物以及其混合物，其中

X 代表 C1—C6 烷基，卤素

Y 代表 C1—C6 烷基，卤素，

Z 代表 C1—C4 烷基，卤素，

n 代表 0—2 的数，或

X 和 Z 与其连接的苯基一起形成下式的萘基；

其中 Y 定义同上，或其中：

A 和 B 与其连接的碳原子一起形成饱和或不饱和 5—7 元环，该环可被 C1—C5 烷氧基取代，或

A 和 B 与其连接的碳原子一起代表 C4—C7 元环，该环中两个取代基与其连接的碳原子一起代表饱和 C5—C6 环，该饱和环可任选被 C1—C3 烷基，C1—C3 烷氧基或卤素取代并且可被氧

间断，

G 代表氢（a）或下列各式的基团：

其中

L 和 M 各自代表氧或硫，

R1 代表任选被卤代的 C1－C14 烷基，C2－C14 烯基，或 C3－C7 环烷基，该基团可被氯或 C1－C4 烷基取代，

或被 C1－C4 烷基取代的苯基，或

代表任被卤素，C1－C4 烷基，C1－C4 烷氧基，C1－C3 卤代烷氧基取代的苯基 C1－C4 烷基，或

代表呋喃基，噻吩基，吡啶基，嘧啶基，噻唑基或吡唑基，其中每一基团任选被卤素和/或 C1－C6 烷基取代，

R2 代表被任选卤代的 C1－C6 烷基，C1－C6 烷氧基 C2－C6 烷基或 C1－C6 多烷氧基 C2－C6 烷基，或

苯基或苄基，其中每一基团均任选被卤素，硝基，C1－C4 烷基，C1－C3 烷氧基或 C1－C3 卤代烷基取代，

R3，R4 和 R5 相互独立地代表 C1－C6 烷基，C1－C6 烷硫基，其中每一基团任选被卤素取代，或代表苯基，苯氧基或苯硫基，其中每一基团任选被氟，氯，溴，硝基，氰基，C1－C3 烷氧基，C1－C3 卤代烷氧基，C1－C3 烷硫基，C1－C3 卤代烷硫基，C1－C3 烷基或 C1－C3 代烷基取代。

3. 根据权利要求 1 式（Ⅰ）3-芳基-4-羟基-△3-二氢呋喃酮衍生物及其立体异构和对映异构纯的化合物以及其混合物，其中：

X 代表甲基，乙基，丙基，异丙基，氟，氯，溴，

Y 代表甲基，乙基，丙基，异丙基，丁基，异丁基，叔丁基，氟，氯，溴，

Z 代表甲基，乙基，异丙基，丁基，异丁基，叔丁基，氟，氯，溴，

201

n代表0或1,

A和B与其连接的碳原子一起形成饱和或不饱和5—6元环,该环可被C1—C4烷氧基取代,或

A和B与其连接的碳原子一起代表C4—C6元环,该环中两个取代基与其连接的碳原子一起代表饱和C5—C6环,该饱和环可任选被甲基,乙基,甲氧基,乙氧基,氟或氯取代并且可被氧间断,

G代表氢(a)或下列各式的基团：

其中

L和M各自代表氧或硫,

R1代表在每一情况下均可任选被氟或氯取代的C1—C14烷基,C2—C14烯基,或C3—C6环烷基,该基团可任选被氟,氯,甲基或乙基取代,或

代表可被甲基,乙基,丙基,异丙基取代的苯基,或

代表可任选被氟,氯,溴,甲基,乙基,丙基,异丙基,甲氧基,乙氧基,三氟甲基或三氟甲氧基取代的苯基C1—C3烷基,或

代表呋喃基,噻吩基,吡啶基,嘧啶基,噻唑基或吡唑基,其中每一基团均可任选被氟,氯,溴,甲基或乙基取代,或

R2代表C1—C14烷基,C1—C4烷氧基C2—C6烷基或C1—C4多烷氧基C2—C6烷基,其中每一基团均可任选被氟或氯取代,或

代表苯基或苄基,其中每一基团均可任选被氟,氯,硝基,甲基,乙基,丙基,异丙基,甲氧基,乙氧基或三氟甲基取代,

R3,R4和R5相互独立地代表C1—C4烷基,或C1—C4烷硫基,其中每一基团可任选被氟或氯取代,或代表苯基,苯氧基或苯硫基,其中每一基团可任选被氟,氯,溴,硝基,氰基,C1—C2烷氧基,C1—C4氟代烷氧基,C1—C2氯代烷氧基,

C1－C2烷硫基，C1－C2氟代烷硫基，C1－C2氯代烷硫基或C1－C2烷基取代。

……"

"7. 农药，其特征在于其中含有至少一种根据权利要求1所述式（Ⅰ）3-芳基-4-羟基-△3-二氢呋喃酮衍生物。

8. 根据权利要求1所述式（Ⅰ）3-芳基-4-羟基-△3-二氢呋喃酮衍生物在防治有害生物中的应用。

9. 有害动物防治方法，其特征在于将根据权利要求1所述式（Ⅰ）3-芳基-4-羟基-△3-二氢呋喃酮衍生物施用于有害生物和/或其环境。"

江苏七洲绿色化工股份有限公司（以下简称"七洲公司"）针对涉案专利权向专利复审委员会提出无效宣告请求，认为涉案专利不符合《专利法》第二十六条第四款关于权利要求应当清楚、《专利法》第二十二条第二款关于新颖性的规定，并提交了相应的证据。

拜尔公司对涉案专利权利要求作了修改，将授权公告文本权利要求第1～3项部分涉及"可任选"和"可被"之处的"可"删除。

专利复审委员会作出第16241号决定，认定：涉案权利要求1～3是以通式结构表示的马库什权利要求，其具有多个取代基且每个取代基存在多种选择项，这些马库什权利要求属于在具体实施的技术方案基础上根据一定的构效关系进行概括而形成的一个整体技术方案。在马库什权利要求中不同的选择项隶属于相同或者不同的取代基之下，这些选择项在整体上看并非处于并列的地位，无法在权利要求中形成并列的技术方案，将马库什通式权利要求中某个或某些取代基定义中的某个或某些选择项删除不属于《审查指南》所述的并列技术方案的删除。此外，若在专利确权程序中允许对于某些选择项的删除，一则，鉴于这样的删除具有很大的不确定性,将破坏专利权的明确性;二则,拜尔公司可以通过一次又一次的部分删除从而化解一次又一次本应成立的无效宣告请求,马库什权利要求将会成为拜尔公司攻而不破的堡垒,使得拜尔公司过度享受宽泛保护范围所带来的利益而无须承担与之相匹配的风险,这明显显失公平。因此,在专利确权程序中不应允许这样的删除。综上,拜尔公司提交的权利要求修改文本不能被接受。

北京市第一中级人民法院认为:专利复审委员会将马库什权利要求认定为属于在具体实施的技术方案基础上根据一定的构效关系进行概括而形成的一个整体技术方案,显属不当。法律允许专利权人在专利确权程序中对权利要求进行修改,但不得扩大原专利的保护范围。拜尔公司将授权公告文本权利要求第1～3项部分取代基定义中"可任选"以及"A和B"定义中"可被"中的用词"可"删除。而本领域技术人员可以理解,上述权利要求中出现的"可任选"表示"选"或"不选"两种情形、"可被……取代"表示"被取代"或"不被取代"两种情形、"可被氧间断"表示"被氧间断"或者"不被氧间断"两种情形。上述表述方式是本领域在表述取代基具体情况时通常所采用的形式。也就是说,上述删除属于对两种并列技术方案中一种技术方案的删除,并未扩大原专利的保护范围。因此,专利复审委员会未予接受上述修改文本,显属不当。

北京市高级人民法院认为:马库什权利要求是根据实践需要创设出来的一种特殊权利要求撰写方式。一项马库什权利要求中的可选择要素具有相类似的性质的,该权利要求可被认为符合单一性的要求,可以进行并列概括,撰写成为马库什权利要求。当马库什要素是化合物的,各马库什化合物之间相互替代后都得到相同的结果,即化合物是一个独立的技术方案,这项权利要求所概括的是多个技术方案的集合,各要素间都可以相互替代而达到相同的效果。如果认为马库什要素之间不是并列关系，而是一个整体的技术方案，那么马库什权利要求就不应当存在单一性的问题。不容否认的是，马库什权利要求本质上是基于具体实施的技术方案的一种概括，在这种前提下又认为马库什权利要求是一个整体的技术方案，从逻辑上是不通的。因为每个取代基往往都有若干个不同的选择项，如何能够将其视为一个整体技术方案？另外，在专利文件撰写及专利审查过程中，无论专利申请人还是审查员，只能在特定范围内检索现有技术的内容。由于现有技术范围广泛，任何人均不可能检索到所有的现有技术。如果将授权后的马库什权利要求视为一个整体技术方案而不允许删除任一变量的任一选择项，那么专利权人获得的专利权势必难以抵挡他人提出的无效宣告请求。专利权人无法预料专利申请日前是否存在某个落入专利保护范围的具体技术方案，那么其获得的专利非常容易被宣告无效，马库什权利要求就失去其存在的意义。因此，无论在专利授权审查程序中，还是在专利确权程序中，均应当允许专利申请人或专利权人删除任一变量的任一选择项，这种删除属于技术方案的删除。而且这种修改减小了专利保护范围，符合《专利法实施细则》第六十八条（现为《专利法实施细则》第六十九条）的规定，没有对公众利益造成任何损失，应当允许。在该案中，拜尔公司将授权公告文本权利要求第1～3项部分取代基定义中"可任选"以及"A和B"定义中"可被"中的用词"可"删除。而本领域技术人员可以理解，上述权利要求中出现的"可任选"表示"选"或"不选"两种情形、"可被……取代"表示"被取代"或"不被取代"两种情形、"可被氧间断"表示"被氧间断"或者"不被氧间断"两种情形。上述表述方式是本领域在表述取代基具体情况时通常所采用的形式。也就是说，上述删除属于对两种并列技术方案中一种技术方案的删除，并未扩大原专利的保护范围。因此，专利复审委员会未予接受上述修改文本，显属不当，原审法院予以纠正正确，予以支持。

◆ 评 述

该案的争议焦点是马库什权利要求中取代基的删除是否符合《专利法》和《专利审查指南2010》的有关规定。

1924年，美国化学家尤金·马库什（Eugene A. Markush）在向美国专利商标局提出的一份专利申请中，使用了"从含有……的基团中选择"这一语句来描述其要求保护的产品发明。美国专利商标局于次年批准了这一专利，从而确认了这种以化学通式来表征化合物的权利要求表述形式，这就是所谓的马库什权利要求，此种形式的权利要求深受医药、化学领域的发明人的喜爱，沿用至今。❶ 概言之，马库什权利要求是在一项权利要求中限定多个并列的可选择要素，具体而言，是指在一个权利要求中包括多个变量，每一个变量又包括多个不同选择项的以并列可选项的罗列为主要特征来表达权利要求保护范围的一种权利要求类型。❷

马库什权利要求表达的是一个整体的技术方案，还是并列的技术方案？专利复审委员会认为其属于一个整体的技术方案，例如专利复审委员会于2011年3月23日作出第16241号无效宣告审查决定，即认为马库什权利要求属于在具体实施的技术方案基础上根据一定的构效关系进行概括而形成的一个整体技术方案。但是，北京市高级人民法院认为马库什权利要求的化合物要素之间是并列选择关系，每个化合物是一个独立的技术方案，马库什权利要求所概括的是多个技术方案的集合。❸

笔者赞同北京市高级人民法院的观点。首先，从定义上看，

---

❶ 参见：周雨沁. 论化学领域发明专利中的马库什权利要求［D］. 武汉：华中科技大学，2013：5.

❷ 参见：北京市高级人民法院（2012）高行终字第833号行政判决书。

❸ 参见：北京市高级人民法院（2013）高行终字第2046号行政判决书。

马库什权利要求是在一项权利要求中限定多个并列的可选择要素，这些并列的可选择要素构成的化合物都是马库什权利要求中独立的技术方案，马库什权利要求即为系列化合物的集合体，是系列技术方案的集合体。其次，《专利审查指南2010》对马库什权利要求提出了"单一性"的要求。❶ 所谓"单一性"，是指一件发明或者实用新型专利申请应当限于一项发明或者实用新型，属于一个总的发明构思的两项以上发明或者实用新型，可以作为一件申请提出。也就是说，如果一件申请包括几项发明或者实用新型，则只有在所有这几项发明或者实用新型之间有一个总的发明构思使之相互关联的情况下才被允许。这是专利申请的单一性要求。❷ 如果马库什权利要求是一个技术方案，那么自然就不存在也不需要强调"单一性"的问题。《专利审查指南2010》特别强调马库什权利要求的"单一性"问题，说明《专利审查指南2010》并不把马库什权利要求作为一个技术方案对待，而是作为若干个技术方案对待。最后，从马库什权利要求的产生和命名来看，它是为了表征上的便利，而以化学通式来表征一系列化合物。在马库什权利要求产生之前，专利申请人要在权利要求中逐个列举具有类似属性的具体化合物。但是，当具有类似属性的具体化合物数量巨大时，要在一个专利权利要求中逐个列举，显然是不方便的。因此，将这些数量巨大的具有类似属性的具体化合物抽象为一个通式化合物予以保护，是实践的需要使然。这就是马库什权利要求产生的由来。马库什权利要求是对一系列具体化合物的抽象，本质上是一系列并列技术方案的集合体。

在该案中，拜尔公司将授权公告文本权利要求第1~3项部分取代基定义中"可任选"以及"A和B"定义中"可被"中的

---

❶ 参见：《专利审查指南2010》第二部分第十章第8.1节"马库什权利要求的单一性"。

❷ 参见：《专利审查指南2010》第二部分第六章第2.1节"单一性的基本概念"。

用词"可"删除。而本领域技术人员可以理解，涉案权利要求中出现的"可任选"表示"选"或"不选"两种情形、"可被……取代"表示"被取代"或"不被取代"两种情形、"可被氧间断"表示"被氧间断"或者"不被氧间断"两种情形。上述表述方式是本领域在表述取代基具体情况时通常所采用的形式。也就是说，上述删除属于对两种并列技术方案中一种技术方案的删除，并未扩大原专利的保护范围。既然马库什权利要求是一系列技术方案的集合体，拜尔公司删除一些并列的技术方案，就符合《专利审查指南 2010》的相关规定。

即使如专利复审委员会所言，马库什权利要求整体上是一个技术方案，拜尔公司在该案中对权利要求所作的修改，缩小了权利要求的保护范围，符合《专利法实施细则》第六十九条的规定。同时，修改后的权利要求也未超出原说明书和权利要求书记载的范围，符合《专利法》第三十三条的规定。既然这种修改方式符合《专利法》和《专利法实施细则》的有关规定，为什么不能接受呢？当然应当接受。法院完全可以不参照《专利审查指南 2010》，而直接依据《专利法》和《专利法实施细则》的有关规定，认定专利复审委员会作出的相关认定缺乏法律依据。

（二）对含有一定数值范围的权利要求的数值范围的缩小是否属于技术方案的删除

【案例 4-3】江苏先声药物研究有限公司、南京先声药物研究有限公司与专利复审委员会及李平发明专利权无效行政纠纷一案[1]

◆ 基本案情

涉案专利名称为"氨氯地平、厄贝沙坦复方制剂"，原专利

---

[1] 参见：最高人民法院（2011）知行字第 17 号。

权人为上海家化医药科技有限公司,后变更为江苏先声药物研究有限公司、南京先声药物研究有限公司。

权利要求1为:"一种复方制剂,其特征在于该制剂是以重量比组成为1:10—30的氨氯地平或氨氯地平生理上可接受的盐和厄贝沙坦为活性成份组成的药物组合物。"

李平针对涉案专利权向专利复审委员会提出无效宣告请求。在专利无效宣告程序中,专利权人将涉案专利权利要求1中的比例"1:10—30"修改为"1:30"。专利复审委员会认为该修改方式不属于技术方案的删除,不予接受。

2009年12月14日,专利复审委员会作出第14275号无效宣告请求审查决定(以下简称"第14275号决定")。该决定认定:专利权人将涉案专利权利要求1中的比例"1:10—30"修改为"1:30",该修改从连续的比例范围中选择了一个特定的比例请求保护,而原权利要求书和说明书中均未明确记载过该比例关系,也没有教导要在原有的比例范围之中进行这样的选择,尽管涉案专利的说明书中记载了氨氯地平 1mg/kg 与厄贝沙坦 30mg/kg的组合,但这仅表示药物具体剂量的组合,不能反映整个比例关系。此外,涉案专利说明书第10页曾对药物具体剂量作出明确限定"本发明可应用的氨氯地平与厄贝沙坦复方剂量范围为:氨氯地平:厄贝沙坦=2—10mg:50—300mg",故无法确定是否任意满足1:30这个比例的组合均能达到与该组合相同的效果。因此,修改后的技术方案超出原权利要求书和说明书记载的范围,也不能从原权利要求书和说明书中毫无疑义地确定,并且对该反映比例关系的技术特征进行修改也不属于无效宣告程序中允许的修改方式。故对该修改文本不予接受。该无效宣告请求审查决定依据的文本为涉案专利的授权公告文本。该涉案专利不符合《专利法》第二十六条第四款的规定,应予以无效。综上,专利复审委员会决定:宣告涉案专利权无效。

北京市第一中级人民法院基本同意专利复审委员会的认定，判决维持第 14275 号决定。

北京市高级人民法院认为：专利权人在无效宣告程序的口头审理中曾提交涉案专利权利要求的修改文本，将涉案专利权利要求 1 中的"1∶10—30"修改为"1∶30"。这种修改没有扩大涉案专利的保护范围，也没有超出原权利要求书记载的范围，更没有增加未包含在涉案专利授权的权利要求中的技术特征。专利复审委员会和一审法院关于原说明书中没有记载所有符合"1∶30"比例关系的氨氯地平和厄贝沙坦的组合都能达到相同的技术效果的认定，属于修改后的权利要求能否得到说明书支持的问题，即是否符合《专利法》第二十六条第四款规定的问题，而非专利权人关于涉案专利权利要求的修改是否扩大原专利的保护范围的问题，因此，专利复审委员会第 14275 号决定和一审判决对专利权人关于涉案专利权利要求的修改不予接受的认定，缺乏依据。

最高人民法院认为：涉案专利授权公告文本记载的比值范围为"1∶10—30"，无效宣告程序中修改为"1∶30"，所涉及的问题是 1∶30 的比值是否在原说明书中有记载，这样的修改是否超出了原说明书和权利要求书记载的范围。根据查明的事实，涉案专利说明书中明确公开了氨氯地平 1mg 与厄贝沙坦 30mg 的组合，并将氨氯地平 1mg/kg 与厄贝沙坦 30mg/kg 作为最佳剂量比，在片剂制备实施例中也有相应符合 1∶30 比例关系的组合，可见 1∶30 的比值在说明书中已经公开。对于比值关系的权利要求而言，说明书中具体实施例只能记载具体的数值，而无法公开一个抽象的比值关系，而且涉案专利说明书中披露的是在大鼠身上进行试验所得到的结果，涉案专利说明书明确记载可应用的剂量范围是氨氯地平 2~10mg，厄贝沙坦 50~300mg，如果认定其披露的最佳组方仅为 1mg∶30mg 这一具体剂量而非比值，则该最佳组方根本不包含在上述可应用的范围内，显然不符合常理。

对于本领域普通技术人员来说，1mg/kg 和 30mg/kg 表明的是两种成分的比值而非一个固定的剂量，故该案中应认为 1∶30 的比值关系在说明书已有记载，该修改没有超出原说明书和权利要求书的范围。

关于修改方式，尽管原权利要求中"1∶10－30"的技术方案不属于典型的并列技术方案，但鉴于"1∶30"这一具体比值在原说明书中有明确记载，且是其推荐的最佳剂量比，本领域普通技术人员在阅读原说明书后会得出涉案专利包含 1∶30 的技术方案这一结论，且涉案专利权利要求仅有该一个变量，此种修改使涉案专利保护范围更加明确，不会造成其他诸如有若干变量的情况下修改可能造成的保护范围模糊不清等不利后果，允许其进行修改更加公平。《专利法实施细则》及《专利审查指南 2010》对无效过程中权利要求的修改进行限制，其原因一方面在于维护专利保护范围的稳定性，保证专利权利要求的公示作用；另一方面在于防止专利权人通过事后修改的方式把申请日时尚未发现、至少从说明书中无法体现的技术方案纳入到涉案专利的权利要求中，从而为在后发明抢占一个在先的申请日。该案中显然不存在上述情况，1∶30 的比值是专利权人在原说明书中明确推荐的最佳剂量比，将权利要求修改为 1∶30 既未超出原说明书和权利要求书记载的范围，更未扩大原专利的保护范围，不属于相关法律对于修改进行限制所考虑的要避免的情况。如果按照专利复审委员会的观点，仅以不符合修改方式的要求而不允许此种修改，使得在该案中对修改的限制纯粹成为对专利权人权利要求撰写不当的惩罚，缺乏合理性。而且，《专利审查指南 2010》并未绝对排除其他修改方式。因此，二审判决认定修改符合《专利审查指南 2010》的规定并无不当，专利复审委员会对《专利审查指南 2010》中关于无效过程中修改的要求解释过于严格。

◆ 评　述

该案的争议焦点是专利权人将涉案权利要求1中记载的比值范围"1∶10—30"修改为"1∶30",是否符合法律的规定。

《专利法实施细则》第六十九条第一款规定,在无效宣告请求的审查过程中,发明或者实用新型专利的专利权人可以修改其权利要求书,但是不得扩大原专利的保护范围。而根据《专利法》第三十三条的规定,对权利要求的修改不得超出原说明书和权利要求书记载的范围。

在专利确权程序中,专利权人将涉案专利权利要求1中的"1∶10—30"修改为"1∶30",这种修改没有扩大涉案专利的保护范围,符合《专利法实施细则》第六十九条第一款的规定,也没有超出原说明书和权利要求书记载的范围,也符合《专利法》第三十三条的规定。既然完全符合《专利法》和《专利法实施细则》关于修改权利要求的规定,为什么不能接受呢?专利复审委员会关于原说明书中没有记载所有符合"1∶30"比例关系的氨氯地平和厄贝沙坦的组合都能达到相同的技术效果的认定,属于修改后的权利要求能否得到说明书支持的问题,即是否符合《专利法》第二十六条第四款的问题,而非专利权人关于涉案专利权利要求的修改是否符合《专利法》第三十三条和《专利法实施细则》第六十九条第一款规定的问题。

但是,《专利审查指南2010》对专利确权程序中权利要求书的修改提出了非常严格的限制。《专利审查指南2010》第四部分第三章第4.6节"无效宣告程序中专利文件的修改"中规定,发明或者实用新型专利文件的修改仅限于权利要求书,其原则是:(1)不得改变原权利要求的主题名称;(2)与授权的权利要求相比,不得扩大原专利的保护范围;(3)不得超出原说明书和权利要求书记载的范围;(4)一般不得增加未包含在授权的权利要求书中的技术特征。在满足上述修改原则的前提下，修改权利要求书的具体方式一般限于权利要求的删除、技术方案的删除、权利要求的进一步限定、明显错误的修正。权利要求的删除是指从权利要求书中去掉某项或者某些项权利要求，例如独立权利要求或者从属权利要求。技术方案的删除是指从同一权利要求中并列的两种以上技术方案中删除一种或者一种以上技术方案。权利要求的进一步限定，是指在权利要求中补入其他权利要求中记载的一个或者多个技术特征，以缩小保护范围。

专利复审委员会认为涉案权利要求的修改方式不属于技术方案的删除，不符合上述《专利审查指南2010》的有关规定，故不予接受。笔者认为，对专利权人修改专利文件的限制，属于影响专利权人重要利益的制度安排，应当由法律、法规作出规定，不应由行政规章进行规定，而且行政规章也不得在法律、法规的基础上作出进一步限制、剥夺专利权人权利和自由的制度安排，否则就不符合法治的根本要求。《专利审查指南2010》的上述规定，在《专利法》和《专利法实施细则》的相关规定的基础上，对专利权人修改权利要求的自由作出进一步的限制，剥夺了专利权人依据《专利法》和《专利法实施细则》享有的权利和自由，是不合理的。根据《行政诉讼法》第六十三条第三款的规定："人民法院审理行政案件，参照规章。"参照的前提是行政规章符合上位法的基本精神，凡是不违背上位法精神的行政规章，人民法院可以参照，而对于不符合上位法精神的行政规章，人民法院当然可以不参照。《专利审查指南2010》的上述规定对专利权人修改权利要求的自由作出了严格的限制，与《专利法》和《专利法实施细则》赋予专利权人较大修改自由的基本精神不符，人民法院在行使司法审查权力时，不应当参照。因此，专利复审委员会拒绝接受专利权人的修改文本，缺乏法律依据。

在该案中，北京市高级人民法院没有参照《专利审查指南

2010》中的有关规定，而是认为"这种修改没有扩大涉案专利的保护范围，也没有超出原权利要求书记载的范围"，这实际上是依据《专利法》和《专利法实施细则》的有关规定，直接否定了专利复审委员会和一审法院的认定结论。

最高人民法院则参照了《专利审查指南2010》的有关规定，只是认为《专利审查指南2010》规定的权利要求修改方式一般情况下限于权利要求的合并、删除和技术方案的删除三种方式，但并未绝对排除其他修改方式，因此该案的修改方式并无不当。

第五章　专利说明书和权利要求书

第一节　说明书的合法性

一、说明书概述

如果说发明创造是发明人的"产品",则说明书是发明人的"产品"说明书。发明人制造了一个"产品",应当向世人公布"产品"说明书,告诉世人如何使用"产品"。因此,尽管在学理上可以把说明书说得玄之又玄,但是,最通俗的理解就是把专利说明书视为发明创造的"产品"说明书。

为什么要公布发明创造的"产品"说明书呢?这是基于"公开换保护"的专利法法理。设立专利制度的目的是鼓励发明人公开发明信息,增进社会公共知识,促进科技和经济发展。发明人要想获得专利权,必须向社会公开发明创造,告诉社会公众如何实施发明技术方案。发明人获得专利权的对价是公开其发明创造。如果发明人不向社会公开发明创造,又要获得专利权保护,则违背了"公开换保护"的专利法法理。

根据《专利审查指南2010》的规定,专利说明书一般应当

包括以下组成部分：[1]

（1）技术领域：写明要求保护的技术方案所属的技术领域；

（2）背景技术：写明对发明或者实用新型的理解、检索、审查有用的背景技术；有可能的，并引证反映这些背景技术的文件；

（3）发明或者实用新型内容：写明发明或者实用新型所要解决的技术问题以及解决其技术问题采用的技术方案，并对照现有技术写明发明或者实用新型的有益效果；

（4）附图说明：说明书有附图的，对各幅附图作简略说明；

（5）具体实施方式：详细写明申请人认为实现发明或者实用新型的优选方式；必要时，举例说明；有附图的，对照附图说明。

发明或者实用新型的说明书应当按照上述方式和顺序撰写，并在每一部分前面写明标题，除非其发明或者实用新型的性质用其他方式或者顺序撰写能够节约说明书的篇幅并使他人能够准确理解其发明或者实用新型。

二、说明书的合法性判断

（一）法律规定

我国《专利法》第二十六条第三款规定："说明书应当对发明或者实用新型作出清楚、完整的说明，以所属技术领域的技术人员能够实现为准；必要的时候，应当有附图。摘要应当简要说明发明或者实用新型的技术要点。"从法条来看，说明书必须"清楚、完整"，达到"所属技术领域的技术人员能够实现"的标

---

[1] 参见：《专利审查指南2010》第二部分第二章第2.2节"说明书的撰写方式和顺序"。

准。什么是"能够实现"呢？对此，《专利审查指南2010》第二部分第二章第2节"说明书"中规定："所属技术领域的技术人员能够实现，是指所属技术领域的技术人员按照说明书记载的内容，就能够实现该发明或者实用新型的技术方案，解决其技术问题，并且产生预期的技术效果。"据此，判断一份专利说明书是否符合《专利法》第二十六条第三款的规定，就要看所属技术领域的技术人员根据说明书的记载，是否能够实现发明创造，解决其技术问题，并且产生预期的技术效果。

为了确保实现上述规定的目的，《专利审查指南2010》对说明书的撰写方式提出了基本的要求，即说明书应当包括五个部分：技术领域、背景技术、发明或者实用新型内容、附图说明、具体实施方式。在"背景技术"部分，发明人应当对发明或者实用新型的技术研发起点——背景技术作出交代。在"发明或者实用新型内容"部分，发明人应当写明发明或者实用新型所要解决的技术问题以及解决其技术问题采用的技术方案，并对照现有技术写明发明或者实用新型的有益效果。为了确保发明创造的可实施性，发明人还应当附上发明创造的"具体的实施方式"，告知所属技术领域的技术人员如何具体地实施发明创造。"具体的实施方式"基本上相当于实验操作手册，告诉技术人员如何进行实验操作、如何实施发明创造。另外，说明书还应当有"附图说明"。在有些情况下，附图是表达技术思想的最佳方式，一页附图也许能抵得上十页文字说明，因此，附图是说明书中非常必要的组成部分。

（二）判断标准

首先是主体标准。是否能够实现发明创造，必须以所属技术领域的技术人员的主体身份来判断。所属技术领域的技术人员不同于普通的社会公众，是一种假设的"人"，假定他知晓申请日或者优先权日之前发明所属技术领域所有的普通技术知识，能够获知该领域中所有的现有技术，并且具有应用该日期之前常规实验手段的能力，但他不具有创造能力。如果所属技术领域的技术人员基于其知识和能力，根据说明书的记载，不需要付出创造性劳动，能够实现发明创造，则说明书达到了法定要求；否则，说明书未达到法定标准。

其次是客观标准。根据《专利法》和《专利审查指南2010》的有关规定，说明书公开充分的客观标准是：所属技术领域的技术人员按照说明书记载的内容，能够实现发明或者实用新型的技术方案，解决其技术问题，并且产生预期的技术效果。如果所属技术领域的技术人员根据说明书的记载，不能够完整地实现发明或者实用新型的技术方案，解决其技术问题，并且产生预期的技术效果，则说明书未达到法定标准。第一，发明或者实用新型的技术方案对于所属技术领域的技术人员应当是可实施的，如果不可实施，则说明书显然是不符合法定要求的。第二，所属技术领域的技术人员实施发明或者实用新型的技术方案后，解决了发明人在说明书中声称的该技术方案可以解决的技术问题，并且取得了说明书声称的该技术方案可以产生的技术效果。如果所属技术领域的技术人员实施发明或者实用新型的技术方案后，无法解决说明书声称的技术问题，取得其声称的技术效果，则表明说明书不符合法定标准。

(三) 判断方法

判断说明书公开是否充分，应当分两步进行：第一步是确定权利要求记载的技术方案的具体内容；第二步是以该技术方案的具体内容为基准，判断说明书对该技术方案的公开是否充分。下面予以阐述。

第一步，确定权利要求记载的技术方案的具体内容。《专利法》第二十六条第三款规定："说明书应当对发明或者实用新型作出清楚、完整的说明……"该法条中的"发明或者实用新型"所指的对象是什么？是指说明书中描述的发明或者实用新型技术方案还是权利要求书中记载的发明或者实用新型技术方案？结合《专利法》的上下文进行体系解释，可以确定上述法条中的"发明或者实用新型"是指权利要求书中记载的技术方案。若权利要求书包括多个权利要求，每个权利要求又包括多个技术方案的，则"发明或者实用新型"应当指向每一个权利要求中记载的每一个技术方案。综上，说明书公开是否充分的客体是权利要求中记载的每一个技术方案。在判断说明书公开是否充分时，我们首先应当固定权利要求中的技术方案。

固定了权利要求中的技术方案后，我们还需要解释并确定该技术方案的具体内容，只有明确了该技术方案的具体技术内容后，才能进一步判断该技术方案是否在说明书中进行了充分的公开，本领域技术人员按照说明书的记载，是否能够实施该技术方案，解决其技术问题，实现其技术效果。如果不解释并确定权利要求中的具体技术方案，不明确技术方案的具体技术内容，就无法判断说明书对该技术方案的公开是否充分。在这一步骤中，我们应当按照上文"专利权利要求的解释"一章中阐述的权利要求解释规则，解释和确定权利要求中技术方案的具体内容。

第二步，以上述第一步中确定的技术方案的具体内容为基准，判断说明书对该技术方案的公开是否充分。在这一步中，应当按照《专利审查指南2010》的规定，判断所属技术领域的技术人员按照说明书记载的内容，是否能够实现上述技术方案，解决其技术问题，并且产生预期的技术效果。如果所属技术领域的技术人员按照说明书记载的内容，能够实现上述技术方案，解决其技术问题，并且产生预期的技术效果，则说明书对该技术方案的公开是充分的，否则说明书对该技术方案的公开不充分。

三、典型案例评析

【案例 5-1】苹果电脑贸易（上海）有限公司与专利复审委员会、上海智臻网络科技有限公司发明专利权无效行政纠纷案[1]

◆ 基本案情

涉案专利名称为"一种聊天机器人系统"、专利号为ZL200410053749.9的发明专利，专利权人为上海智臻网络科技有限公司（以下简称"智臻公司"）。

授权公告的权利要求1为："一种聊天机器人系统，至少包括：一个用户；和一个聊天机器人，该聊天机器人拥有一个具有人工智能和信息服务功能的人工智能服务器及其对应的数据库，该聊天机器人还拥有通讯模块，所述的用户通过即时通讯平台或短信平台与聊天机器人进行各种对话，其特征在于，该聊天机器人还拥有查询服务器及其对应的数据库和游戏服务器，并且该聊天机器人设置有一个过滤器，以用来区分所述通讯模块接收到的用户语句是否为格式化语句或自然语言，并根据区分结果将该用户语句转发至相应的服务器，该相应的服务器包括人工智能服务器、查询服务器或游戏服务器。"

该专利说明书第1页第22~24行记载："本发明的目的在于提供一种聊天机器人系统，用户可以和机器人聊天，但得到的是十分拟人化的对话，除了交互式的对话，更可以'命令'机器人为用户查询信息、做游戏等"；第3页第15~18行记载："用户1输入一句子在即时通信平台并通过网络传送给聊天机器人9，经通信模块21接收后送到过滤器22，进行是否为格式化命令语句的判断；如果是格式化命令语句，即送到查询模块24处理，如

---

[1] 参见：北京市高级人民法院（2014）高行（知）终字第2935号行政判决书。

第五章 专利说明书和权利要求书

果是一个自然语句,则送到对话模块 23 处理";第 3 页第 20 行记载:"一般查询模块 24 连接到一个或多个查询服务器 4";第 3 页第 25 行记载:"对话模块 23 连接到人工智能服务器";第 4 页第 4~6 行记载:"这三种维护方式使得对话数据库十分丰富,建立了庞大的对话数据库,结合人工智能服务器 3 强大的辨识与语法分析功能,即结合人工智能和自然语言处理,机器人具有了一定的智能";第 4 页第 21 行到第 5 页第 3 行记载:"机器人的查询与传统的搜索引擎的广泛搜索不同,提供一种精确搜索(也可称为目标搜索 Target Searching),这样用户可以快速的通过机器人查询他们想要的信息,机器人甚至可以根据用户的爱好和习惯主动发送给他们喜欢看到的信息";第 5 页第 7~9 行分别记载:"在机器人中我们特别倡导互动性,机器人可以实现以下互动游戏(智力闯关、智力问答、24 点、猜数字等)"。

说明书

[0027] 聊天机器人 9 本质上是一个或若干个机器人服务器 2,其中值有通讯模块 21、过滤器 22、对话模块 23、查询模块 24,其一端连接用户 1,另一端连接人工智能服务器 3 和/或查询服务器 4 和/或游戏服务器 5。

[0028] 用户 1 输入一句子在即时通讯平台并通过网络传送给聊天机器人 9,经通讯模块 21 接收后送到过滤器 22,进行是否为格式化命令语句的判断;如果是格式化命令语句,即送到查询模块 24 处理,如果是一个自然语句,则送到对话模块 23 处理。

[0031] 对话模块 23 连接到人工智能服务器 3,进行一系列的辨识与语法分析以后,进行转化为格式化语句的尝试,若能转化成功,则返回转化后的格式化命令语句给过滤器 22;若不能转化,则送到该人工智能服务器 3 的对话系统处理,该对话系统会访问对话数据库 6,选出最合适的应答语句到聊天机器人 9,由他的通讯模块 21 发送给用户 1。一般查询模块 24 连接到一个或多个查询服务器 4。

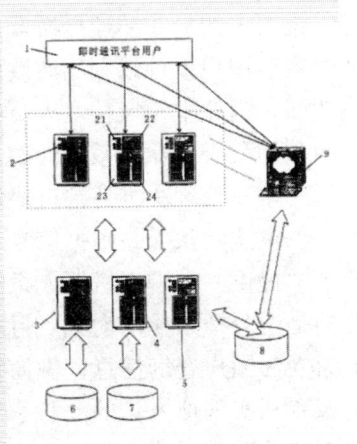

图 5-1 本专利说明书部分截图

221

2012年11月19日，苹果电脑贸易（上海）有限公司（以下简称"苹果公司"）针对涉案专利权向专利复审委员会提出了无效宣告请求，理由之一是涉案专利说明书公开不充分，不符合《专利法》第二十六条第三款的规定。

专利复审委员会作出的被诉决定认定：该专利说明书第3页第11~14行记载了"聊天机器人9本质上是一个或若干个机器人服务器2，其中设置有通讯模块21、过滤器22、对话模块23、查询模块24，其一端连接用户1，另一端连接人工智能服务器3和/或查询服务器4和/或游戏服务器5"，如该专利附图1所示，即实施例中公开了用户通过机器人服务器2连接到游戏服务器5。另外，该专利说明书第5页第7~9行记载了"在机器人中我们特别倡导互动性，机器人可以实现以下互动游戏（智力闯关、智力问答、24点、猜数字等）"。本领域技术人员由上述记载内容能够实现，用户通过即时通信平台与聊天机器人进行对话，该聊天机器人的另一端连接游戏服务器，根据聊天机器人识别的对话内容，用户就可以利用游戏服务器实现以文字互动为基础的游戏功能，因此本领域技术人员根据说明书的上述记载能够实现本发明利用聊天机器人系统的游戏服务器互动游戏的功能。

一审法院判决维持被诉决定。

二审法院认为：根据该专利说明书的记载，该专利的发明目的是"提供一种聊天机器人系统，用户可以和机器人聊天，但得到的是十分拟人化的对话，除了交互式的对话，更可以'命令'机器人为用户查询信息、做游戏等"。由此可知，实现游戏功能是该专利实现拟人化的一种表现形式，并非拟人化的附加功能。相应地，游戏功能也应当是该专利权利要求1所记载的必要技术特征。独立权利要求应当表述一个针对发明所要解决的技术问题的完整的技术方案。根据该专利说明书的记载，实现游戏功能也是该专利权利要求1的技术方案所要实现的功能。此外，需要指

第五章　专利说明书和权利要求书

出的是，在专利授权阶段的审查中，智臻公司也认为游戏功能是使该专利具备创造性的技术特征。例如，根据该专利审查文档的记载，智臻公司认为，因为游戏服务器的存在使得权利要求1相对于对比文件1具有实质性特点，从而使得该专利具备创造性。由此可见，国家知识产权局也是基于智臻公司的上述陈述才对该专利进行了授权。因此，如何实现游戏功能是实现该专利必不可少的技术特征。然而，说明书仅仅记载了具有一个游戏服务器以及提到实现互动游戏的设想，而对于游戏服务器与聊天机器人的其他部件如何连接，例如，对什么样的用户输入的什么内容传送到游戏服务器以及如何将用户的指令传送到游戏服务器中，完全没有记载。此外，根据说明书的记载和教导，过滤器对用户输入语句进行判断，判断为格式化语句的则通过查询模块24输出到查询服务器4，而判断为自然语句的则通过对话模块23输出到人工智能服务器3。因此，根据该专利说明书的记载，在该专利的聊天机器人系统中，如果用户输入的是和游戏相关的语句，即使其能够由过滤器分析处理，其也只是被过滤器判断为自然语句或格式化语句，而送到人工智能服务器3或查询服务器4中，而根本不可能送到游戏服务器5中。由此可见，该专利说明书未充分公开如何实现该专利权利要求1所限定的游戏功能，违反了《专利法》第二十六条第三款的内容，该专利权应当被宣告无效。

二审法院遂判决维持一审判决和被诉决定。

◆ 评　述

涉案专利技术方案有三个服务器，分别为游戏服务器、人工智能服务器和查询服务器。用户的对话语句分为自然语句和格式化语句，由过滤器可以进行判断。如果是格式化语句，则机器会将其送到查询服务器进行处理；如果是自然语言，则机器会将其送到人工智能服务器进行处理。但是，过滤器与游戏服务器之间

223

如何进行交互操作，涉案专利说明书并未进行说明，因此，如何实现游戏的功能，说明书未进行披露。图 5-2 为笔者根据发明技术方案绘制的涉案专利简单示意图。

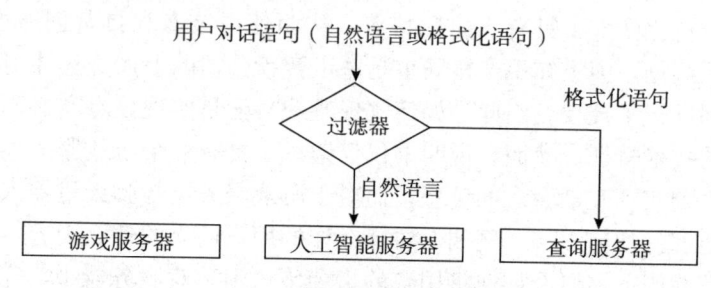

图 5-2　涉案专利示意图

专利复审委员会认为本领域技术人员根据说明书的记载能够实现该发明利用聊天机器人系统的游戏服务器互动游戏的功能，依据并不充分。也许，本领域技术人员在参考过滤器与查询服务器和人工智能服务器的交互方式之后，发挥一定的主观能动性，能够想到如何实现过滤器与游戏服务器之间的交互功能。但是，这对本领域的技术人员提出了过高的能力要求，是不合理的。笔者认为二审判决是有道理的。

第二节　权利要求书的合法性

一、权利要求书概述

专利权利要求是在说明书公开的技术方案的基础上提炼的要求保护的技术方案，它确定专利权的保护范围。最初的专利文件并不包括权利要求书，仅包括专利说明书，专利的保护范围由说明书确定，即所谓的"中心限定原则"，由法官根据说明书中记载的发明的实质性内容确定。什么是发明的实质性内容？如何解释和确定发明的实质性内容？标准不易掌握，具有一定的弹性，不同的法官会作出不同的解释，由此导致专利权的边界范围不清晰。因此，这种保护方法的缺陷是明显的。为了克服"中心限定原则"的缺陷，各国专利法相继引入了权利要求书，由权利要求确定专利权的保护范围，即所谓的"周边限定原则"。在"周边限定原则"下，权利要求中的全部技术特征就像一个个篱笆桩，围成一个圈，界定专利权的保护范围。这一原则具有很大的优势，权利要求公示效果好，权利边界清晰，一旦权利要求被公告授权，昭告天下，社会公众就知道权利要求的保护范围，可以据此在开展生产经营活动时避开专利权的保护范围。

权利要求一般采取前序部分和特征部分构成的撰写方式。当然，这只是通常情况，并非绝对如此，一些化学、医疗领域的专利权利要求往往并不按此方式撰写。前序部分记载权利要求的技术方案与现有技术共同拥有的技术特征。特征部分记载发明的创新部分的技术特征。权利要求的保护范围由前序部分和特征部分共同限定。

权利要求书可以由一个权利要求构成，也可以由若干个权利要求构成。当由若干个权利要求构成的时候，通常又分为独立权利要求和从属权利要求。独立权利要求，顾名思义，是不依赖于其他权利要求而仅由其自身的技术特征构成的权利要求，其保护范围由其自身的技术特征限定。从属权利要求则从属于独立权利要求，通过引用独立权利要求的方式存在，其保护范围由独立权利要求中的技术特征和从属权利要求附加的技术特征征共同限定。从属权利要求的保护范围小于独立权利要求。

权利要求书由独立权利要求和若干个从属权利要求构成，对专利权人而言，相当于构筑了一个层层递进的权利保护体系，其作用是不言而喻的。当独立权利要求被宣告无效之后，还有从属权利要求；当第一个从属权利要求被宣告无效之后，还有第二个从属权利要求。面对无效请求人的进攻，专利权人可以一步步退缩，而不至于一下子全部丧失自己的权利范围。

二、权利要求书的合法性判断

由于权利要求书是在说明书中公开的技术方案的基础上概括的界定专利保护范围的技术方案，因此，基于"公开换保护"的专利法原理，发明人申请记载在权利要求中的技术方案应当是其作出发明贡献的技术方案。在说明书中未公开的技术方案，不是发明人的发明内容，当然不应当列入保护范围，否则就与发明人的技术贡献不匹配。因此，权利要求书与说明书之间必须满足一定的关系，才合法。

我国《专利法》第二十六条第四款规定："权利要求书应当以说明书为依据，清楚、简要地限定要求专利保护的范围。"这一规定提出了两个要求：第一，权利要求书应当以说明书为依据，通常也被称为"权利要求书应当得到说明书支持"；第二，权利要求书应当清楚、简要地限定要求专利保护的范围。下面分别论述。

（一）权利要求书应当以说明书为依据

权利要求书应当以说明书为依据，即权利要求书记载的技术方案应当得到说明书的支持。发明人作出的发明创造的详细技术信息应当记载在说明书中，发明人可以将说明书中记载的发明技术方案写入权利要求书中，作为专利权的保护范围。但是，未记载在说明书中的技术方案，不得写入权利要求书。这种要求源于"公开换保护"的专利法法理。该法理意味着，发明人在说明书中公开了多少技术方案，就只能在权利要求中保护多少技术方案，说明书中未公开的技术方案，不得列入权利要求的保护范围。这一法理是容易理解的。专利制度的设立目的是鼓励发明人公开发明创造,促进技术信息的传播,从而更好地服务于经济社会的发展。为了达到该目的,就为发明人创设一个专利权,允许他将公开的发明创造列入权利要求的保护范围,赋予排他权的效力,从而获得一定的经济回报。如果允许发明人将未在说明书中公开的技术方案列入权利要求的保护范围,显然就违背了专利制度设立的初衷。

1. 判断标准

《专利法》第二十六条第四款规定:"权利要求书应当以说明书为依据"。这一规定确定的标准可以从两个方面来理解。

首先是主体标准。判断"权利要求书是否以说明书为依据",要站在所属技术领域的技术人员的视角进行。该"技术人员"是拟制的"人",具有一定的知识和能力,但不具有创造力。因此,我们在作该项判断时,应当结合技术人员的知识和能力进行,否则就会出现判断失误。

其次是客观标准。《专利法》第二十六条第四款规定的标准是"权利要求书应当以说明书为依据"。但是,这一标准仍然显得抽象。对此,《专利审查指南2010》作出了进一步的解释性规定。《专利审查指南2010》第二部分第二章第3.2.1节"以说明书为依据"中规定:权利要求书中的每一项权利要求所要求保护的技术方案应当是所属技术领域的技术人员能够从说明书充分公开的内容中得到或概括得出的技术方案,并且不得超出说明书公开的范围。如果所属技术领域的技术人员可以合理预测说明书给出的实施方式的所有等同替代方式或明显变型方式都具备相同的性能或用途,则应当允许专利申请人将权利要求的保护范围概括至覆盖其所有的等同替代或明显变型的方式。对于用上位概念概括或用并列选择方式概括的权利要求,应当审查这种概括是否得到说明书的支持。如果权利要求的概括包括专利申请人推测的内容，而其效果又难于预先确定和评价，应当认为这种概括超出了说明书公开的范围。如果权利要求的概括使所属技术领域的技术人员有理由怀疑该上位概括或并列概括所包含的一种或多种下位概念或选择方式不能解决发明或者实用新型所要解决的技术问题，并达到相同的技术效果，则应当认为该权利要求没有得到说明书的支持。《专利审查指南2010》的上述规定更加细化，更具操作性。目前实践中，基本上都按照上述规定进行认定。

2. 判断方法

判断权利要求书是否以说明书为依据，应当分两步进行：第一步，确定权利要求书中的技术方案的具体技术内容；第二步，确定权利要求书中的每一个技术方案是否都满足以说明书为依据的法定标准。下面分别阐述。

第一步，确定权利要求书中的技术方案的具体技术内容。权利要求书可以包括多个权利要求，每个权利要求又可以包括多个并列的技术方案，在判断权利要求书是否以说明书为依据时，应当判断权利要求书中的每一个权利要求中的每一个技术方案是否都以说明书为依据。只有权利要求书中的每一个技术方案都以说明书为依据，才能认定权利要求书达到了"以说明书为依据"的法定标准。因此，我们在适用《专利法》第二十六条第四款时，应当首先确定判断的客体——权利要求书中的每一个技术方案，然后再判断其中每一个技术方案是否满足"以说明书为依据"的法定标准。在固定了权利要求中的技术方案后，我们要确定该技术方案的具体技术内容。对此，我们要按照第三章"专利权利要求的解释"中确定的权利要求解释规则，解释并确定权利要求中的技术方案的客观含义。

有一种观点认为，在适用"权利要求书应当以说明书为依据"的法律规定时，不应当解释权利要求，尤其不应当采用说明书解释权利要求,而只需要对权利要求作出通常含义上的理解即可。❶ 笔者不赞同这种观点。这种观点的实质是,在理解和确定权利要求所表达的技术方案时,不需考虑说明书及附图等内部证据,而应当依据所属技术领域的教科书、词典等外部证据所确定的通常含义来理解权利要求的技术方案,这实际上就是外部证据优先于内部证据的权利要求解释方法。这种解释方法既与最高人民法院确定的权利要求解释的"语境论"不符,❷ 也与美国MPEP规定的内部证据优先于外部证据的权利要求解释规则不符,❸ 还与CAFC全席审理的Phillips v. AWH案确立的内部证据优先于外部证据的权利要求解释规则不符。❹

权利要求是用文字表达的技术方案,在理解和确定其技术方案的过程中必然要解释权利要求中的文字,以确定其真正表达的含义,而且对权利要求的解读必须在说明书的语境下进行,不能脱离说明书的语境理解权利要求,否则就割裂了权利要求书和说明书的关系。诚如美国专利法实践中确立的"最宽合理解释"标准,对于权利要求中的术语,说明书中有特别限定的,应当采用特别限定的含义;说明书无特别限定的,则采用本领域技术人员阅读说明书后能够确定的通常含义;既无特别限定的含义,又无通常含义的,则作"最宽解释"。❺

综上,在适用《专利法》第二十六条第四款时,应当首先固定权利要求的技术方案,解释并确定技术方案的真正含义,然后

---

❶ 参见:崔哲勇. 对专利授权确权审查程序中权利要求的理解 [J]. 知识产权,2016 (10): 75—82.

❷ 参见:最高人民法院 (2010) 知行字第53号行政裁定书。

❸ See MPEP "2111 Claim Interpretation; Broadest Reasonable Interpretation" Rev. 07. 2015,November 2015.

❹ See PHILLIPS v. AWH CORP. 415 F. 3d 1313 (Fed. Cir. 2005).

❺ See MPEP "2111 Claim Interpretation; Broadest Reasonable Interpretation" Rev. 07. 2015,November 2015.

再进行后续的操作。

第二步，以上述第一步中确定的技术方案的具体内容为基准，判断该技术方案是否满足"以说明书为依据"的法定标准。在这一步中，应当按照《专利审查指南 2010》第二部分第二章第 3.2.1 节"以说明书为依据"中的具体规定，判断上述第一步中确定的技术方案是否是所属技术领域的技术人员能够从说明书充分公开的内容中得到或概括得出的技术方案。

3. 具体问题

"权利要求书应当以说明书为依据"，这一法律规定虽然是明确的，但在实践操作中仍有很多具体问题需要探讨。

（1）判断"权利要求书是否以说明书为依据"的过程中是否需要解释权利要求？

这个问题是实践中的典型问题，争议很大。概括起来，主要有两种观点：一种观点认为在适用"权利要求书应当以说明书为依据"的法律规定时，不应当解释权利要求，尤其不应当采用说明书解释权利要求，而只需要对权利要求作出通常含义上的理解即可。❶ 笔者则持另一种观点，即在适用上述规定时，应当首先按照专利权利要求的解释规则，解释并确定权利要求书中每一个技术方案的具体含义，然后再判断其中的每一个技术方案是否满足"以说明书为依据"的法定标准。具体理由，上文已详细阐述过，此处不再赘述。具体而言，我们必须将权利要求放在整个专利文件的语境下解读权利要求所表达的技术方案的真正含义，然后再进一步判断该技术方案是否满足"以说明书为依据"的法定标准。

---

❶ 参见：崔哲勇．对专利授权确权审查程序中权利要求的理解 [J]．知识产权，2016（10）：75－82．

（2）权利要求书应当以说明书为依据，应当坚持形式的标准还是实质的标准？

有的发明人为了隐藏发明技术信息，将说明书撰写得非常简略，说明书中记载的发明技术方案和权利要求书的内容几乎一样，实施例也不作详细的披露。这种情况满足"权利要求书应当以说明书为依据"的要求吗？从形式上看，权利要求书的内容在说明书中都有原样的记载，看似得到了说明书的支持，但实际上并未得到说明书的支持，是形式意义上的支持。在这种情形中，权利要求记载的技术方案，其发明目的、技术效果、如何实施等技术信息都未记载在说明书中，本领域技术人员根本无法实现相关的技术方案。"权利要求书应当以说明书为依据"，必须坚持实质的标准，即权利要求中记载的技术方案必须在说明书中进行实质意义上的详细记载，包括技术目的、技术手段、技术效果、实施方式等，唯有如此，权利要求书才能实质意义上得到说明书的支持。

（3）权利要求中记载的技术方案是否应当仅限于实施例公开的技术方案？

实施例是说明书的组成部分，一般而言，说明书必须记载至少一个实施例，告诉本领域技术人员如何实施专利技术。披露实施例的目的即在于告诉本领域技术人员如何具体地实施专利技术，实施例应当记载技术手段、技术效果等必要技术信息，便于本领域技术人员能够顺利实施。实施例并不是发明创造本身，而是发明创造的实施方式，发明创造可以有无限多个实施方式。用实施例来限制发明创造的保护范围，对专利权人是不公平的，专利权人的专利保护范围是发明创造本身，而不是实施例。因此，权利要求中记载的技术方案不应当仅限于实施例公开的技术方案。

（4）权利要求对说明书披露的技术方案的概括可以到何种程度？

权利要求并不仅仅限于保护说明书中公开的实施例，而是可以对说明书公开的技术内容进行概括。但是，概括到何种程度才算合理呢？这是一个有争议的话题。根据《专利审查指南 2010》第二章第 3.2.1 节的规定，权利要求书中的每一项权利要求所要求保护的技术方案应当是所属技术领域的技术人员能够从说明书充分公开的内容中得到或概括得出的技术方案，并且不得超出说明书公开的范围。如果所属技术领域的技术人员可以合理预测说明书给出的实施方式的所有等同替代方式或明显变型方式都具备相同的性能或用途，则应当允许专利申请人将权利要求的保护范围概括至覆盖其所有的等同替代或明显变型的方式。对于用上位概念概括或用并列选择方式概括的权利要求，应当审查这种概括是否得到说明书的支持。如果权利要求的概括包括专利申请人推测的内容，而其效果又难于预先确定和评价，应当认为这种概括超出了说明书公开的范围。如果权利要求的概括使所属技术领域的技术人员有理由怀疑该上位概括或并列概括所包含的一种或多种下位概念或选择方式不能解决发明或者实用新型所要解决的技术问题，并达到相同的技术效果，则应当认为该权利要求没有得到说明书的支持。

在吕翠云与专利复审委员会、宜宾天原集团股份有限公司、南开大学、新晃新中化工有限责任公司发明专利权无效行政纠纷案[1]中，涉案专利是专利号为 ZL201110359617.9、名称为"一种用于合成氯乙烯的低汞复合催化剂及其制备方法"的发明专利，专利权人为宜宾天原集团股份有限公司（以下简称"宜宾天原公司"）、南开大学和新晃新中化工有限责任公司（以下简称"新晃新中公司"）。

涉案专利授权公告的权利要求 1 如下：

---

[1] 参见：北京市高级人民法院（2016）京行终 1428 号行政判决书和北京市第一中级人民法院（2014）一中行（知）初字第 10364 号行政判决书。

"1. 一种用于合成氯乙烯的低汞复合催化剂，其特征在于：催化剂活性组分为氯化汞、氯化钡和 FeCoP 的复合物；其中氯化汞占催化剂总重量的 3%～6%，氯化钡占催化剂总重量的 3%～6%，FeCoP 占催化剂总重量的 5%～10%，其中 FeCoP 的组成为 $Fe_{2-x}Co_xP$，x 的范围为 0.5～1.5，载体为比表面积在 700～1500m²/g 之间的改性处理后的煤质炭，所述的改性处理为将煤质炭在质量百分含量为 10% 的 KH550 硅烷偶联剂的水溶液中 120℃搅拌回流 3 小时，然后将所得混合物抽滤分离，之后将滤饼在 120℃烘干。"

针对上述权利要求，吕翠云于 2013 年 11 月 12 日向专利复审委员会提出了无效宣告请求，其中一项理由是：涉案专利权利要求 1 中限定的氯化汞、氯化钡、FeCoP 的含量范围，x 的数值范围得不到实施例具体数值的支持，不符合《专利法》第二十六条第四款的规定。据此请求宣告涉案专利权利要求 1 无效。

专利复审委员会作出的被诉决定认定：涉案专利说明书的四个实施例中采用了不同的氯化汞、氯化钡、FeCoP、硅烷改性剂的含量组合和 FeCoP 的配比，本领域技术人员在此基础上可以概括出要求保护的范围，并且能够合理预测该范围能够解决涉案专利发明要解决的技术问题。据此维持涉案专利有效。

一审法院认为涉案专利符合《专利法》第二十六条第四款的规定，判决驳回吕翠云的诉讼请求。

二审法院认为：首先，涉案专利旨在解决现有技术中高汞催化剂存在的问题，找到一种能够保持高活性、稳定性的低汞催化剂。涉案专利说明书的四个实施例中采用了不同的氯化汞、氯化钡、FeCoP、硅烷改性剂的含量组合和 FeCoP 的配比，本领域技术人员在此基础上可以概括出要求保护的范围，并且能够合理预测该范围能够解决涉案专利发明要解决的技术问题。其次，关于涉案专利说明书及其实施例公开的 $Fe_{1.5}Co_{0.5}P/C$ 所占比例为 5%，而权利要求1记载"FeCoP占催化剂总重量的5%～10%",二者不完全相符的问题。本领域技术人员知道,$Fe_{15}Co_{05}P/C$是作为助剂组分起到提高催化剂的活性和稳定性的作用,实施例公开的$Fe_{15}Co_{05}P/C$的比例为5%,亦即5%的$Fe_{15}Co_{05}P/C$能起到提高催化剂的活性和稳定性的作用。通常情况下,作为催化剂的助剂,只要控制在一定的范围内,适当提高其所占比例,也能起到基本相同甚至更好的作用,本领域技术人员对此能够预期。因此,本领域技术人员能够明确认知,10%的$Fe_{15}Co_{05}P/C$可以起到5%的$Fe_{15}Co_{05}P/C$的作用。涉案权利要求1记载"FeCoP占催化剂总重量的5%～10%",是在涉案专利说明书公开的"$Fe_{15}Co_{05}P/C$所占比例为5%"的基础上的合理概括,可以得到说明书的支持。综上,权利要求1能够得到说明书的支持,符合《专利法》第二十六条第四款规定的认定。二审法院遂判决维持原判。

该案的判决贯彻了上述《专利审查指南2010》第二部分第二章第3.2.1节"以说明书为依据"中规定的基本精神。该案确立的规则是:专利权利要求涵盖了说明书中公开的实施方式的等同替代方式的,如果所属技术领域的技术人员能够知道等同替代方式具备与说明书给出的实施方式相同的性能或用途,则应当认定权利要求得到说明书的支持。

(5)权利要求包含功能性技术特征的,如何判断其是否得到说明书的支持?

根据我国《专利审查指南2010》的规定,对于权利要求中所包含的功能性限定的技术特征,应当理解为覆盖了所有能够实现所述功能的实施方式。对于含有功能性限定的特征的权利要求,应当审查该功能性限定是否得到说明书的支持。如果权利要求中限定的功能是以说明书实施例中记载的特定方式完成的,并且所属技术领域的技术人员不能明了此功能还可以采用说明书中未提到的其他替代方式来完成,或者所属技术领域的技术人员有理由怀疑该功能性限定所包含的一种或几种方式不能解决发明或者实用新型所要解决的技术问题，并达到相同的技术效果，则权利要求中不得采用覆盖了上述其他替代方式或者不能解决发明或实用新型技术问题的方式的功能性限定。❶这一规定将功能性技术特征理解为覆盖了所有能够实现所述功能的实施方式，基本上等于宣告功能性技术特征限定的权利要求得不到说明书的支持，这无异于杜绝采用功能性技术特征的撰写方式。这种理解方式是不合理的，笔者在第三章"专利权利要求的解释"中有专节论述，此处不再赘述。

笔者的观点是，在授权确权阶段应当参照《最高人民法院关于审理侵犯专利权纠纷案件应用法律若干问题的解释》第四条确立的规则，对于权利要求中以功能或者效果表述的功能性技术特征，应当结合说明书和附图描述的该功能或者效果的具体实施方式及其等同的实施方式，确定该技术特征的内容。在确定了功能性技术特征的内容后，再判断权利要求书是否以说明书为依据。只要权利要求中的功能性技术特征，在说明书中公开了该功能的具体实施方式，就应当认定权利要求得到说明书的支持。相反，如果说明书并未公开该功能的具体实施方式，则权利要求得不到说明书的支持。

（二）权利要求书应当清楚、简要地限定要求专利保护的范围

权利要求书与说明书有各自的功能，说明书用于公开发明的技术方案，告诉所属技术领域的技术人员如何实施发明技术方案，而权利要求书则界定专利权的保护范围。一般认为，权利要求书具有两个功能：一为权利保护范围的界定功能，权利要求好

---

❶ 参见《专利审查指南2010》第二部分第二章第3.2.1节"以说明书为依据"。

比一个个篱笆桩，划定权利人和社会公众之间的界限；二为权利公示的功能，向社会公众宣示发明人的专利权。权利要求的上述两个功能决定了权利要求书必须满足一定的条件，即必须清楚、简要地限定要求专利保护的范围。第一，权利要求书必须清楚。权利要求书必须清晰地告诉社会公众发明人的技术方案和专利权的边界。唯有如此，社会公众才能明白专利技术方案和专利权的边界，才能避让；否则，权利要求不清楚，权利边界不清晰，社会公众就无法知道专利权的边界，这显然会妨害社会公众的行为自由。第二，权利要求书还应当简要，即简练地限定要求专利保护的范围。权利要求书不是说明书，不要求事无巨细，面面俱到，而只需要将发明的主题名称和技术特征组合在一起，简要地限定要求保护的技术方案（即专利的保护范围）。下面举例予以说明。

在柏万清与专利复审委员会、济宁为开妇幼用品有限公司、上海防电磁辐射协会、上海添吉纺织科技有限公司实用新型专利权无效行政纠纷案❶中，涉案专利是名称为"防电磁污染服"、专利号为200420091540.7的实用新型专利，其申请日为2002年5月8日，授权公告日为2006年12月20日，专利权人为柏万清。

涉案专利授权公告时的权利要求书如下：

"一种防电磁污染服，它包括上装和下装，其特征在于所述服装在面料里设有由导磁率高而无剩磁的金属细丝或者金属粉末构成的起屏蔽作用的金属网或膜。"

涉案专利说明书载明：该实用新型的目的在于克服已有技术的上述不足而提供一种成本低、保护范围宽和效果好的防电磁污染服。该实用新型的目的是这样实现的，其特征在于所述服装在面料里设有由导磁率高而无剩磁的金属细丝或者金属粉末构成的

---

❶ 参见：北京市高级人民法院（2015）高行（知）终字第1549号行政判决书。

起屏蔽保护作用的金属网或膜。所述的金属细丝可用市售 5 到 8 丝的钢丝等；所述的金属粉末可用如软铁粉末等。这种服装，由于能屏蔽各种电磁辐射，使人体免受危害，故实现了上述目的。这种防护服是在不改变已有服装样式和面料性能的基础上，通过在面料里织进导电金属细丝或者以喷、涂、扩散、浸泡和印染等任一方式的加工方法将导电金属粉末与面料复合，构成如图 1、2 的带网眼 2 的网状结构 1 即可。

2013 年 4 月 25 日，济宁为开妇幼用品有限公司（以下简称为"开公司"）、上海防电磁辐射协会（以下简称"防辐射协会"）、上海添吉纺织科技有限公司（以下简称"添吉公司"）针对涉案专利分别向专利复审委员会提出无效宣告请求，请求宣告涉案专利权全部无效，其中一项理由是：涉案专利权利要求 1 中采用了含义不确定的技术术语"导磁率高"，并且在其权利要求书的其他部分以及说明书中均未对这种金属材料导磁率的具体数值范围进行限定，也未对影响导磁率的其他参数进行限定，本领域技术人员无法根据说明书和权利要求书的记载直接而毫无疑义地确定何为导磁率高，导致该权利要求 1 的保护范围不清楚，不符合 2001 年《专利法实施细则》第二十条第一款（即现行《专利法》第二十六条第四款）的规定。

柏万清认为，"导磁率高"属于本领域的公知常识，其含义与保护范围是清楚的。

专利复审委员会作出的被诉决定认定：导磁率也可称为磁导率，且磁导率有绝对磁导率与相对磁导率之分，根据具体条件的不同还涉及起始磁导率、最大磁导率等概念。不同概念的含义不同，计算方式也不尽相同。磁导率并非常数，磁场强度发生变化时，磁导率即会发生相应变化。涉案专利说明书中，既没有记载导磁率在涉案专利技术方案中是指相对磁导率还是绝对磁导率或者其他概念，也没有记载导磁率高的具体范围，也没有记载包括磁场强度等在内的计算导磁率的客观条件。本领域技术人员根据涉案专利说明书,难以确定涉案专利中所称的导磁率高的具体含义,从而难以界定权利要求的保护范围。尽管柏万清提交了诸多附件意图证明"导磁率高"或"磁导率高"属于本领域公知常识或者现有技术,但是这些附件均因为各种原因不能被接受,且即使接受上述附件,其上记载的内容也不能说明导磁率高在本领域中统一的、确切的含义或范围是什么。综上所述,涉案专利权利要求1保护范围不清楚,不符合2001年《专利法实施细则》第二十条第一款的规定。

基于上述理由,专利复审委员会作出被诉决定,宣告涉案专利权全部无效。

一、二审法院均认为:专利权的保护范围由权利要求来限定,如果权利要求中包括含义不确定的词语,且结合该专利的说明书、本领域公知常识以及相关的现有技术,仍不能确定权利要求中该词语的具体含义,则应认为该权利要求保护范围不清楚。涉案专利权利要求1请求保护一种防电磁污染服,它包括上装和下装,其特征在于所述服装在面料里设有由导磁率高而无剩磁的金属细丝或者金属粉末构成的起屏蔽保护作用的金属网或膜。最高人民法院于2012年12月28日作出的已经发生法律效力的(2012)民申字第1544号民事裁定书明确认定:根据涉案专利说明书以及柏万清提供的有关证据,本领域技术人员难以确定权利要求1中技术特征"导磁率高"的具体范围或者具体含义,不能准确确定涉案专利权利要求1的保护范围。在该案中,柏万清亦未能提交相关证据证明在涉案专利所属技术领域中,本领域技术人员对于高导磁率的含义或者范围有着相对统一的认识。因此,涉案专利权利要求1保护范围不清楚,不符合2001年《专利法实施细则》第二十条第一款的规定。

在该案中,权利要求1的一个特征是"导磁率高而无剩磁的金属细丝或者金属粉末",“导磁率高"用于修饰金属细丝或者金属粉末。但是,“导磁率高"在所属技术领域并无通常含义,涉案专利说明书亦未予以界定,因此,这一术语表达什么含义,并不清楚。如此一来,“导磁率高而无剩磁的金属细丝或者金属粉末"的保护范围多大,就不清楚,权利要求1就没有清楚、简要地限定专利要求保护的范围。该案启示我们,在撰写权利要求时,对权利要求中的术语一定要进行合理的取舍,选定的术语要么在所属技术领域应当有通常含义,所属技术领域的技术人员一看就知道其含义,要么在专利权利要求或者说明书中予以特别的限定,告诉社会公众其具体的含义。

第六章　独立权利要求的必要技术特征

我国《专利法实施细则》第二十条第二款规定："独立权利要求应当从整体上反映发明或者实用新型的技术方案，记载解决技术问题的必要技术特征。"如何理解这一规定的含义？它是倡导性法律条款还是专利授权的实质性条款？它和《专利法》第二十六条第三款、第四款是什么关系？本章对此进行阐述。

第一节　对"必要技术特征"条款的解读

一、什么是"必要技术特征"？

《专利法实施细则》第二十条第二款规定："独立权利要求应当从整体上反映发明或者实用新型的技术方案，记载解决技术问题的必要技术特征。"根据《专利审查指南2010》的规定，必要技术特征是指发明或者实用新型为解决其技术问题所不可缺少的技术特征，其总和足以构成发明或者实用新型的技术方案，使之区别于背景技术中所述的其他技术方案。判断某一技术特征是否为必要技术特征，应当从所要解决的技术问题出发并考虑说明书描述的整体内容，不应简单地将实施例中的技术特征直接认定为必要技术特征。[1]

---

[1] 参见：《专利审查指南2010》第二部分第二章第3.1.2节"独立权利要求和从属权利要求"。

在一个发明或实用新型技术方案中,发明人针对背景技术中的技术问题作出了技术改进,取得了某种技术效果,解决背景技术中的技术问题所必不可少的全部技术特征构成的技术方案是发明人作出的区别于背景技术的新的技术方案,该技术方案之所以区别于背景技术中的技术方案,就在于其采用了解决背景技术中的技术问题的技术特征。为了表达这一新的技术方案,发明人应当将解决背景技术中的技术问题的全部技术特征都写入独立权利要求,这些技术特征就是必要技术特征。如果不将这些技术特征写入独立权利要求,独立权利要求反映的技术方案就无法区别于背景技术中的技术方案,就无法体现发明人的技术改进,同时也意味着发明人将与背景技术无异的技术方案纳入独立权利要求的保护范围,这显然背离了专利制度。因此,凡是解决背景技术中的技术问题的全部技术特征,作为必要技术特征,都应当写入独立权利要求。

二、"必要技术特征"条款是专利实质性要件条款

作为"必要技术特征"条款的《专利法实施细则》第二十条第二款位于第二章"专利的申请"中,该章的基本条款如下:

"第十五条 以书面形式申请专利的,应当向国务院专利行政部门提交申请文件一式两份。……

第十六条 发明、实用新型或者外观设计专利申请的请求书应当写明下列事项:……

第十七条 发明或者实用新型专利申请的说明书应当写明发明或者实用新型的名称,该名称应当与请求书中的名称一致。……

第十八条 发明或者实用新型的几幅附图应当按照'图1,图2,……'顺序编号排列。……

第十九条 权利要求书应当记载发明或者实用新型的技术特

征。……

第二十条　权利要求书应当有独立权利要求，也可以有从属权利要求。

独立权利要求应当从整体上反映发明或者实用新型的技术方案，记载解决技术问题的必要技术特征。

从属权利要求应当用附加的技术特征，对引用的权利要求作进一步限定。

第二十一条　发明或者实用新型的独立权利要求应当包括前序部分和特征部分，按照下列规定撰写：……

第二十二条　发明或者实用新型的从属权利要求应当包括引用部分和限定部分，按照下列规定撰写：……"

上述条款几乎都包含"应当"二字，但是欠缺法律效果要件。从文义来看，上述条款似乎旨在告诉专利申请人应当如何撰写专利申请文件。因此，有观点认为这些条款属于法律中的倡导性规范，即提倡和引导行为人如何为一定行为的法律条款。

对于法条的解读，不应当仅仅基于法条本身。执法者在适用法律时不是适用某个单独的法条，而是适用法律规范，即适用具有构成要件和法律效果的法律规范。法条与法律规范显然有别。法条有完全法条和不完全法条之分，完全法条是法律规范；不完全法条不是法律规范，必须与其他法条结合在一起才能构成可供适用的法律规范。❶ 由于上述条款缺少法律效果要件，如果专利申请人未遵照执行，法律效果如何，应当结合其他条款予以确定。因此，我们还需要寻找其他的法条，以确定缺少"必要技术特征"的专利申请的法律后果。

《专利法实施细则》第四十四条规定："专利法第三十四条和

---

❶ 参见：龙卫球. 民法总论 [M]. 2版. 北京：中国法制出版社，2002：36—47.

242

第四十条所称初步审查，是指审查专利申请是否具备专利法第二十六条或者第二十七条规定的文件和其他必要的文件，这些文件是否符合规定的格式，并审查下列各项：

（一）发明专利申请是否明显属于专利法第五条、第二十五条规定的情形，是否不符合专利法第十八条、第十九条第一款、第二十条第一款或者本细则第十六条、第二十六条第二款的规定，是否明显不符合专利法第二条第二款、第二十六条第五款、第三十一条第一款、第三十三条或者本细则第十七条至第二十一条的规定；

（二）实用新型专利申请是否明显属于专利法第五条、第二十五条规定的情形，是否不符合专利法第十八条、第十九条第一款、第二十条第一款或者本细则第十六条至第十九条、第二十一条至第二十三条的规定，是否明显不符合专利法第二条第三款、第二十二条第二款、第四款、第二十六条第三款、第四款、第三十一条第一款、第三十三条或者本细则第二十条、第四十三条第一款的规定，是否依照专利法第九条规定不能取得专利权；

（三）外观设计专利申请是否明显属于专利法第五条、第二十五条第一款第（六）项规定的情形，是否不符合专利法第十八条、第十九条第一款或者本细则第十六条、第二十七条、第二十八条的规定，是否明显不符合专利法第二条第四款、第二十三条第一款、第二十七条第二款、第三十一条第二款、第三十三条或者本细则第四十三条第一款的规定，是否依照专利法第九条规定不能取得专利权；

（四）申请文件是否符合本细则第二条、第三条第一款的规定。

国务院专利行政部门应当将审查意见通知申请人，要求其在指定期限内陈述意见或者补正；申请人期满未答复的，其申请视为撤回。申请人陈述意见或者补正后，国务院专利行政部门仍然认为不符合前款所列各项规定的,应当予以驳回。"

《专利法实施细则》第五十三条规定:"依照专利法第三十八条的规定,发明专利申请经实质审查应当予以驳回的情形是指:(一)申请属于专利法第五条、第二十五条规定的情形,或者依照专利法第九条规定不能取得专利权的;(二)申请不符合专利法第二条第二款、第二十条第一款、第二十二条、第二十六条第三款、第四款、第五款、第三十一条第一款或者本细则第二十条第二款规定的;(三)申请的修改不符合专利法第三十三条规定,或者分案的申请不符合本细则第四十三条第一款的规定的。"

由上述规定可知,在专利申请的初步审查程序中,专利复审委员会并不审查专利申请是否符合《专利法实施细则》第二十条第二款规定。但是,在发明专利申请的实质审查程序中,专利复审委员会要对专利申请是否符合《专利法实施细则》第二十条第二款的规定进行审查,如何不符合,则应当予以驳回。因此,《专利法实施细则》第二十条第二款规定和《专利法实施细则》第五十三条规定结合起来,才构成具有法律后果要件的完整的法律规范,即发明专利申请的独立权利要求应当从整体上反映发明或者实用新型的技术方案,记载解决技术问题的必要技术特征,否则国家知识产权局在实质审查程序中对该专利申请应当驳回。由此可见,《专利法实施细则》第二十条第二款规定是发明专利申请授权的实质性审查条款,如果发明专利申请不符合该款规定,则不可能获得授权。因此,具备"必要技术特征"是发明专利申请获得授权的实质性要件。既然"必要技术特征"条款是发明专利申请通过实质审查并获得授权的条件,该条款当然也应当成为专利确权的审查条款。

国家知识产权局对实用新型专利申请只进行初步审查,通过初步审查即授权。从上述规定来看,在专利授权程序中,国家知识产权局并不对实用新型专利申请是否符合"必要技术特征"条款进行审查。只有到了专利确权程序中,专利复审委员会才会对实用新型专利是否符合专利授权的实质性条件进行审查。因此,参照《专利法实施细则》第五十三条的规定,具备"必要技术特征"是实用新型专利申请获得授权的实质性要件,"必要技术特征"条款可以成为实用新型专利确权程序中的审查条款。

综上,"必要技术特征"条款并不是倡导性规范,该款规定和《专利法实施细则》第五十三条规定结合起来,构成完整的法律规范,是专利授权的实质性要件规范,可以成为专利确权程序中的审查条款。

三、"必要技术特征"条款和其他条款的关系

独立权利要求如果没有记载解决技术问题的必要技术特征,意味着独立权利要求没有真正反映说明书中记载的解决一定技术问题的发明技术方案,保护范围过宽,得不到说明书的支持,不符合《专利法》第二十六条第四款的规定。同时,独立权利要求缺少必要技术特征,表明其保护范围过宽,说明书没有披露这一较宽保护范围的技术方案,不符合《专利法》第二十六条第三款的规定。既然缺少必要技术特征的独立权利要求必然不符合《专利法》第二十六条第三款、第四款的规定,那么,这一规定似显多余。没有"必要技术特征"条款,仅凭《专利法》第二十六条第三款、第四款的规定,也能确保符合《专利法》第二十六条第三款、第四款规定的独立权利要求具备必要技术特征。因此,"必要技术特征"条款属于专利法体系中的冗余条款,并非必要。

第二节 "必要技术特征"的认定

一、"必要技术特征"是解决发明人声称的技术问题的技术特征

《专利法实施细则》第二十条第二款规定:"独立权利要求应当从整体上反映发明或者实用新型的技术内容,记载解决技术问题的必要技术特征。"根据上述规定,独立权利要求中记载的必要技术特征应当与发明或者实用新型专利所要解决的技术问题相对应。因此,要正确认定"必要技术特征",应当首先正确认定《专利法实施细则》第二十条第二款所称的"技术问题",只有准确地认定了技术问题,才能进一步认定解决该技术问题的必要技术特征。

《专利法》中提到的技术问题,有主观技术问题和客观技术问题之分。所谓主观的技术问题,是指专利说明书中记载的专利发明人主观声称的专利所要解决的技术问题。该技术问题与创造性判断中重新确定的技术问题并不相同,是专利发明人主观声称的技术问题。所谓客观的技术问题,是在专利创造性判断过程中,根据选定的最接近的现有技术重新确定的发明相对于该最接近的现有技术所要解决的技术问题。基于不同的最接近的现有技术确定的技术问题往往不同,因此,客观的技术问题并非如主观技术问题一样固定不变,而是动态变化的。

为什么《专利法实施细则》第二十条第二款所称的"技术问题"不同于创造性判断过程中根据最接近的现有技术所重新确定的发明实际解决的技术问题?首先,《专利法实施细则》第二十条第二款关于"必要技术特征"的规定与《专利法》第二十二条第三款关于创造性的规定,其功能不相同。前者是为了将解决背景技术中的技术问题所采用的全部技术特征都写入独立权利要求,

第六章 独立权利要求的必要技术特征

使独立权利要求反映的技术方案可以区别于背景技术。后者是为了确保真正明显有别于现有技术的技术方案获得授权。因此，与"必要技术特征"相对应的技术问题是专利文件中记载的、发明人主观声称的技术问题，与创造性判断中重新确定的发明实际解决的技术问题不同。其次，在判断权利要求是否具备创造性时，重新确定技术问题的目的，是确保创造性判断"三步法"适用的客观性，确保现有技术中是否存在技术启示、专利是否具备创造性的认定更为客观。该目的与《专利法实施细则》第二十条第二款的立法目的存在本质区别。最后，在创造性判断中，选定的最接近的现有技术不同，认定的区别技术特征往往也不同，重新确定的技术问题也会随之改变。因此，根据最接近的现有技术重新确定的发明实际解决的技术问题是动态的、相对的，通常不同于发明人在说明书中声称的发明所要解决的技术问题。因此，在认定权利要求是否缺少必要技术特征时，不能以重新确定的技术问题为基础。对此，最高人民法院在埃利康亚洲股份公司与专利复审委员会及刘夏阳、怡峰工业设备（深圳）有限公司发明专利权无效行政纠纷案中作出了正确的阐述："实施细则第二十一条第二款所称的技术问题，是指专利说明书中记载的专利所要解决的技术问题，是专利申请人根据其对说明书中记载的背景技术的主观认识，在说明书中主观声称的其要解决的技术问题……不同于在判断权利要求是否具有创造性时，根据权利要求与最接近的现有技术的区别技术特征，重新确定的专利实际解决的技术问题。"❶

二、必要技术特征与技术问题的对应关系

一项专利技术方案既可能针对背景技术中的一个技术问题作出改进，也可能针对背景技术中的多个技术问题作出改进，还可能针对多项背景技术，从不同角度、不同方面分别进行技术改

---

❶ 参见：最高人民法院（2014）行提字第11号行政判决书。

进，解决多个技术问题，取得若干技术效果。在专利发明人声称解决了多个技术问题的场合，如何认定必要技术特征，是一个应当特别注意的问题。在专利只解决一个技术问题的情况下，解决该技术问题的技术特征就是必要技术特征。在专利解决多个技术问题的情况下，如何认定必要技术特征，应当区别对待。如果专利所要解决的各个技术问题彼此相对独立，解决各个技术问题的技术特征彼此也相对独立的情况下，独立权利要求中记载了解决一个或者部分技术问题的必要技术特征的，就应当认定其符合《专利法实施细则》第二十条第二款的规定，不应要求其记载解决各个技术问题的所有技术特征。否则，会导致独立权利要求中记载的技术特征过多，保护范围被过分限制，与其创新程度不相适应，背离《专利法》"鼓励发明创造"的立法目的。但是，如果专利说明书明确记载专利技术方案同时解决了多个技术问题，取得了多项技术效果，这就表明专利申请人已明示专利技术方案在多个方面同时作出了技术改进，此时独立权利要求中应当记载能够同时解决多个技术问题的必要技术特征。否则，独立权利要求所反映的技术方案就没同时解决多个技术问题，就不是专利说明书中记载的专利技术方案。对此，最高人民法院（2014）行提字第11号行政判决书也进行了详细的阐述。

三、典型案例评析

【案例6-1】埃利康亚洲股份公司（以下简称"埃利康公司"）与专利复审委员会及刘某阳、怡峰工业设备（深圳）有限公司发明专利无效行政纠纷案[1]

◆ 基本案情

该案涉及专利号为ZL02803734.0、名称为"自动的机械停

---

[1] 参见：最高人民法院（2014）行提字第11号行政判决书。

车场中用于机动车水平传送的托架"发明专利（以下简称"涉案专利"）。专利权人为埃利康公司。涉案专利授权公告的权利要求1~15为：

"1. 在轮子（3）上自行走的托架，该托架用于在沿托架纵轴线排列成一线的各分区之间通过抬升两个或多个车轮（22，22′，23，23′）而在单层或多层自动的机械停车场中水平地传送机动车，该停车场包括机动车的入口、出口、停车及操纵的多个固定的和/或可移动的分区，该托架包括：该机动车的任一个或者两个轴的车轮（22，22′，23，23′）的一对或两对支承装置（58，59），这些装置可对称地及垂直于该托架的该纵轴线移动并被构造成通过该车轮的水平运动来完成一定中心动作，该水平运动根据车辆的各对车轮的内侧轮距的测量值而变化，导致该车辆的纵轴线与该托架的纵轴线重合；所述支承装置（58，59）还被构成用来停止移动和从所述车轮（22，22′，23，23′）的下面进行抬升，所述自行走的托架（3）的特征在于：它是借助于垂直于该托架纵轴线的水平轴线的铰链（2）而连接的，以允许该托架（3）的两部分之间相对转动，在该铰链（2）的每侧各有一个部分，一个部分至少具有4个支承轮子（3）而另一个部分至少具有2个支承轮子（3），一个部分还具有一对装置（58），装置（58）可对称地垂直于该托架纵轴线移动并被构造用来支承、定中心、停止移动及抬升该机动车的一个轴的两个车轮，而另一部分具有一对装置（59），装置（59）可对称地垂直于该托架纵轴线移动并被构造用来支承、定中心、停止移动及抬升该机动车第二轴的两个车轮，这些对装置（58及59）以这样一种方法来成形和定位：不论机动车的轴距如何都能同时地支承该机动车的4个车轮（22，22′，23，23′）。

2. 根据权利要求1所述的托架，其特征在于：被构造用于支承该机动车两个轴的车轮（22，22′，23，23′）的每一对装置

(58,59)由两个相向的框架组成,该两个相向的框架被构造用来对称地及垂直于该托架纵轴线平移运动,这些框架的特征在于:每个框架具有定中心杆(18,18′),定中心杆(18,18′)平行于该托架纵向轴线以与该机动车轮胎的侧壁接合并把它侧向推出;以及还具有金属支承(19,19′),金属支承(19,19′)在该定中心杆下面并垂直于该杆进行连接,以便当推动该轮胎时使它们自己定位在该机动车轮胎下面,和当垂直地移动轮胎时从下面与轮胎接合并且抬升它。

3. 根据权利要求2所述的托架,其特征在于:每个定中心杆(18,18′)装有一个或多个传感器,该传感器以接触所述杆的外表面的方式或以紧密接近该外表面的方式来检测该机动车车轮的存在。

4. 根据权利要求3所述的托架,其特征在于:用于检测该机动车车轮存在的该传感器包括施加在每个定中心杆(18,18′)表面上的可变电阻导电橡胶的压敏带(21,21′),定中心杆与该机动车轮胎进入接触并且压敏带(21,21′)以这样一种方法连接于一电控线路:即当与该机动车一个轴的各车轮相关的每对相向框架(58,59)的两个压敏带(21,21′)同时被压缩时,这个电路自动地关断而平移运动被停止,此时该机动车这个轴的两个车轮距该托架纵轴线等距离。

5. 根据前述权利要求中任一项所述的托架,其特征在于:用于支承该机动车车轮(22,22′,23,23′)的各对装置(58,59)的垂直平移运动受到相同的轴向凸轮(16)的转动的同时作用,每个轴向凸轮(16)绕一轴线转动,该轴线是垂直的并与该托架的纵轴线相交。

6. 根据权利要求5所述的托架,其特征在于:每一个单独的凸轮(16)具有两个相同的平滑螺旋表面,该螺旋表面以这样一种方法绕凸轮的轴线彼此相对转过180°:即支承该机动车车轮

250

第六章　独立权利要求的必要技术特征

的该装置（58，59）的垂直平移运动系统（8，9，17）能够作用于螺旋表面并在它们上面垂直移动，相对于垂直平面对称地通过该托架纵轴线，以便在该车辆已定中心之后，稳定住相对于该机动车质量的所述轴线的剩余偏心量。

7. 根据权利要求1所述的托架，其特征在于：它装备有用于限制要被传送的该机动车的质量的一系统，该系统包括一机械摩擦离合器，当由通过测力夹紧调节的一个或多个弹簧（42）的压缩施加在摩擦环（40）上的压力有变化时，该机械的摩擦离合器决定了可传送至抬升系统的最大扭矩。

8. 根据权利要求1所述的托架，其特征在于：它装备有一系统，该系统用于在传送期间连续地感测该托架在其纵轴线方向上的平移位置，该系统包括一绳（45），绳（45）连接于该托架，该托架经过合适的滚子（46）转动电子系统（47）的轴，电子系统（47）是不动的并且不连接于移动的托架，而该托架通过把该轴的转动与该绳的直线运动相联系，就可知道任何瞬间该托架在其纵向平移中的位置。

9. 根据权利要求1所述的托架，其特征在于：它装备有一系统，该系统在传送期间用于连续地感测该托架在其纵轴线方向上的平移位置，该系统包括一个或多个电子系统，该电子系统安装在该托架上，并且每个系统具有一信号发射器和一信号接收器，该信号被定向成朝着一预定的反射表面，以这样一种方法测量从该接收器至该反射表面的瞬时距离：即能够在任何瞬间知道该托架在其纵向平移中的位置。

10. 根据权利要求1所述的托架，其特征在于：它装备有用于检测一机动车是否存在于该托架上的一系统，该系统包括一个或多个电子系统（38），每个系统（38）装备有信号发射器及信号接收器，该信号瞄准可能被放置在托架上的机动车的质量，以便确定：在一区域内距该信号发射系统一预定距离处的、与已发射的信号相干涉的质量是存在或不存在。

11. 根据权利要求 1 所述的托架，其特征在于：它装备有一系统，该系统用于感测相对于所述车辆一个轴的机动车的前部长度及后部长度，该系统包括足够数量的电子系统（36，37），每个该电子系统装备有朝向可能被放置在托架上的该机动车的质量合适地垂直瞄准的信号的发射器及接收器，以便确定：在一区域内距该信号发射系统一预定距离处的、与已发射的信号相干涉的质量是存在或不存在。

12. 根据权利要求 1 所述的托架，其特征在于：每个入口分区装备有一系统，该系统在用户对机动车定位期间用于感测该机动车纵轴线与该托架纵轴线超出的失准量，该系统包括一个或多个电子系统（33），每个该电子系统（33）装备有信号发射器及信号接收器，这些信号相对彼此在一高度和一距离处是对称地及平行于该托架纵轴线瞄准的，如此以便可确定：可能自定位于距该托架纵轴线一确定距离处的机动车的任何轮胎是存在或不存在。

13. 有关根据权利要求 8 所述的托架的控制器，该控制器用于在一自动的机械停车场中存放和集中机动车，其特征在于：随着感测相对于机动车一个轴的该机动车的前部长度及后部长度和感测该托架的平移位置而变地，该托架这样使该机动车在一位置上停止及存放以优化涉及停车分区长度的该机动车长度。

14. 有关根据权利要求 10 所述的托架的控制器，该控制器用于在一自动的机械停车场中存放或集中机动车，其特征在于：当检测到一机动车的存在及该托架是在一停车分区中时，在存放一机动车时，支承该机动车的两个或多个车轮的装置的下降被该控制器中断，和在存储器中存储为这样：使得在所述停车分区中的下一个操作只能是一机动车的集中；而类似地在集中一机动车时，支承该机动车的两个或多个车轮的装置的抬升被该控制器中断,在存储器中存储为这样:使得在所述停车分区中的下一个操作只能是一机动车的存放。

15. 有关根据权利要求 12 所述的托架的控制器,该控制器使用户容易进入该入口分区,其特征在于:随着该机动车纵轴线相对于该托架纵轴线的失准量和该机动车平移位置而变地,为用户给出了有关该机动车驾驶的照亮的符号指示。"

针对涉案专利,刘夏阳(以下简称"第一请求人")于 2009 年 2 月 9 日向专利复审委员会提出无效宣告请求(以下简称"第一无效请求"),理由是涉案专利权利要求 1~15 不符合 2001 年修改的《专利法实施细则》(以下简称《实施细则》)第二十一条第二款的规定。

2009 年 5 月 4 日,怡锋公司(以下简称"第二请求人")亦针对涉案专利提出无效宣告请求(以下简称"第二无效请求"),理由是涉案专利不符合 2000 年修改的《专利法》(以下简称《专利法》)第二十二条第二款、第三款和实施细则第二十一条第二款的规定。

2009 年 7 月 24 日,刘夏阳再次提出无效宣告请求(以下简称"第三无效请求"),理由是涉案专利不符合《专利法》第二十二条第二款、第三款,第三十三条,第二十六条第三款、第四款,以及《实施细则》第二十条第一款的规定。

在第一无效请求、第二无效请求中,关于《实施细则》第二十一条第二款的无效理由为:(1)权利要求 1 缺少机械和电控两大类技术特征,其中关于电控的技术特征分别记载在权利要求 9~15 中,权利要求 1 中的机械部分特征只有支承装置(58、59)、铰链(2)和轮子(3),权利要求中既缺少部件,又缺少部件间的连接关系,支承装置(58)是被动的,需要主动件支承。权利要求 2~4 解决托架的平移问题,权利要求 5 和 6 解决托架的垂直运动问题。因此,权利要求 2~6 中的技术特征均是必要技术特征。（2）权利要求7、8的附加技术特征为必要技术特征，权利要求1缺少该必要技术特征。

专利复审委员会对第一无效请求、第二无效请求、第三无效请求进行合案审理，于2010年3月9日分别作出第14538、14542、14543号无效宣告请求审查决定，该案涉及第14543号决定（以下简称"被诉决定"）。被诉决定认为，权利要求1～3，引用权利要求1～3中任一项的权利要求5、6，以及权利要求7～15缺少必要技术特征，不符合《实施细则》第二十一条第二款的规定，故宣告所述权利要求无效。关于权利要求1，被诉决定认为："由权利要求1的记载可以看出，权利要求1的技术方案中采用了能同时完成支承、定中心、停止移动及抬升机动车的支承装置（58,59），该功能能够解决本发明所要解决的加快传送机动车速度和降低托架成本的技术问题。因此，在权利要求1中应记载完整的技术方案以解决该技术问题。但权利要求1中并没有详细描述支承装置（58,59）的结构，以及如何通过该装置同时完成支承、定中心、停止移动和抬升机动车的功能。权利要求1虽然记载了"并被构造成通过该车轮的水平运动来完成一定中心动作，该水平运动根据车辆的各对车轮的内侧轮距的测量值而变化，导致该车辆的纵轴线与该托架的纵轴线重合"，但根据所述内容，仅表述了通过水平运动完成定中心的目的，本领域技术人员不能得知该装置是如何通过车轮的水平运动来进行定中心的。也就是说，根据权利要求1的表述，不能实现同时完成支承、定中心、停止移动和抬升机动车的功能。权利要求1缺少有关支承装置（58,59）的结构以及通过该装置同时完成支承、定中心、停止移动和抬升机动车功能的方式的技术特征。"

在宣告权利要求1～3无效的基础上，专利复审委员会针对权利要求4，权利要求5和6直接或间接引用权利要求4的技术方案，审查了所述权利要求是否符合《专利法》第二十六条第四款的无效理由，并认定该无效理由不能成立。

埃利康公司不服被诉决定，向北京市第一中级人民法院提起行政诉讼。北京市第一中级人民法院作出（2010）一中知行初字第 2636 号行政判决书，驳回埃利康公司的诉讼请求。

埃利康公司不服一审判决，向北京市高级人民法院提起上诉。

北京市高级人民法院二审认为：（1）关于权利要求 1 是否缺少必要技术特征。涉案专利权利要求 1 的技术方案中采用了能同时完成支承、定中心、停止移动及抬升机动车的支承装置（58，59），该功能能够解决涉案专利所要解决的加快传送机动车速度和降低托架成本的技术问题，因此，在权利要求 1 中应记载完整的技术方案以解决该技术问题。但是，权利要求 1 中并没有详细描述支承装置（58，59）的结构以及如何通过该装置实现同时完成支承、定中心、停止移动和抬升机动车的功能，本领域技术人员也无法得知该装置是如何通过车轮的水平运动来进行定中心的。以定中心为例，支承装置水平运动到何种程度停止，如何实现对车辆各对车轮的内侧轮距的测量值的变化进行测量，本领域技术人员并不清楚。因此，涉案专利的独立权利要求 1 缺少有关支承装置（58，59）的结构，以及通过该装置同时完成支承、定中心、停止移动和抬升机动车功能的方式的技术特征。一审法院及专利复审委员会关于权利要求 1 缺少必要技术特征的认定正确。埃利康公司关于权利要求 1 不缺少必要技术特征的上诉主张不能成立。（2）一审法院及专利复审委员会关于其他从属权利要求缺少必要技术特征的认定正确。据此判决驳回上诉，维持一审判决。

埃利康公司不服二审判决，向最高人民法院申请再审称：

（1）被诉决定、二审判决认定权利要求 1 缺少必要技术特征，不符合《实施细则》第二十一条第二款的规定，认定事实错误,适用法律错误。①关于涉案专利所要解决的技术问题。被诉决定、二审判决仅考虑独立权利要求的内容,未结合涉案专利说明书中记载的背景技术,对涉案专利所要解决的技术问题认定错误。根据涉案专利说明书,涉案专利所要解决的技术问题为"机动车的可靠性,传送的速度,减小传送及停泊机动车所需的空间,减小用于传送及停泊机动车托架及相关系统的综合成本"。被诉决定和二审判决对涉案专利所要解决的技术问题认定错误。②涉案专利是在第EP430892号欧洲专利(以下简称"EP430892")的基础上完成的改进发明。EP430892是涉案专利最接近的现有技术。EP430892无法对前后车轮轴距不同的机动车实现定中心及停止移动的功能,并且其实现定中心及停止移动功能的装置与支承、抬升机动车的装置是分离的。EP430892具有传送速度慢、成本高的缺点。涉案专利主要在以下两方面对EP430892进行改进:一是设置了能够实现对前后车轮轴距不同的机动车进行定中心功能的装置;二是在前述定中心装置上,一并设置了实现支承、抬升功能的结构。涉案专利可以实现加快传送机动车速度和降低托架成本的功能,一并实现支承、定中心、停止移动和抬升机动车功能的支承装置是涉案专利的必要技术特征。③权利要求1并未缺少必要技术特征。在判断权利要求1是否缺少必要技术特征时,应当考虑说明书中记载的背景技术EP430892。机动车的前后轮轴距不同时,EP430892存在对中失灵的现象,传送机动车的可靠性降低,传送速度降低,综合成本提高,传送及停泊机动车的空间增大。涉案专利在EP430892的基础上作出了改进,设置了可以对前后轮轴距不同的机动车准确定中心的支承装置,采用了将定中心装置与支承、抬升装置集成为一体的结构,因此,权利要求1不缺少必要技术特征。

(2)《实施细则》第二十一条第二款与《专利法》第二十六条第四款均为专利无效理由,前者仅适用于独立权利要求,后者适用于所有的权利要求。如果独立权利要求没有记载与专利所要解决的技术问题对应的必要技术特征，则独立权利要求既不符合《实施细则》第二十一条第二款的规定，也不符合《专利法》第二十六条第四款的规定。针对权利要求1中的功能性技术特征，被诉决定一方面认定权利要求1缺少必要技术特征，另一方面又认定涉案专利符合《专利法》第二十六条第四款的规定，明显矛盾，法律适用错误。

（3）权利要求1使用功能性技术特征进行限定，并不缺少必要技术特征。根据《审查指南2001》第二部分第二章的规定，允许在权利要求中使用功能性技术特征来限定保护范围。权利要求1中以功能性技术特征"被构造用来支承、定中心、停止移动及抬升该机动车的一个轴的两个车轮"进行限定，被诉决定以权利要求1中使用功能性技术特征为由，认定权利要求1缺少必要技术特征，适用法律错误。被诉决定的认定架空了功能性技术特征的制度设计，意味着所有使用功能性技术特征的权利要求都面临着缺少必要技术特征的问题，导致权利要求被宣告无效。本领域技术人员结合说明书、附图以及本领域的现有技术，可明确得知支承装置的具体结构，以及实现其功能的方式。被诉决定中有关《专利法》第二十六条第四款的认定，已有相关认定。因此，权利要求1并不缺少必要技术特征。

（4）相关从属权利要求不缺少必要技术特征。①《实施细则》第二十一条第二款仅规定独立权利要求应当"记载必要技术特征"，并没有对从属权利要求作类似规定。被诉决定、二审判决认定涉案专利有关从属权利要求缺少必要技术特征，适用法律错误。②权利要求2、3不缺少必要技术特征。③权利要求4的附加技术特征"压敏带"并非必要技术特征。④在权利要求1、2、3不缺少必要技术特征的情况下，其他从属权利要求均不缺少必要技术特征。

(5) 被诉决定违反法定程序。被诉决定认定涉案专利不符合《实施细则》第二十一条第二款的理由,与无效请求人提出的事实依据不符。专利复审委员会违反了《审查指南2001》中有关请求原则和依职权审查的规定。

综上,二审判决认定事实错误、适用法律错误、违反法定程序,根据《行政诉讼法》第六十二条及《最高人民法院关于执行〈中华人民共和国行政诉讼法〉若干问题的解释》第七十二条第(一)项、第(二)项、第(三)项的规定,请求最高人民法院再审撤销被诉决定以及一、二审判决。

专利复审委员会提交意见认为:(1) 权利要求1缺少必要技术特征。①该发明利用同一托架,既能够实现定中心,也能够实现停止移动、支承和抬升车轮的功能。根据涉案专利说明书的记载,支承装置两侧的定中心杆分别接触到车辆的左右两侧轮胎,是完成定中心的关键步骤。权利要求1既没有记载支承装置的具体结构,也没有记载如何通过该装置同时完成支承、定中心、停止移动和抬升机动车的功能,缺少必要技术特征。②虽然权利要求1记载了"并被构造成通过该车轮的水平运动来完成一定中心动作,该水平运动根据车辆的各对车轮的内侧轮距的测量值而变化,导致该车辆的纵轴线与该托架的纵轴线重合",上述技术特征仅仅说明了通过水平运动完成定中心的功能。根据权利要求1记载的内容,本领域技术人员不能得知该装置如何通过车轮的水平运动进行定中心。(2) 专利复审委员会对请求人的无效宣告请求进行归纳,未违反请求原则。

刘夏阳、怡峰公司提交意见认为:(1) 权利要求1的主题为"在轮子上自行走的托架",权利要求1中限定了"可对称地垂直于该托架纵轴线移动并被构造用来支承、定中心、停止移动及抬升该机动车的一个轴的支承装置",因此,"自行走"和实现支承装置的四个功能(支承、定中心、停止移动及抬升)是权利要求

1必须解决的技术问题。(2)权利要求1与涉案专利说明书记载的技术方案不具有关联性,权利要求1不能解决涉案专利所要解决的技术问题。(3)与EP430892相比,第三人在无效宣告程序中提交的美国专利US2840248是最接近的现有技术。(4)对专利复审委员会的意见予以认可。

最高人民法院审查查明,二审判决认定的事实属实。

最高人民法院另查明以下事实:

(1)涉案专利说明书中的有关内容

说明书中记载:"关于已知的托架及附属系统,下面列举了更值得注意的现有技术:EP430892,EP236278,……US2890802。这些中没有一个令人满意地解决了涉及以下诸方面的所有问题:机动车的可靠传送(以下简称可靠传送),传送的速度(以下简称传送速度),减小传送及停泊机动车所需的空间(以下简称减小空间),和减小用于传送及停泊机动车的托架及相关系统的综合成本(以下简称减小成本)。因此,本发明的目的是以这样一种方法来解决所有这些问题:提供一种托架,是区别特性的总和的革新,该托架在实现其功能及克服现有技术的局限上是最佳的。""……本发明具有上面指出的所有最佳的特性,并且当与列举过的所有已知发明比较时是优越的。"

说明书第1页第27行至第3页第14行记载了涉案专利在可靠传送、传送速度、减小空间、减少成本四个方面所做的改进。

关于说明书记载的EP430892等十一份现有技术,说明书及附图中没有记载其具体的技术内容,但记载了与EP430892相比,涉案专利具有更高可靠性、较快传送、使停车分区变得较短和高度变低、综合成本较低等有益效果。

(2)被诉决定中有关《专利法》第二十六条第四款的认定

被诉决定认定涉案专利权利要求1~3、权利要求5或6直接或间接引用权利要求1~3的技术方案,以及权利要求7~15缺少必要技术特征,应被宣告无效。在此基础上,专利复审委员会针对权利要求4、权利要求5或6直接或间接引用权利要求4的技术方案,审查了其是否符合《专利法》第二十六条第四款规定的无效理由。

被诉决定认为该无效理由不能成立,具体理由为:"对于权利要求1中所述的定中心的方式'装置(58或59)……被构造用来支承、定中心、停止移动及抬升机动车的一个轴的两个车轮'","权利要求1虽然使用了功能性限定的技术特征,但是本领域技术人员根据说明书、附图及本领域的公知常识,能够确定合适的实施方式。"

最高人民法院认为,该案焦点问题为:(1)被诉决定、二审判决对涉案专利所要解决的技术问题的认定是否正确。(2)被诉决定中有关《实施细则》第二十一条第二款的认定,是否与其有关《专利法》第二十六条第四款的认定相矛盾。(3)被诉决定、二审判决中有关功能性技术特征的认定是否正确。(4)《实施细则》第二十一条第二款是否适用于从属权利要求。(5)被诉决定是否存在程序违法的情形。

1. 关于被诉决定和二审判决对涉案专利所要解决的技术问题的认定是否正确

被诉决定、二审判决认为,涉案专利权利要求1中采用了能同时完成支承、定中心、停止移动及抬升机动车的支承装置(58,59),故涉案专利所要解决的技术问题为加快传送机动车速度和降低托架成本。最高人民法院认为,上述认定缺乏事实依据,适用法律错误,具体理由如下。

首先,《实施细则》第二十一条第二款规定:"独立权利要求应当从整体上反映发明或者实用新型的技术内容,记载解决技术问题的必要技术特征。"根据上述规定,独立权利要求中记载的必要技术特征应当与发明或者实用新型专利所要解决的技术问题

第六章　独立权利要求的必要技术特征

相对应。正确认定《实施细则》第二十一条第二款所称的"技术问题"，是判断独立权利要求是否缺少必要技术特征的基础。

其次，在一项专利或者专利申请中，权利要求书与说明书是最为重要的两个部分，二者相互依存，形成紧密联系的有机整体。其中，权利要求书应当以说明书为依据，清楚、简要地限定专利权的保护范围；说明书应当为权利要求书提供支持，充分公开权利要求限定的技术方案，并可以用于解释权利要求的内容。《实施细则》第二十一条第二款的规定，旨在进一步规范说明书与权利要求书中保护范围最大的权利要求——独立权利要求的对应关系，使得独立权利要求限定的技术方案能够与说明书中记载的内容，尤其是背景技术、技术问题、有益效果等内容相适应。因此，《实施细则》第二十一条第二款所称的"技术问题"，是指专利说明书中记载的专利所要解决的技术问题，是专利申请人根据其对说明书中记载的背景技术的主观认识，在说明书中主观声称其要解决的技术问题。考虑到说明书中的背景技术、技术问题、有益效果相互关联，相互印证，分别从不同角度对专利所要解决的技术问题进行说明。因此，在认定专利所要解决的技术问题时，应当以说明书中记载的技术问题为基本依据，并综合考虑说明书中有关背景技术及其存在的技术缺陷、涉案专利相对于背景技术取得的有益效果等内容。独立权利要求中记载的技术特征本身，并非认定专利所要解决的技术问题的依据。因此，对于一审第三人有关依据权利要求1中记载的技术特征，权利要求1解决的技术问题是"自行走"和实现支承装置的四个功能（支承、定中心、停止移动及抬升）的主张，最高人民法院不予支持。

再次，《实施细则》第二十一条第二款所称的"技术问题"，不同于在判断权利要求是否具备创造性时，根据权利要求与最接近的现有技术的区别技术特征，重新确定的专利实际解决的技术问题。其理由是：其一，在判断权利要求是否具有创造性时，重新确定技术问题的目的，是为了规范自由裁量权的行使，使得对现有技术中是否存在技术启示的认定更为客观，对专利是否具备创造性的认定更为客观。该目的与《实施细则》第二十一条第二款的立法目的存在本质区别。其二，在判断创造性时，随着与权利要求进行对比的最接近的现有技术不同，认定的区别技术特征往往也会有所差异，重新确定的技术问题也会随之改变。因此，重新确定的技术问题是动态的、相对的，并且通常不同于说明书中记载的专利所要解决的技术问题。因此，在认定权利要求是否缺少必要技术特征时，不能以重新确定的技术问题为基础。一审第三人有关美国专利 US2840248 是最接近的现有技术的主张，与认定涉案专利所要解决的技术问题没有关联。

最后，专利权的保护范围应当与其创新程度相适应。在某些情况下，一个专利技术方案可以针对多项背景技术，从不同角度、不同方面分别进行技术改进，解决多个技术问题。这样的专利技术方案作出了较多的创新，理应予以充分保护和鼓励。专利权的保护范围与其独立权利要求中记载的技术特征的多寡密切相关。记载的技术特征越多，保护范围越窄；技术特征越少，保护范围越宽。因此，在专利所要解决的各个技术问题彼此相对独立，解决各个技术问题的技术特征彼此也相对独立的情况下，独立权利要求中记载了解决一个或者部分技术问题的必要技术特征的，即可认定其符合《实施细则》第二十一条第二款的规定，不应再要求其记载解决各个技术问题的所有技术特征。否则，会导致独立权利要求中记载的技术特征过多，保护范围被过分限制，与其创新程度不相适应，背离《专利法》"鼓励发明创造"的立法目的。但是，对于说明书中明确记载专利技术方案能够同时解决多个技术问题的，表明专利申请人已明示专利技术方案需要在多个方面同时作出技术改进。能够同时解决多个技术问题本身，

第六章　独立权利要求的必要技术特征

构成专利技术方案的重要有益效果，会对专利授权、确权以及授权后的保护产生实质性的影响。因此，说明书中明确记载专利技术方案能够同时解决多个技术问题的，独立权利要求中应当记载能够同时解决各个技术问题的必要技术特征。

在该案中，关于涉案专利所要解决的技术问题，涉案专利说明书中列举了 EP430892 等 11 项现有技术，针对这些现有技术，说明书中明确记载其解决的技术问题为："这些中没有一个令人满意地解决了涉及以下诸方面的所有问题：机动车的可靠传送，传送的速度，减小传送及停泊机动车所需的空间，和减小用于传送及停泊机动车的托架及相关系统的综合成本。"关于涉案专利的有益效果，说明书中相应地声称："本发明具有上面指出的所有最佳的特性，并且当与列举过的所有已知发明比较时是优越的。"针对背景技术 EP430892，说明书中亦记载涉案专利与 EP430892 相比，具有更高可靠性、较快传送、使停车分区变得较短和高度变低、综合成本较低等有益效果。说明书中记载的技术问题与有益效果相互呼应，彼此印证，并无矛盾之处。因此，根据涉案专利说明书中记载的技术问题、背景技术以及有益效果，涉案专利要同时解决可靠传送、传送速度、减小空间、减小成本四个方面的技术问题。独立权利要求 1 中应当记载能够同时解决上述四个方面的技术问题的必要技术特征。

被诉决定、二审判决未能以涉案专利说明书记载的内容为依据，而是依据权利要求 1 中记载的技术特征，以"采用了能同时完成支承、定中心、停止移动及抬升机动车的支承装置（58，59）"为由，认定涉案专利所要解决的技术问题为加快传送机动车速度和降低托架成本，认定事实与适用法律均有错误。埃利康公司的相关申请再审理由成立。专利复审委员会应在正确认定涉案专利所要解决的技术问题的基础上，重新对权利要求 1 是否缺少必要技术特征进行审查，重新作出审查决定。

2. 被诉决定中有关《实施细则》第二十一条第二款的认定是否与其有关《专利法》第二十六条第四款的认定相矛盾

首先,《专利法》第二十六条第四款与《实施细则》第二十一条第二款均涉及权利要求书与说明书的对应关系。《专利法》第二十六条第四款规定:"权利要求书应当以说明书为依据,说明要求专利保护的范围。"根据该规定,权利要求的概括应当适当,得到说明书的支持,使得权利要求的保护范围与说明书公开的内容相适应。与《实施细则》第二十一条第二款仅适用于独立权利要求缺少必要技术特征的情形所不同,《专利法》第二十六条第四款的适用范围更为宽泛。其不仅适用于独立权利要求,也适用于从属权利要求。不仅适用于权利要求中记载的技术特征(例如功能性技术特征)的范围过宽,技术特征本身不能得到说明书支持的情形,也适用于独立权利要求或者从属权利要求缺少技术特征,使得权利要求限定的技术方案不能解决专利所要解决的技术问题,权利要求整体上不能得到说明书支持的情形。因此,独立权利要求缺少必要技术特征,不符合《实施细则》第二十一条第二款的规定的,一般也不能得到说明书的支持,不符合《专利法》第二十六条第四款的规定。

在该案中,被诉决定一方面认定权利要求 1 中"并没有详细描述支承装置(58、59)的结构以及如何通过该装置同时完成支承、定中心、停止移动和抬升机动车的方式,……本领域技术人员不能得知该装置是如何通过车轮的水平运动来进行定中心的",据此认定权利要求 1 缺少必要技术特征。另一方面,又认定"权利要求 1 虽然使用了功能性限定的技术特征,但是本领域技术人员根据说明书、说明书附图及本领域的公知常识,能够确定合适的实施方式",据此认定权利要求 4 等符合《专利法》第二十六条第四款的规定。被诉决定中有关权利要求 1 缺少必要技术特征的认定,与其有关涉案专利符合《专利法》第二十六条第四款的

第六章 独立权利要求的必要技术特征

理由和结论相互矛盾,适用法律错误。埃利康公司的相关申请再审理由成立。专利复审委员会在重新作出审查决定时,应当重新对权利要求1是否符合《实施细则》第二十一条第二款、《专利法》第二十六条第四款的规定分别进行审查,避免再次出现矛盾的情形。

3. 被诉决定、二审判决中有关功能性技术特征的认定是否正确

关于支承装置(58、59),权利要求1以其实现的功能"被构造用来支承、定中心、停止移动及抬升",通过功能性技术特征对权利要求1的保护范围进行限定。最高人民法院认为,被诉决定、二审判决以权利要求1未能记载实现该功能的具体结构或者具体实现方式为由,认定其缺少必要技术特征,适用法律错误,具体理由如下:

首先,在权利要求中使用功能性技术特征,不为法律法规所禁止。《审查指南2001》第二部分第二章规定:"在某一技术特征无法用结构特征来限定,或者技术特征用结构特征限定不如用功能或效果特征来限定更为恰当,而且该功能或者效果能通过说明书中规定的实验,或者操作,或者所属技术领域的惯用手段直接和肯定地验证的情况下,使用功能或者效果特征来限定发明才可能是允许的。""对于含有功能性限定的特征的权利要求,应当审查该功能性限定是否得到说明书的支持。"《审查指南2001》的上述规定未与上位法相抵触,并在国务院专利行政部门的审查实践中得到长期、广泛的适用,人民法院可以参照适用。参照上述规定,虽然功能性技术特征受到较为严格的限制,但并不为法律、法规所完全禁止。在"无法用结构特征来限定,或者用结构特征限定不如用功能或效果特征来限定更为恰当"等情形下,亦有必要允许使用功能性技术特征进行限定。然而,基于被诉决定、二审判决中有关功能性技术特征的认定,对于所有使用功能

性技术特征的独立权利要求，都能够以其没有详细描述实现该功能的具体结构或者具体方式为由，认定其缺少必要技术特征，由此将导致在独立权利要求中完全排除功能性技术特征的使用。被诉决定、二审判决的认定与《审查指南2001》的前述规定相冲突，适用法律错误。

其次，在认定独立权利要求是否缺少必要技术特征时，关键在于独立权利要求中是否记载了解决技术问题的必要技术特征，即必要技术特征的有无问题。必要技术特征概括得是否适当，是否得到说明书的支持，应当另行依据《专利法》第二十六条第四款进行审查。根据《专利法》第二十六条第四款的规定，权利人在撰写权利要求书时，可以对具体实施方式中的技术特征进行概括，例如上位概括或者功能性概括，以获得较具体实施方式更为宽泛的保护范围。当然，权利人概括的技术特征应当能够得到说明书的支持，符合《专利法》第二十六条第四款的规定。《审查指南2001》亦规定："对于含有功能性限定的特征的权利要求，应当审查该功能性限定是否得到说明书的支持。"因此，对于说明书中记载的解决技术问题的结构特征、实现方式等，权利人可以进行功能性概括，以功能性技术特征对独立权利要求的保护范围进行限定。独立权利要求中记载了解决技术问题的必要技术特征的，即使其为功能性技术特征，亦应当认定其符合《实施细则》第二十一条第二款的规定，不宜再以独立权利要求中没有记载实现功能的具体结构或者方式为由，认定其缺少必要技术特征。专利复审委员会认为该功能性技术特征概括不适当，不能得到说明书的支持，有必要在独立权利要求中进一步限定实现功能的具体结构或者实现方式的，应当另行依据《专利法》第二十六条第四款进行审查。被诉决定、二审判决以权利要求1未能记载实现该功能的具体结构或者具体实现方式为由，认定其缺少必要技术特征，适用法律错误。埃利康公司的相关申请再审理由成立。

4. 关于《实施细则》第二十一条第二款是否适用于从属权利要求

埃利康公司认为,《实施细则》第二十一条第二款仅适用于独立权利要求,被诉决定和二审判决认定有关从属权利要求缺少必要技术特征,适用法律错误。

最高人民法院认为,《实施细则》第二十一条第二款规定:"独立权利要求应当……记载解决技术问题的必要技术特征。"因此,《实施细则》第二十一条第二款仅适用于独立权利要求,不能直接适用于从属权利要求。但是,根据《专利法》第四十七条第一款的规定,"宣告无效的专利权视为自始即不存在"。因此,如果独立权利要求被宣告无效,该独立权利要求应视为自始即不存在,直接从属于该独立权利要求的从属权利要求将成为新的独立权利要求,其同样应当记载解决技术问题的必要技术特征,符合《实施细则》第二十一条第二款的规定。在该案中,被诉决定在宣告权利要求1无效的情况下,继续对有关从属权利要求是否缺少必要技术特征进行审查,适用法律并无不当。因此,埃利康公司的主张不能成立。

5. 关于被诉决定是否违反法定程序

埃利康公司认为,被诉决定违反《审查指南2001》中有关请求原则和依职权审查的规定,程序违法。

最高人民法院认为,在无效行政程序中,第一请求人、第二请求人主张权利要求1缺少机械和电控两大类技术特征,既缺少部件,也缺少部件间的连接关系;权利要求2~15中的技术特征均为必要技术特征。基于上述理由,专利复审委员会作出被诉决定,认定权利要求1及相关从属权利要求缺少必要技术特征,其审查范围没有超出请求人主张的范围,不存在违反《审查指南2001》中有关请求原则和依职权审查的规定的情形。因此,埃利康公司的主张不能成立。

综上所述,被诉决定认定事实、适用法律均有错误,应予撤销。专利复审委员会应当重新对涉案专利作出无效审查决定。一、二审判决错误维持被诉决定,应当相应予以撤销。最高人民法院遂判决:(1)撤销北京市高级人民法院(2011)高行终字第522号行政判决和北京市第一中级人民法院(2010)一中知行初字第2636号行政判决;(2)撤销国家知识产权局专利复审委员会第14543号无效宣告请求审查决定;(3)国家知识产权局专利复审委员会就名称为"自动的机械停车场中用于机动车水平传送的托架"的02803734.0号发明专利重新作出无效宣告请求审查决定。

◆ 评 述

该判决详细阐述了《实施细则》第二十一条第二款所称的"必要技术特征"的认定方法,是十分重要的一份判决,对于指导专利法实践具有十分重要的意义。该判决认为《实施细则》第二十一条第二款所称的"技术问题",是指专利说明书中记载的专利所要解决的技术问题,是专利申请人根据其对说明书中记载的背景技术的主观认识,在说明书中主观声称的其要解决的技术问题。该问题不同于在判断权利要求是否具备创造性时,根据权利要求记载的技术方案与最接近的现有技术的区别技术特征,重新确定的专利实际解决的技术问题。

该判决还阐述了在专利文件声称解决多个技术问题时"必要技术特征"的认定方法。该判决认为,在专利所要解决的各个技术问题彼此相对独立,解决各个技术问题的技术特征彼此也相对独立的情况下,独立权利要求中记载了解决一个或者部分技术问题的必要技术特征的,即可认定其符合《实施细则》第二十一条第二款的规定,不应再要求其记载解决各个技术问题的所有技术特征。但是，对于说明书中明确记载专利技术方案能够同时解决多个技术问题的，表明专利申请人已明示专利技术方案需要在多个方面同时作出技术改进，独立权利要求中应当记载能够同时解决各个技术问题的必要技术特征。该判决确定的判断规则和方法十分正确，对于指导专利审查实践具有十分重要的意义。

第七章 创 造 性

第一节 创造性的概念

一、创造性要件

各国专利法对专利都提出了创造性的要求，只不过提法不一样，我国谓之"创造性"，而美国、欧洲国家谓之"非显而易见性"(Non—obviousness)，其实都是一个意思，即专利权利要求与现有技术相比，必须具有明显的区别，才能获得授权。

美国现行专利法第 103 条规定："尽管要求保护的发明不是和第 102 条（新颖性）所规定的那样与已经披露的内容完全一致，但是，如果该要求保护的发明和现有技术之间的区别使得所属客体作为一个整体在发明创造作出之时，对于所在领域的普通技术人员而言是显而易见的，则该要求保护的发明不能获得专利权。"[1] 由此可知，要求保护的发明和现有技术之间的区别不能

---

[1] See 35 U.S.C.A. § 103, "A patent for a claimed invention may not be obtained, not withstanding that the claimed invention is not identically disclosed as set forth in section 102, if the differences between the claimed invention and the prior art are such that the claimed invention as a whole would have been obvious before the effective filing date of the claimed invention to a person having ordinary skill in the art to which the claimed invention pertains. Patentability shall not be negated by the manner in which the invention was made."

是显而易见的，始能获得专利权，如果二者之间的区别对于所属技术领域的技术人员而言是显而易见的，则无法获得专利权。

与美国、欧洲国家的提法不同，我国则要求专利必须具备创造性。我国《专利法》第二十二条第一款规定："授予专利权的发明和实用新型，应当具备新颖性、创造性和实用性。"第二十二条第三款规定："创造性，是指与现有技术相比，该发明具有突出的实质性特点和显著的进步，该实用新型具有实质性特点和进步。"根据上述条款的文字，所谓"创造性"，对于发明专利而言，必须满足"突出的实质性特点"和"显著的进步"两个要件；对于实用新型专利而言，则必须满足"实质性特点"和"进步"两个要件。这与美国、欧洲国家仅要求"非显而易见性"一个要件有所不同。

根据《专利审查指南2010》的规定，所谓"突出的实质性特点"，是指对所属技术领域的技术人员来说，发明现对于现有技术是非显而易见的，是否显而易见的判断则适用"三步法"。所谓"显著的进步"，是指发明与现有技术相比能够产生有益的技术效果。以下情况，通常应当认为发明具有有益的技术效果，具有显著的进步：（1）发明与现有技术相比具有更好的技术效果，例如，质量改善、产量提高、节约能源、防治环境污染等；（2）发明提供了一种技术构思不同的技术方案，其技术效果能够基本上达到现有技术的水平；（3）发明代表某种新技术发展趋势；（4）尽管发明在某些方面有负面效果，但在其他方面具有明显积极的技术效果。

但是，在实践中，专利复审委员会和法院在很多案件中对于创造性的判断往往只就"非显而易见性"要件作判断，而很少再对"显著的进步"进行认定，即使审查"显著的进步"要件，也是一笔带过，简单地表述为"该技术方案具有有益的技术效果"，不再详细阐述具体的理由。可见，"显著的进步"要件的审查已趋于形式化。

笔者认为实践的做法具有一定的合理性。在发明专利的创造性判断中，只就第一个要件"突出的实质性特点"进行判断，即为已足；第二个要件"显著的进步"实际上是不必要的，因为任何一个发明技术方案都必定具有一定的技术效果，而只要该发明技术方案不违反法律、公序良俗，其效果必定是有益的，而不是有害的。也就是说，一项技术方案，只要不违反法律、公序良俗，而且具有"突出的实质性特点"，当然就具有一定的技术效果，符合"显著的进步"要件。因此，"显著的进步"作为一个额外的要件实属多余，并非必要。基于此，在实践中，专利复审委员会和法院在审查有关技术方案时，在对发明技术方案的"突出的实质性特点"作出判断后，对于"显著的进步"要件，没有必要再作实质的审查，可以简单地一笔带过，例如，表述为"该技术方案具有有益的技术效果"即可。

二、发明专利和实用新型专利创造性高度的区别

根据我国《专利法》第二十二条第三款的规定，与现有技术相比，发明应当具有突出的实质性特点和显著的进步，实用新型应当具有实质性特点和进步。二者的创造性高度要求显然有别。问题的关键是如何落实《专利法》对二者提出的不同要求。根据《专利审查指南2010》的规定，二者的区别通常体现在下述两个方面：❶

第一，现有技术的领域。对于发明专利而言，不仅要考虑该发明专利所属的技术领域，还要考虑其相近或相关的技术领域，以及该发明所要解决的技术问题能够促使本领域的技术人员到其

---

❶ 参见：《专利审查指南2010》第四部分第六章第4节"实用新型专利创造性的审查"。

中去寻找技术手段的其他技术领域。对于实用新型专利而言，一般着重于考虑该实用新型专利所属的技术领域；但是，现有技术中给出明确的启示，例如现有技术中有明确的记载，促使本领域的技术人员到相近或者相关的技术领域寻找相关技术手段的，可以考虑其相近或者相关的技术领域。

第二，现有技术的数量。对于发明专利而言，可以引用一项、两项或者多项现有技术评价其创造性。对于实用新型专利而言，一般情况下可以引用一项或者两项现有技术评价其创造性，但是由现有技术通过"简单的叠加"而成的实用新型专利，可以根据情况引用多项现有技术评价其创造性。

根据文义解释，"一般情况"之情形是相对于后文的"拼凑"之情形而言，亦即，非由现有技术通过"简单的叠加"而成的实用新型专利，可以引用一项或者两项现有技术评价其创造性，由现有技术通过"简单叠加"而成的实用新型专利，可以根据情况引用多项现有技术评价其创造性。

为了区别发明专利和实用新型专利的创造性高度，对现有技术的领域作不同对待是科学的，也是可行的；但是从现有技术的数量上进行区分，则可能略显武断，并不合理。在实践中，专利复审委员会在有些案件中也并非按此操作，法院也予以支持。例如，在上海多环油烟净化设备有限公司（以下简称"多环公司"）与专利复审委员会及周展涛实用新型专利权无效行政纠纷案中，❶ 涉案专利为"一种侧吸式双风道油烟净化机"的实用新型专利，专利权人为多环公司。授权公告的权利要求书如下：

"1. 一种侧吸式双风道油烟净化机，包含排风机芯和装有吸风网罩的外壳，其特征是：排风机机芯是一个装有双风轮（11）的，离心式双蜗壳烟槽（9），中间嵌装一个偏平电机（10）所构

---

❶ 参见：北京市高级人民法院（2014）高行（知）终字第3588号行政判决书。

成；吸风过滤网夹罩（6），安装于垂直锅灶平台的机壳迎油面上；过滤网罩（6）是由间隔平行分布的半圆瓦片状长条连接于长方形框边所构成；两框上下凹面相对，错位按排，互相包容，平行边框两端各有可调节分开度的二螺钉（7）。"

周展涛针对涉案专利提出了无效宣告请求，理由之一是涉案专利权利要求1相对于对比文件1、6、4记载的技术方案的结合不具备创造性。专利复审委员会认定，"在对比文件1、对比文件6和对比文件4的基础上，本领域的技术人员得到涉案专利权利要求1请求保护的技术方案是显而易见的，所以权利要求1不具有实质性特点"，据此宣告涉案专利权无效。由该案可知，专利复审委员会针对涉案实用新型专利，引用了三项现有技术否定其创造性，但是，专利复审委员会并未论证涉案专利是对比文件1、6、4三份对比文件记载的现有技术方案的"简单的叠加"。可见，专利复审委员会并未严格执行《专利审查指南2010》的有关规定。多环公司的起诉理由之一是专利复审委员会引用了三项现有技术评价涉案专利的创造性，违反了《专利审查指南2010》的有关规定。对此，一审法院认为，《专利审查指南2010》的前述规定并未明确禁止使用三项以上的现有技术评价实用新型专利的创造性；二审法院认为，《专利审查指南2010》的上述规定并未明确禁止使用三项以上的现有技术评价实用新型专利的创造性，引用多少项现有技术，应当根据个案情况予以确定。

就该案的创造性判断而言，专利复审委员会及一、二审法院的认定是正确的。根据查明的事实，涉案专利权利要求1与对比文件1相比，两者的区别特征为：（1）权利要求1是一种侧吸式双风道油烟净化机，吸风过滤网夹罩（6）安装于垂直锅灶平台的机壳迎油面上；（2）权利要求1中过滤网罩（6）是由间隔平行分布的半圆瓦片状长条连接于长方形框边所构成；两框上下凹面相对，错位按排，互相包容，平行边框两端各有可调节分开度的二螺钉（7）。

关于区别特征（1），对比文件6公开了一种吸油烟机，机体正面有两个进风口，两条风道5一端分别固定连接两个进风口，另一端同时与出风口4由风道密封圈12密封连接，两个风轮17分别在风道内靠近进风口一端，各套接在一个电机轴上，两只电机分别固定安装在机体内，两个进风口均安装网罩18。这种结构的吸油烟机由于在机体的正面和顶部均设置了吸烟机构，既发挥了侧吸式油烟机近距离吸油烟的特点，也避免了侧吸式油烟机漏烟的缺点（见对比文件6第1页倒数第2行至第2页第17行以及图1、2）。即对比文件6给出了当采用侧吸式油烟机时，网罩安装在垂直于锅灶平台的机壳迎油面上的技术启示，对比文件6与对比文件1属于相同的技术领域，为了近距离吸油烟，本领域技术人员容易想到将对比文件1公开的机芯用于侧吸式油烟机，并将网罩安装在垂直于锅灶平台的机壳迎油面上。

关于区别特征（2），对比文件4公开了多个过滤罩3纵向、并列地排列在顶罩或顶盖上，过滤罩作为一个整体，包括一对可伸缩的边框4和5，每个边框呈类长方形，边框5与边框4结构类似，边框4具有相互平行顶部和底部6、7，以及在拐角处与该顶部和底部分别连接的两端部8，9，并且，边框4的顶部10和侧面11之间、边框5的顶部12和侧面13之间均有一定的角度。边框4和边框5之间的深度较浅。每个边框固定在同样的上下角杆20、21上。边框4和5作为整体，分别设置有挡板30和31，该挡板具有横截面为等腰梯形的开口通道。挡板包括底部35和侧部或腿部36和37，底部35和侧部之间具有基角。在每个框架5上设置有横向延伸的挡板，挡板底部35固定在上下角杆20、21上。每个边框的挡板间隔平行分布，如挡板40和41。各边框4和5的挡板的侧部由通道包容，这些挡板中，边框4上挡板的腿部与边框5上挡板的腿部相互平行。调节伸缩边框4和5之间的间隙，使得两侧挡板腿部之间的重叠大小或者相对挡板之间的通道大小产生变化。这一调整的实现方法如图6所示，其中，螺钉50穿过边框4、角杆20的腿部和角杆21上的洞与边框5连接，螺旋压缩弹簧51环绕螺钉50，其轴向的一端与一个挡板的底部相对，另一端与角杆21相对。旋转螺钉使得边框4一侧设置的挡板与边框5一侧设置的挡板接近或远离。因此，在通过旋转螺钉50使得相对挡板的腿部之间，或者挡板30与图5中虚线所示的挡板31之间的空间变大或变小时，挡板30的腿部36、37与边框5上设置的两个相应挡板31的腿部36和37间隔重叠。这一路径通过改变相对挡板之间的空间变化进行控制。只要在过滤罩的静态压力允许下，能够在烤鸡时根据需求调整气流，或者能够根据建筑规范调整气流（见对比文件4中文译文第1页以及说明书附图1、3~7）。对比文件4的附图3、4中示出了挡板为长条形，两边框的挡板上下凹面相对，错位按排，互相包容。对比文件4与对比文件1属于相同的技术领域，本领域技术人员很容易将二者相结合。并且，通过对比文件4给出的挡板具有横截面为等腰梯形的开口通道的技术启示，在此基础上，本领域技术人员想到将挡板的横截面设计成半圆瓦片状是不需要花费创造性劳动的。而且，在对比文件4公开的每个边框固定在同样的上下角杆20、21上，挡板底部35固定在上下角杆20、21上的基础上，根据具体的安装情况，本领域技术人员可以选择将挡板固定在边框边上，以及将二螺钉设置在平行边框两端。

因此，在对比文件1、6、4的基础上，本领域的技术人员得到涉案专利权利要求1请求保护的技术方案是显而易见的，权利要求1不具有实质性特点，不符合《专利法》第二十二条第三款有关创造性的规定。

实际上，从技术方案来看，涉案实用新型专利的创造性高度是很低的，如果不允许引用上述对比文件1、6、4三项现有技术来评价其创造性，则无法宣告涉案专利权无效，这明显不合理。因此，专利复审委员会和法院的认定结论是合理的。但是，专利复审委员会和一、二审法院都没有遵守《专利审查指南2010》关于"一般情况下可以引用一项或者两项现有技术评价实用新型专利的创造性"的规定。这种做法在实践中也引发了争议。《专利审查指南2010》是部门规章，法院在司法审查中可以参照，但没有适用的义务，法院可以不受《专利审查指南2010》的约束。一、二审法院完全可以指出《专利审查指南2010》上述规定的不合理之处，并决定不予参照。可是，一、二审法院认为《专利审查指南2010》的上述规定并未明确禁止使用三项以上的现有技术评价实用新型专利的创造性，这一解释显得牵强，改变了该项规定的文义。

鉴于实践做法和《专利审查指南2010》之间的冲突，笔者建议对《专利审查指南2010》的上述规定进行调整，取消"现有技术的数量"的明确限制，由专利行政机关和法院在个案中去衡量；保留"现有技术领域"的限制即可。

第二节 创造性的判断方法

一、美国的专利创造性判断方法

美国专利法对于发明的创造性要求体现于第103条，美国联邦最高法院在Graham案中对第103条的适用作出了解释，认为非显而易见性的判断根本上是一个法律问题，答案取决于几个相关事实的调查，这些事实后来被总结为"Graham"因素，包括：(1)本领域普通技术人员的水平；(2)现有技术的范围和内容；

（3）所要求保护的发明创造和现有技术之间的区别；（4）次要考虑因素（非显而易见性的客观表征）。❶

美国 MPEP 根据联邦最高法院在 Graham 案中的判决要旨，确定了专利创造性的判断方法，即在调查下述事实的基础上作出认定：（1）确定现有技术的范围和内容；（2）确定发明和现有技术范围之间的区别；（3）考虑相关领域普通技术人员的水平。在认定过程中，也需要考虑商业上的成果、长期未解决的技术需要、他人的失败、预料不到的结果等客观证据。❷

二、欧洲专利局的专利创造性判断方法

《欧洲专利局审查指南》规定了创造性的判断方法，即"问题和解决方案法"（problem-and-solution approach）。通常按照下列三个步骤进行：（1）确定最接近的现有技术；（2）确定要解决的技术问题；（3）从最接近的现有技术和技术问题出发，考量涉案发明对所属技术领域的技术人员是否是显而易见的。❸ 这种判断方法的基本思想可以概括如下：在所有现有技术中选出一个与涉案发明最接近的现有技术；列出涉案发明技术与最接近的现有技术的所有区别技术特征；根据区别技术特征所能达到的技术效果确定涉案发明所实际要解决的技术问题；考量现有技术是否给出技术启示，促使所属技术领域的技术人员在面对涉案发明所要实际解决的技术问题时有动机对最接近的现有技术进行改进以得到涉案发明技术方案。由上可知，欧洲专利局的创造性判断

---

❶ 参见：J. M. 穆勒. 专利法 [M]. 3 版. 沈超，等，译. 北京：知识产权出版社，2013：182－216.

❷ See MPEP 2141-Examination Guidelines for Determing Obviousness Under 35 U.S.C. Rev. 07. 2015, November 2015.

❸ 参见：*Guidelines For Examination in the European Patent Office* PART C CHAPTER IV 11.7.

方法实际上和我国的"三步法"是一致的。

三、我国的专利创造性判断方法

我国在专利创造性判断方法上采用"三步法"。根据《专利审查指南 2010》的规定，判断要求保护的发明相对于现有技术是否显而易见，通常可按照以下三个步骤进行。[1]

（一）确定最接近的现有技术

最接近的现有技术，是指现有技术中与要求保护的发明最密切相关的一个技术方案，它是判断发明是否具有突出的实质性特点的基础。最接近的现有技术，例如可以是，与要求保护的发明技术领域相同，所要解决的技术问题、技术效果或者用途最接近和/或公开了发明的技术特征最多的现有技术，或者虽然与要求保护的发明技术领域不同，但能够实现发明的功能，并且公开发明的技术特征最多的现有技术。应当注意的是，在确定最接近的现有技术时，应首先考虑技术领域相同或相近的现有技术。

（二）确定发明的区别特征和发明实际解决的技术问题

在审查中应当客观分析并确定发明实际解决的技术问题。为此，首先应当分析要求保护的发明与最接近的现有技术相比有哪些区别特征，然后根据该区别特征所能达到的技术效果确定发明实际解决的技术问题。从这个意义上说，发明实际解决的技术问题，是指为获得更好的技术效果而需对最接近的现有技术进行改进的技术任务。

在审查过程中，由于审查员所认定的最接近的现有技术可能不同于申请人在说明书中所描述的现有技术，因此，基于最接近

---

[1] 参见：《专利审查指南 2010》第二部分第四章第 3.2.1.1 节"判断方法"。

的现有技术重新确定的该发明实际解决的技术问题，可能不同于说明书中所描述的技术问题；在这种情况下，应当根据审查员所认定的最接近的现有技术重新确定发明实际解决的技术问题。

重新确定的技术问题可能要依据每项发明的具体情况而定。作为一个原则，发明的任何技术效果都可以作为重新确定技术问题的基础，只要本领域的技术人员从该申请说明书中所记载的内容能够得知该技术效果即可。

（三）判断要求保护的发明对本领域的技术人员来说是否显而易见

在该步骤中，要从最接近的现有技术和发明实际解决的技术问题出发，判断要求保护的发明对本领域的技术人员来说是否显而易见。在判断过程中，要确定的是现有技术整体上是否存在某种技术启示，即现有技术中是否给出将上述区别特征应用到该最接近的现有技术以解决其存在的技术问题（即发明实际解决的技术问题）的启示，这种启示会使本领域的技术人员在面对所述技术问题时，有动机改进该最接近的现有技术并获得要求保护的发明。如果现有技术存在这种技术启示，则发明是显而易见的，不具有突出的实质性特点。

下述情况，通常认为现有技术中存在上述技术启示：

（1）所述区别特征为公知常识，例如，本领域中解决该重新确定的技术问题的惯用手段，或教科书或者工具书等中披露的解决该重新确定的技术问题的技术手段；

（2）所述区别特征为与最接近的现有技术相关的技术手段，例如，同一份对比文件其他部分披露的技术手段，该技术手段在该其他部分所起的作用与该区别特征在要求保护的发明中为解决该重新确定的技术问题所起的作用相同；

（3）所述区别特征为另一份对比文件中披露的相关技术手

段，该技术手段在该对比文件中所起的作用与该区别特征在要求保护的发明中为解决该重新确定的技术问题所起的作用相同。

现在一般认为，"三步法"是专利创造性判断的一般方法，但并不一定是唯一可靠的方法。工作方法是达成工作目标的手段，手段不可能唯一，随着认识的深入，人们完全可能发现、发明实现工作目标的新的手段。因此，断言"三步法"是判断创造性的唯一可靠方法，在哲学认识论上是错误的。但是，在尚未发现其他更好的、更客观的判断方法之前，"三步法"是目前最实用的判断方法。

四、"预料不到的技术效果"判断法是独立的创造性判断方法吗？

《专利审查指南 2010》在第二部分第十章第 6.1 节"化合物的创造性"中，就结构上与已知化合物接近的化合物的创造性判断，作出了特别的规定：结构上与已知化合物接近的化合物，必须要有预料不到的用途或者效果，才具备创造性。据此，对于结构上与已知化合物接近的化合物，如果其具有预料不到的用途或者效果，就可以认定其具备创造性；如果其没有预料不到的用途或者效果，就可以认定其不具备创造性。显然，这是判断结构上与已知化合物接近的化合物是否具备创造性的简易方法。根据该项规则，就足以作出创造性的判断，而没有必要再适用"三步法"进行详细的分析和论述。因此，这是一种简易的独立判断方法。

但是，上述判断规则仍然有一些疑问需要回答。根据《专利审查指南 2010》关于创造性的判断规则，"预料不到的用途或者效果"本来是一项辅助判断因素，❶ 但是，对于结构上与已知化

---

❶ 参见：《专利审查指南 2010》第二部分第四章第 5 节"判断发明创造性时需考虑的其他因素"。

合物接近的化合物,"预料不到的用途或者效果"却成为了充分必要条件。这是为什么？适用"三步法"能得出同样的结论吗？对此,在北山雅也与专利复审委员会、衢州英特高分子材料有限公司专利权无效行政纠纷案中,❶ 二审法院给出了相应的见解。该案案情如下:

涉案专利系国家知识产权局于 2009 年 7 月 29 日公告授予的专利号为 ZL00802360.3、名称为 "6-羟基-2-萘甲酸柱状晶体及其制备方法" 的发明专利,其申请日为 2000 年 8 月 18 日,优先权日为 1999 年 8 月 24 日,原专利权人为上野制药株式会社(以下简称"上野会社"),现专利权人为北山雅也。涉案专利授权公告时的权利要求 6 为 "6-羟基-2-萘甲酸柱状晶体,其 X 射线衍射结果图具有图 1、2、4、6 或 9 所示的峰"。

对于涉案专利权利要求 6 的化学产品的用途或效果,说明书中有如下相关描述:6-羟基-2-萘甲酸可以用作各种工业原料,特别是染料、颜料、树脂等的原料。这种化合物通常是将科尔伯－施密特(Kolbe－Schmitt)反应得到物质用水或水/醇类溶剂重结晶得到产品。这样得到的晶体呈薄鳞片状,表观比重小,休止角大,而且流动性低。因此,存在产品的操作性,特别是搬运性、填充性、贮藏性差的问题。涉案专利发明提供一种得到表观比重高,流动性优良的 6-羟基-2-萘甲酸的方法。按照涉案专利发明的方法,得到了柱状晶体,结果表观比重变高,相应地可以减少贮存和搬运体积,其流动性变高,因此可以减少装料斗内的搭桥阻塞、输送管道的附着故障,容易用输送机搬运。因此,填充操作容易。

衢州英特高分子材料有限公司(以下简称"英特高分子公

---

❶ 参见:北京市高级人民法院(2016)京行终 5301 号行政判决书和北京市第一中级人民法院(2014)一中行(知)初字第 9058 号行政判决书。

司")于 2013 年 5 月 2 日向专利复审委员会提出了无效宣告请求,理由之一是涉案专利权利要求 6 分别相对于证据 9、10 记载的技术方案不具备创造性。

证据 9:英国专利 GB2174706A,公开日为 1986 年 11 月 12 日,复印件共 6 页,及其部分中文译文共 1 页。证据 9 公开了经过从乙腈中重结晶获得的粗品 BON－6(即 6-羟基-2-萘甲酸),制得纯度高于 99％的精制 BON－6。

证据 10:美国专利 US4345095,公开日为 1982 年 8 月 17 日,复印件共 4 页,及其部分中文译文共 1 页。证据 10 涉及一种制备 6-羟基-2-萘甲酸的方法,其实施例 1 具体公开了"……将所得滤饼用水洗涤并干燥,从而获得 27.4 克(理论上的 54％)的 6-羟基-2-萘甲酸",但该证据中未明确指明所制备固体产物的形态。

专利复审委员会作出的被诉决定认定涉案专利权利要求 6 要求保护的化学产品分别相对于证据 9、10 公开的化学产品,未取得预料不到的技术效果,不具备创造性,据此宣告涉案专利权利要求 6 无效。

一审法院认为:涉案专利权利要求 6 要求保护的产品为化合物 6-羟基-2-萘甲酸的晶体形式,证据 9 公开的化学产品亦为化合物 6－羟基－2－萘甲酸的晶体形式,证据 10 所公开的化学产品亦为化合物 6-羟基-2-萘甲酸的某种存在形式,三者均属于结构上接近的化学产品。涉案专利说明书记载了其相较于该化合物薄鳞片状晶体具有表观比重高,流动性高,操作性好的优点,北山雅也认为上述优点为权利要求 6 记载的化学产品相对于证据 9、10 所具有的预料不到的技术效果。但是,本领域技术人员普遍知晓同一化合物的晶体与非晶体,以及不同晶体形式下会具有不同的产品操作性特点,并且已经形成了通过制备和选择化合物的不同晶体形式以获得具备适当操作性特点化学产品的一般技术思路，而表观比重、流动性等操作性特点是本领域技术人员根据化合物晶体的外观形态可以预期且易于测定的，因此，化合物某一特定晶体形式的上述操作性特点无法构成其相对于该化合物之非晶体形式或其他晶体形式的预料不到的技术效果。亦即，权利要求6的化学产品相对于证据9、10所公开化学产品未取得预料不到的用途或效果。因此，权利要求6不具备创造性。一审法院遂判决驳回北山雅也的诉讼请求。

北山雅也不服一审判决，提出上诉，认为专利复审委员会和一审法院的创造性判断方法错误、结论错误，经不起"三步法"的检验，本案应当适用"三步法"并认定涉案专利权利要求6具备创造性。

二审法院认为：根据《专利审查指南2010》的规定，判断要求保护的发明相对于现有技术是否显而易见，通常可以适用"三步法"：（1）确定最接近的现有技术；（2）确定发明的区别特征和发明实际解决的技术问题；（3）判断要求保护的发明对本领域的技术人员来说是否显而易见。但是，《专利审查指南2010》对于化学发明的创造性的判断，又规定了特别的方法，即"结构上与已知化合物接近的化合物，必须要有预料不到的用途或效果"（以下简称"预料不到的技术效果"判断法）。在该案中，专利复审委员会和一审法院选择适用"预料不到的技术效果"判断法并无不当。

首先，无论是"三步法"和"预料不到的技术效果"判断法，都是判断专利创造性的一种具体的方法。它们仅仅是判断方法，而不是判断标准，两者可以并行不悖，并无孰优孰劣之分。"三步法"并不是唯一的判断方法，不具有普适性。审查员完全可以根据不同的技术领域和个案的需要，选择合适的判断方法。

其次，《专利审查指南2010》关于"三步法"的规定是判断创造性的一般规定，而关于"预料不到的技术效果"判断法的规定是特殊规定。根据法律适用的一般规则，特殊规定优先于一般规定，因此，对于结构上与已知化合物接近的化合物的创造性的判断，"预料不到的技术效果"判断法应当优先于"三步法"。

再次，"预料不到的技术效果"的判断法与"三步法"在本质上是一致的，二者得出的结论也应当一致。对此，结合该案事实，可以分为两种情况进行讨论。

第一种情况，对于与已知化合物结构近似的具有预料不到的技术效果的化合物，适用"预料不到的技术效果"判断法，可以得出该化合物具备创造性的结论。适用"三步法"，同样可以得出该化合物具备创造性的结论，如下所示：第一步，确定最接近的现有技术是已知的结构近似的化合物。第二步，确定发明的区别特征和发明实际解决的技术问题。发明的区别特征是化学结构近似但有一些区别，该区别特征带来了预料不到的技术效果，由此确定发明实际解决的技术问题是在该已知化合物的基础上提供一种具有明显不同的技术效果的化合物。第三步，判断要求保护的发明对本领域技术人员来说是否显而易见。由于对于发明创造性的判断应当坚持技术问题、技术方案、技术效果的综合判断原则，其中任何一项非显而易见，都足以证明发明是非显而易见的。在发明的化合物具有预料不到的技术效果的情况下，由于现有技术中并未给出在已知化合物的基础上去研发一种具有预料不到的技术效果的化合物的启示，故研发出某种具有预料不到的技术效果的化合物是非显而易见的。综上，对于与已知化合物结构近似的具有预料不到的技术效果的化合物，适用"三步法"同样可以得出该化合物具备创造性的结论。

第二种情况，对于与已知化合物结构近似的没有预料不到的技术效果的化合物，适用"预料不到的技术效果"的判断法，可以得出该化合物不具备创造性的结论。适用"三步法"，同样可以得出该化合物不具备创造性的结论，如下所示：第一步，确定最接近的现有技术是已知的结构近似的化合物。第二步，确定发明的区别特征和发明实际解决的技术问题。发明的区别特征是化学结构近似但有一些区别，该区别特征并未带来预料不到的技术效果，由此确定发明实际解决的技术问题是在该已知化合物的基础上提供一种与该化合物结构近似的具有类似技术效果的化合物。第三步，判断要求保护的发明对本领域技术人员来说是否显而易见。通常情况下，结构近似的化合物，具有相似的技术效果。因此，本领域技术人员为了获得具有相似技术效果的化合物，有动机在已知化合物的基础上进行实验、开发，以获得化学结构近似、技术效果近似的化合物，而且进行有限次的实验即可以获得这种化合物。亦即，此种情况下，研发化学结构近似、技术效果近似的化合物是显而易见的。综上，对于与已知化合物结构近似的具有类似技术效果的化合物，适用"三步法"同样可以得出该化合物不具备创造性的结论。

综合上述分析，对于化合物的创造性的判断，本领域技术人员基于相同的现有技术，无论适用"预料不到的技术效果"判断法，还是"三步法"，得出的结论应当一致。对于与已知化合物结构近似的具有类似技术效果的化合物，适用前述任何一种判断方法，都应当得出不具备创造性的结论。

最后，虽然晶体化合物基于不同的分子排列，其物理化学参数可能存在差异，但其仍属于化合物范畴，故《专利审查指南2010》关于化合物创造性判断的规定可以适用于新晶型化合物的创造性判断。

综上所述，被诉决定和原审判决在该案中适用"预料不到的技术效果"判断法并无不当。

关于该案创造性判断的结论。涉案专利权利要求6要求保护的化学产品和证据9、10分别公开的化学产品均为化合物6-羟基-2-萘甲酸的某种存在形式或晶体形式，鉴于《专利审查指南

2010》所称"结构接近的化合物",仅特指该化合物必须具有相同的核心部分或基本的环,而不涉及微观晶体结构本身的比较,因此,上述三种化学产品均属于结构上接近的化学产品。但是,权利要求6记载的化学产品相对于证据9、10所公开化学产品未取得预料不到的用途或效果,故不具备创造性。

二审法院遂维持原判。

上面讨论的是《专利审查指南2010》关于化合物创造性判断的有关特殊规定。除了化合物发明之外,对于其他发明创造,"预料不到的技术效果"是否可以成为独立的创造性判断方法?在一些涉及选择发明的案例中,有的判决认为,"三步法"有时候会失灵,当"三步法"无法适用时,应当适用"预料不到的技术效果"判断法。由此引发一个问题,"技术方案是否具有预料不到的技术效果"是否是和"三步法"并列的一个独立的创造性判断方法?对此,笔者持谨慎的态度。就选择发明专利的创造性判断而言,"三步法"仍然可以适用,可以将发明技术方案的预料不到的技术效果放到"三步法"中予以考察,仍然可以得出适当的结论。预料不到的技术效果不应当成为独立的判断方法,但可以用于验证"三步法"的适用结论,如果发明具有预料不到的技术效果,一般不必怀疑发明技术方案的创造性,此时适用"三步法"应当得出技术方案具备创造性的结论,否则就应当怀疑、检讨"三步法"适用的正确性。

第三节 "三步法"的适用

一、确定最接近的现有技术

在"三步法"的判断过程中,大家最关心的是第三步"技术启示"的认定,争议最多的也是"技术启示"的认定,一般很少关注第一步:最接近的现有技术的选择。但是,实际上,"最接近的现有技术"的选择,在"三步法"的适用中是非常重要的一步。"三步法"结论是否趋于正确,关键在于所选取的"最接近的现有技术"是否真的是"最接近于"其比对的专利(专利申请)技术方案。如果这个被选定的"最接近的现有技术"的确与涉案的专利(专利申请)技术方案最接近,则经过后续两步所演绎推理得出的涉案权利要求不具备创造性的结论才趋于真实可靠。反之,如果选定的"最接近的现有技术"与涉案的专利(专利申请)技术方案相差较远,则"三步法"的适用就极可能会失灵,就会演变成"事后诸葛亮"。在专利审查和司法实践中,审查员和法官通常将注意力放在"三步法"的第二步和第三步,很少关注"三步法"中第一步确定的"最接近的现有技术"是否适格。这种实践做法应当反思。正确的做法是,从第一步开始就要高度重视,要确保选定的"最接近的现有技术"适格,唯有如此,才能确保后续第二步、第三步的判断正确,避免陷入"事后诸葛亮"的思维错误。

如何确定"三步法"中选定的最接近的现有技术是否适格?对此,可以从技术领域、技术问题、技术方案和技术效果四个方面进行分析。

首先,技术领域要相同或者相近。如果技术领域既不相同也不相近,则选定的"最接近的现有技术"是不适格的。对此,我们可以结合技术研发的过程进行分析。技术人员从事技术研发,首先要分析现有技术中存在的技术缺陷,然后再去寻找解决该缺陷的技术手段,并将该技术手段结合到前述现有技术中,以得到新的发明创造。从技术研发的过程来看,每一项新的技术方案都是在现有技术的基础上作出的改进,因它和该现有技术必然属于相同或相近的技术领域。以电话机的发明为例,工程技术人员首

第七章 创造性

先要分析现有的电话机存在什么技术缺陷，然后针对该技术缺陷，作出技术改进，得到新的性能更多更好的电话机。技术人员对一台电话机进行改进一般只能得到一台新的电话机，而不可能得到一台洗衣机。因此，如果我们要评价一台洗衣机是否具备创造性，只能选择现有技术中的洗衣机（或者相近的产品技术）作为最接近的现有技术，而不能选择一台电话机作为最接近的现有技术。综上，选定的"最接近的现有技术"与要求保护的发明创造应当属于相同或相近的技术领域，否则就不是适格的"最接近的现有技术"。如果选定了不适格的最接近的现有技术，还得出要求保护的发明不具备创造性的结论，那就是"事后诸葛亮"。

其次是技术问题。一方面，我们要注意最接近的现有技术和要求保护的发明的说明书中描述的技术问题。如果二者声称解决的技术问题不同，则意味着二者的发明目的和技术路线很可能不同，该最接近的现有技术极有可能是不适格的；另一方面，我们也要注意要求保护的发明相对于最接近的现有技术实际要解决的技术问题。我们在适用"三步法"时，要将要求保护的发明与最接近的现有技术进行对比，确定要求保护的发明实际解决的技术问题，然后再判断现有技术中是否存在技术启示。其中，技术问题的确定非常重要。如果重新确定的技术问题在选定的"最接近的现有技术"中并不存在，则该现有技术不是适格的"最接近的现有技术"。这是因为，如果"最接近的现有技术"中根本不存在前述重新确定的技术问题，那么技术人员就不可能对该"最接近的现有技术"进行改进以得到要求保护的发明。只有选定的"最接近的现有技术"中客观上存在前述重新确定的技术问题，该"最接近的现有技术"才适格。

再次是技术方案。技术方案由技术特征构成，如果选定的"最接近的现有技术"公开了要求保护的发明中大部分的技术特征，二者的技术领域又相同或相近，则所述的"最接近的现有技术"是适格的；相反，如果公开的技术特征不够多，则要对选定的"最接近的现有技术"是否适格提出怀疑，并在"三步法"的后续判断中保持足够的警惕。

最后是技术效果。一项发明创造是在一项"最接近的现有技术"的基础上作出改进得到的，因此，该发明创造与所述"最接近的现有技术"在技术效果上必然有相同或相似的地方，如果技术效果差之千里，甚至毫不相关，则选定的"最接近的现有技术"不适格。

总之，选定的"最接近的现有技术"是否适格，应当从技术领域、技术问题、技术方案及技术效果四个方面进行考察。对此，《专利审查指南2010》也进行了提示性规定："最接近的现有技术，例如可以是，与要求保护的发明技术领域相同，所要解决的技术问题、技术效果或者用途最接近和/或公开了发明的技术特征最多的现有技术，或者虽然与要求保护的发明技术领域不同，但能够实现发明的功能，并且公开发明的技术特征最多的现有技术。应当注意的是，在确定最接近的现有技术时，应首先考虑技术领域相同或相近的现有技术。"❶ 其中明确提到了技术领域、技术问题、技术效果和技术特征四个方面，应当说规定是明确的，但是我们在实践中往往对这四个方面的因素并不够敏感，采用不适格的"最接近的现有技术"作"三步法"的判断的例子并不鲜见。

另外，还要注意的一个问题是，应当避免拼凑"最接近的现有技术"。首先，"最接近的现有技术"指的是一项现有技术，而不是一份对比文件。一份对比文件可能披露一项现有技术，也可能披露若干项现有技术。有的审查决定、判决往往表述为"涉案发明相对于对比文件1和对比文件2的结合不具备创造性"，这

---

❶ 参见：《专利审查指南2010》第二部分第四章第3.2.1.1节"判断方法"。

种表述其实并不严谨。我们在选定一份对比文件中披露的技术方案时，一定注意要选定一个独立的技术方案，而不能将对比文件中的不同技术方案中的技术内容组合成一项技术方案。下面举一例加以说明。

在天津市四友精细化学品有限公司（以下简称"四友公司"）与专利复审委员会及迈图化工企业管理（上海）有限公司（以下简称"迈图公司"）"叔碳酸缩水甘油酯的制备方法"发明专利权无效行政纠纷案中，[1]涉案专利授权公告的权利要求如下：

"1. 一种叔碳酸缩水甘油醋的制备方法：

催化剂是以下的一种或几种：烷基取代溴化铵盐或氯化铵盐；

催化剂含量以 mol/mol 比范围计：0.1%—5%；

在安装有机械搅拌的1升四口烧瓶中，将152.6g、1.65mol 环氧氯丙烷与 2.6g、0.008mol 催化剂加热至90℃后，滴加258g、1.5mol 新癸酸，控制滴加速度使温度保持在90℃，约半小时滴加完毕，继续反应半小时后酯化反应完成；

通过测定酸值<0.1；

将配好的含有 66g、1.65mol 的 40%NaOH 溶液滴加到反应瓶中，产生白色固体，这时开启水泵使真空度慢慢增大，使反应瓶中的残余的环氧氯丙烷和水份共沸蒸出，此过程约需1小时；将产物减压抽滤除 NaCl 固体物质后，滤液经减压蒸馏；在90~92℃/140Pa 条件下，得294g，含量96%以环氧为基准的叔碳酸缩水甘油酯，收率86%。

2. 根据权利要求1所述的叔碳酸缩水甘油醋的制备方法：催化剂是四正丁基溴化铵，其含量以 mol/mol 比范围计：0.5%~1%。"

---

[1] 参见：北京市高级人民法院（2014）高行终字第240号行政判决书。

专利复审委员会认定：涉案专利权利要求 2 的技术方案与证据 1 公开的内容相比，其区别特征为：

（1）权利要求 2 限定了新癸酸加入量为 1.5mol，环氧氯丙烷为 1.65mol，环氧氯丙烷与新癸酸的摩尔比为 1.1∶1，而证据 1 中优选 9～11 个碳原子的 α，α-二烷基一元羧酸而没有具体公开新癸酸，且一元羧酸和环氧卤代烷以化学计量的比例混合或环氧卤代烷过量存在，即环氧卤代烷与一元羧酸的摩尔比≥1∶1；权利要求 2 限定了向环氧氯丙烷和催化剂的混合物中滴加新癸酸，约半小时滴加完毕，证据 1 中则为一元羧酸溶解于环氧卤代烷中，或二者均溶解于惰性溶剂中。

（2）权利要求 2 限定了催化剂为四正丁基溴化胺，加入量为 2.6g、0.008mol，经计算，其加入量相对于酸为 2.6g/258g，约 1 重量%，酯化反应的温度为 90℃；而证据 1 中催化剂为含氮有机碱、含氮杂环化合物以及这些含氮碱的盐，并没有公开四正丁基溴化胺，且其加入量基于酸为约 0.01～10 重量%，反应温度为 50～180℃。

（3）权利要求 1 具体限定了"在安装有机械搅拌的 1 升四口烧瓶中，继续反应半小时后酯化反应完成，通过测定酸值<0.1，将配好的含有 66g、1.65mol 的 40%NaOH 溶液滴加到反应瓶中，产生白色固体，这时开启水泵使真空度慢慢增大，使反应瓶中的残余的环氧氯丙烷和水分共沸蒸出，此过程约需 1 小时，将产物减压抽滤除 NaCl 固体物质后，滤液经减压蒸馏，在 90～92℃/140Pa 条件下，得 294g、含量 96%以环氧为基准的叔碳酸缩水甘油醋，收率 86%"；证据 1 公开了共沸蒸馏除水，其同时必然也会将残余的环氧氯丙烷一起蒸出，但没强调是否在减压下进行，证据 1 没有具体公开其他内容。

对于区别特征（1），证据 1 公开了环氧卤代烷与一元羧酸的摩尔比≥1∶1，优选 9～11 个碳原子的 α，α-二烷基一元羧酸，

第七章 创造性

权利要求 2 中限定的相应技术特征均只是在证据 1 公开的有限范围内进行的具体选择，本领域技术人员可通过有限次的实验、常规的实验手段来调整得出。同时，滴加混合与直接混合均是本领域中原料混合的常规方式，本领域技术人员可通过有限次的实验、常规的实验手段来调整得出滴加酸时所需的时间。同时与证据 1 相比，这些具体的选择并没有带来任何预料不到的技术效果。

对于区别特征（2），证据 2 中催化剂的加入量基于酸约 0.01~10 重量％，反应温度为 50~180℃；与之相比，权利要求 2 中限定的相应技术特征只是在证据 1 公开的有限范围内进行的具体选择，本领域技术人员可通过有限次的实验、常规的实验手段来调整得出；同理，这样的选择也没有带来任何预料不到的技术效果。由于证据 1 第 [016] 段中环氧卤代烷与一元羧酸的摩尔比为≥1∶1，[018] 段中环氧卤代烷是一元羧酸的至少两倍（以摩尔表示），即后者是前者的环氧卤代烷与一元羧酸摩尔比进一步增大时的情况，因此证据 1 中第 [015]～[017] 段与第 [018] 段实质上是相同的反应。同时，专利复审委员会查明，证据 3 第 [005] 段公开了：在少量的由叔胺和季铵盐组成的组的物质的存在下，加热所需要的酸和至少两倍化学当量的环氧卤化合物（例如环氧氯丙烷），然后，优选通过蒸馏从反应混合物中回收所需要的环氧酯；证据 3 第 [016] 段公开了：该方法的操作中，关键是将羧酸与至少两倍化学当量的环氧卤代化合物混合，在环氧卤代化合物为例如环氧氯丙烷时，酸与环氧卤代化合物优选以 1∶4~1∶8 的化学当量比反应。可以看出，证据 3 属于证据 1 第 [018] 段所述的情况，同理可知，证据 3 与证据 1 第 [015]～[017] 段的内容也是实质相同的反应。而证据 3 第 [013] 段还公开了：季铵盐催化剂例如是四丁基氯化铵等。可见证据 3 给出了四丁基氯化铵等季铵盐同样能够作为催化剂用于证据1第[015]～[017]段所述反应的启示,而权利要求2中限定的四正丁基溴化铵与四丁基氯化铵均是常用的季铵盐类催化剂,二者的结构非常接近,并且如上所述,这种催化剂的替换也并没有带来任何预料不到的技术效果。

对于区别特征(3),安装有机械搅拌的1升四口烧瓶是本领域中常使用的反应装置。本领域技术人员可通过有限次的实验、常规的实验手段来调整得出醋化反应的时间,且酸值<0.1也是本领域中衡量反应完成的常规标准。证据1实施例Ⅱ中还公开了使用50重量%的氢氧化钠水溶液,所加氢氧化钠的量基本与一元羧酸的化学计量的量相等;尽管其氢氧化钠的浓度及使用量与权利要求2略有不同,但无论使用什么浓度的氢氧化钠水溶液,均是为了达到同样的目的,且本领域技术人员很容易选择出合适的浓度;而为了使氢氧化钠充分发挥作用,加入如权利要求2所限定的相对于羧酸略过量的氢氧化钠也是本领域技术人员采用的常规技术手段,并且没有产生任何预料不到的技术效果。涉案专利所得产物的形态及颜色由其自身固有的性质决定。证据1公开了共沸蒸馏,但没强调是否在减压下进行,而减压下进行共沸蒸馏是本领域技术人员采用的常规技术手段,且无论是否减压、共沸蒸馏所起的作用均是相同的,"开启水泵使真空度慢慢增大"也属于产生真空的常规方式,且本领域技术人员很容易通过常规的实验手段来调整得出共沸蒸馏所需的时间。权利要求2中限定的"将产物减压抽滤除NaCl固体物质后,滤液经减压蒸馏"是本领域技术人员为了提高产物纯度所必然采用的常规后处理步骤,且本领域技术人员通过有限次的实验、常规的实验手段即可调整得出合适的减压蒸馏条件。权利要求2还限定了产物的纯度和收率,然而,其与证据1实施例Ⅱ相比纯度和收率更低,综上所述,上述这些反应条件、后处理步骤等的具体选择并没有产生任何预料不到的技术效果。

第七章 创造性

综上所述，权利要求 2 相对于证据 1 和证据 3 的结合是显而易见的，不具备创造性。据此，宣告涉案权利要求 2 无效。

四友公司不服，提起诉讼，并主张证据 1 的第［004］～［006］段、第［015］～［018］段、第［021］段与实施例 II 是三个化学反应机理实质不同的技术方案，因此，不能作为对比文件进行创造性的比对。

二审法院查明，证据 1 中第［015］～［017］段为两步法，即羧酸和环氧氯丙烷进行反应，发生了酯化的反应，得到中间产物卤代醇；然后第二步滴碱，将氢氧化钠水溶液滴到前面得到的中间产物卤代醇中，脱去氯化氢，生成副产物氯化钠、水和缩水甘油酯。而证据 1 中第［018］段描述了将羧酸、至少 2 倍过量的环氧氯丙烷和催化剂一起加热反应，生成的中间产物卤代醇与过量的环氧氯丙烷继续反应，脱去氯化氢，生副产物 1,3-二氯-2-丙醇、水和缩水甘油酯，这是一步法反应。而实施例 II 支持的是另一种反应，即将羧酸盐的水溶液与环氧卤代烷反应，先将碱金属氢氧化物的浓度水溶液逐渐滴到羧酸和环氧卤代烷溶液中，由于酸碱反应是一个迅速的反应，虽然开始的是羧酸，但是进行反应的是羧酸盐，也就是加入的羧酸先转化为相应的碱金属盐，这个碱金属盐随后在和环氧卤代烷反应生成缩水甘油酯。二审法院认为，证据 1 第［015］～［018］段与实施例 II 是三个化学反应机理实质不同的技术方案，这三个技术方案不能拼凑成为一项现有技术，用于评述涉案专利权利要求 2 的创造性，因此，第 18799 号决定关于涉案专利权利要求 2 的创造性评价错误，应予撤销。

二审法院的裁判逻辑是，创造性判断中的最接近的现有技术必须是一项独立的现有技术，而不能将不同的现有技术的拼凑为一项最接近的现有技术，与涉案发明技术方案进行技术特征比对。专利复审委员会将证据 1 中的不同技术方案拼凑为一项现有技术，并以此作为最接近的现有技术与涉案权利要求 2 进行对比，进而归纳区别技术特征，这种做法是错误的。

这一案件非常典型，应当引起足够的重视。实践中拼凑最接近的现有技术的做法并不鲜见，对此，我们要保持足够的警惕性，心中始终要牢记，"三步法"中第一步选定的"最接近的现有技术"必须是一项单独的完整的现有技术，而不能是多项不同的技术拼凑而成的技术方案。

二、确定区别技术特征

"三步法"的第二步是确定发明的区别技术特征和发明实际解决的技术问题，其中，区别技术特征的认定非常关键。

首先要明白的一个概念是技术特征。专利权利要求表达的是一个（或者若干个）技术方案，技术方案由技术特征构成，将一个技术方案划分为若干个技术特征，也是一个"技术活"。技术特征，是指在权利要求所限定的技术方案中，能够相对独立地执行一定的技术功能、并能产生相对独立的技术效果的最小技术单元或者单元组合。❶

其次，要正确划分"最接近的现有技术"和发明创造各自的技术特征。对此，可以借鉴专利侵权案件中技术特征的划分、比对法。在专利侵权案件中，一般是先分解涉案专利技术方案，将其划分为若干个技术特征；再分解被诉侵权的技术方案，将其分为若干个技术特征；然后再对二者进行对比。如果被诉侵权技术方案完全覆盖了涉案专利发明的全部技术特征，则侵权成立，否则侵权不成立。在创造性判断中，我们首先将最接近的现有技术方案进行分解，划分为若干个技术特征；然后将涉案发明创造

---

❶ 参见：王明达．北京市高级人民法院〈专利侵权判定指南〉理解与适用[M]．北京：中国法制出版社，2014：10—12．

的技术方案进行分解，划分为若干个技术特征；再将后者的全部技术特征与前者的全部技术特征进行对比，归纳出区别技术特征。涉案发明创造中具备的技术特征，如果最接近的现有技术中不具备，则该技术特征为区别技术特征。最简单的办法是，分别对两个技术方案列出技术特征清单，分为两列，左列为最接近的现有技术的技术特征，右列为涉案发明创造的技术特征，将左右两列均具备的技术特征扣除掉，右列剩余的技术特征即为区别技术特征。

以上是理想的情况。在实践中，情况可能更加复杂。有的技术方案，要划分为技术特征并不容易。在此种情况下，我们不必过于机械，不必纠缠于技术特征的精确划分，将两个技术方案的内容进行大致的对比，找出二者的实质性区别即可。

三、确定发明实际解决的技术问题

（一）确定发明实际解决的技术问题是必不可少的步骤

"三步法"的第二步中还有一个重要的内容是根据发明与最接近的现有技术的区别确定发明实际解决的技术问题。技术问题的认定是创造性认定的"牛鼻子"，这是因为"三步法"中的第三步即要从最接近的现有技术和发明实际解决的技术问题出发，判断要求保护的发明对本领域技术人员来说是否显而易见。技术方案是否显而易见的认定，必须结合技术问题进行判断，脱离技术问题进行技术启示的认定，极可能陷入"事后诸葛亮"的错误思维。技术问题的认定之所以如此重要，是因为发明创造的过程就是从现有技术的技术问题出发进行技术改进的。发明人从事技术研发的基本逻辑是，熟悉现有技术的状况，分析其存在的技术缺陷（即技术问题），然后去研究和探索解决该技术问题的技术方案。因此，为了确保"三步法"判断结论的客观性，必须从技术问题出发去判断现有技术中是否存在技术启示。脱离了技术问题，就脱离了发明创造的技术研发思路，技术启示的认定就无法客观化。

虽然技术问题的认定非常重要，但是，实践中有的审查决定和法院判决对技术问题的认定并未给予足够的重视。例如，有的审查决定在"三步法"的第二步中没有认定技术问题，在第三步中也没有从技术问题出发进行分析，而是在归纳了区别技术特征后，直接认定区别技术特征在其他地方公开了，并据此认定涉案发明不具备创造性。例如，在肖宗礼与专利复审委员会、龙岩市万腾车桥制造有限公司（以下简称"万腾公司"）实用新型专利权无效行政纠纷案中，❶ 专利复审委员会认定：涉案专利独立权利要求1与作为最接近现有技术的证据1存在如下区别技术特征：①涉案专利是转向驱动前桥，而证据1为转向前桥；②涉案专利的制动鼓内表面紧密贴合有摩擦片，而证据1没有摩擦片；③涉案专利的凸轮轴的轴心线是以两蹄片平台的对称中心为原点沿制动底板径向外倾斜，与制动底板轴心线成一个小角度，此小角度以8～15度为宜，而证据1的凸轮轴没有倾斜。证据2公开了上述区别技术特征②，给出了将该区别特征应用到证据1的技术启示。证据3给出了将区别技术特征①、③应用到证据1以解决转向驱动前桥中凸轮轴与转向节壳体边缘相干涉的问题的启示。因此，本领域技术人员有动机在证据1的基础上结合证据2、3以及本领域的公知常识得到涉案专利权利要求1的技术方案。❷ 可见，专利复审委员会在判断涉案专利是否具备创造性时运用了"三步法"，但是并没有严格遵循"三步法"，认定发明实际解决的技术问题并从该技术问题出发判断现有技术整体上是否

---

❶ 参见：北京市高级人民法院（2014）高行终字第884号行政判决书。

❷ 参见：专利复审委员会于2012年11月20日作出的第19621号无效宣告请求审查决定。

存在技术启示，而是在归纳区别技术特征后直接认定证据 2、3 公开了相应的区别技术特征，给出了技术启示。这种做法是极不严谨的，极可能导致后面有关技术启示的认定出现不当。

（二）在创造性判断中重新确定的技术问题不同于发明人在说明书中声称要解决的技术问题

发明人通常是在发现现有技术中的技术问题后，再寻求技术改进，作出发明创造。因此，发明人在作出发明创造之后，撰写专利申请文件时，通常都会在专利申请文件的背景技术部分陈述现有技术的缺陷和问题。该技术问题就是发明人主观声称的技术问题。

发明人在专利申请文件中主观声称的技术问题与"三步法"判断中重新确定的技术问题可能相同，也很可能不同。这是因为，"三步法"判断中选定的"最接近的现有技术"与发明人在专利申请文件中引用的作为其发明改进起点的背景技术往往并不相同。

由于发明人的知识背景、认知能力有限等原因，其作为发明改进起点的背景技术可能早已落伍了，更先进的现有技术早已存在，发明人本应该站在该更先进的现有技术的基础上进行技术改进，而不是站在一个陈旧落后的现有技术的基础上进行技术改进。在"三步法"适用中，我们应当选择适格的最接近的现有技术进行创造性判断，而不是选择发明人在专利申请文件背景技术部分陈述的现有技术进行创造性判断。而且，即使是针对同一项发明创造，在不同的创造性判断程序中选择的最接近的现有技术可能是不同的。例如，在专利申请实质审查程序中，审查员选择的最接近的现有技术是 A 技术；但是，在无效宣告程序中，无效宣告请求人选择的最接近的现有技术可能是 B 技术。将 A、B 技术分别作为最接近的现有技术，区别技术特征不同，重新确定的技术问题很可能也不同。因此，在创造性判断过程中，由于选择的最接近的现有技术不同，重新确定的发明实际解决的技术问题亦不同。综上，根据不同的最接近的现有技术重新确定的发明实际解决的技术问题，与发明人在专利申请文件中主观声称的作为发明起点的背景技术中存在的技术问题，是两回事而不是一回事。

(三) 发明实际解决的技术问题应当是最接近的现有技术中客观存在的技术问题

发明实际解决的技术问题，是根据发明创造与最接近的现有技术的区别所带来的技术效果总结出来的，因此，毫无疑问，发明实际解决的技术问题必然是据以确定该技术问题的最接近的现有技术中客观存在的技术问题。如果在"三步法"中确定的发明实际解决的技术问题，在据以确定该技术问题的最接近的现有技术中并不存在，则该实际解决的技术问题的确定是不准确的，此时应当进行反思、检讨，并重新确定发明实际解决的技术问题，直到该技术问题确实是最接近的现有技术中客观存在的技术问题为止。在实践中，专利审查员重新确定的发明实际解决的技术问题并不是最接近的现有技术中客观存在的技术问题，这种情形并不鲜见，但是，这一情形并未引起足够重视。技术问题的确定是否准确，并没有引起足够的重视和反思。

四、技术启示的认定

"三步法"的第三步是从最接近的现有技术和发明实际解决的技术问题出发，判断要求保护的发明对本领域的技术人员来说是否显而易见。在判断过程中，要确定的是现有技术整体上是否存在某种技术启示，即现有技术中是否给出将上述区别特征应用到该最接近的现有技术以解决其存在的技术问题（即发明实际解决的技术问题）的启示，这种启示会使本领域技术人员在面对所述技术问题时，有动机改进该最接近的现有技术并获得要求保护的发明。如果现有技术存在这种技术启示，则发明是显而易见的，不具有突出的实质性特点。

根据《专利审查指南 2010》的有关规定，[1] 下述情况，通常认为现有技术中存在技术启示：

（1）所述区别特征为公知常识，例如，本领域中解决该重新确定的技术问题的惯用手段，或教科书或者工具书等中披露的解决该重新确定的技术问题的技术手段。

（2）所述区别特征为与最接近的现有技术相关的技术手段，例如，同一份对比文件其他部分披露的技术手段，该技术手段在该其他部分所起的作用与该区别特征在要求保护的发明中为解决该重新确定的技术问题所起的作用相同。

（3）所述区别特征为另一份对比文件中披露的相关技术手段，该技术手段在该对比文件中所起的作用与该区别特征在要求保护的发明中为解决该重新确定的技术问题所起的作用相同。

从上述规定的文义上看，上述三种情形是列举而非穷举，亦即具有技术启示的情形不能局限于上述三种情形。上述规定的意义在于，提示判断者在遇到上述三种情形时，通常可以认定现有技术中存在技术启示。另外，上述规定中的"通常"二字也表明其只是一个一般性的原则，并非绝对如此。有原则即有例外。即使存在上述三种情形之一，是否当然就存在技术启示，亦有必要谨慎对待，还应当考察是否存在例外。例如，在上述"所述区别特征为公知常识"的情形中，可能存在一种例外——所述区别特征虽为公知常识，但将该公知常识结合到最接近的现有技术中并获得改进的技术方案，可能并不是显而易见的，某种技术偏见的

---

[1] 参见：《专利审查指南 2010》第二部分第四章第 3.2.1.1 节"判断方法"。

存在可能导致二者的结合并不简单。这方面的案例亦不少见，可参见北京市高级人民法院（2010）高行终字第1102号行政判决书。

（一）技术启示的认定应当坚持整体性原则

《专利审查指南2010》第二部分第四章3.1节"审查原则"中规定："在评价发明是否具备创造性时，审查员不仅要考虑发明的技术方案本身，而且还要考虑发明所属技术领域、所解决的技术问题和所产生的技术效果，将发明作为一个整体来看待。"据此，在评价发明是否具备创造性时，应当考虑发明解决的技术问题、采用的技术方案及所取得的技术效果，将发明作为一个整体对待。这就是创造性判断的整体性原则。所谓专利创造性判断的整体性原则，是指在创造性判断过程中，要整体考虑技术方案所解决的技术问题、技术方案本身以及技术方案所产生的技术效果，将其作为一个整体来看待。按照专利创造性判断整体性原则，发明创造所解决的技术问题、技术方案本身或者其产生的技术效果中只要有一项非显而易见，则技术方案是非显而易见的。如果要技术方案所要解决的技术问题是本领域技术人员容易想到的，解决该技术问题所采用的技术手段也是本领域技术人员容易想到的，而且没有取得预料不到的技术效果，则技术方案在整体上是显而易见的，不具备创造性。具体分析如下：

首先，发现技术问题和认识到技术问题产生的原因，足以使得发明具备创造性。关于技术问题的重要性，一个经常列举的例子是解决了纸张跑偏问题的印刷设备。该专利权利要求是：一种印刷设备，其特征是部件A采用不易变形的材料B。说明书背景技术部分说明了现有印刷设备的缺陷是印刷时纸张跑偏，发明人发现纸张跑偏的原因是印刷机使用一段时间后其中的部件A变形。对比文件1公开了类似的设备，具有部件A。专利权利要求记载的技术方案与现有技术的区别在于部件A使用材料B制造。使用材料B制造的零部件具有更好的刚性或不易变形是公知常识。现有技术中没有公开或暗示印刷机使用一段时间后其中部件A产生变形会造成纸张跑偏。发明所要解决的技术问题是"印刷时纸张跑偏"的问题，引起"印刷时纸张跑偏"的根本原因是"部件A的变形问题"。虽然解决"部件A的变形问题"的技术手段非常简单，但认识到该根本原因"部件A的变形"是不容易的，从而提出解决"部件A变形问题"的技术手段对本领域技术人员来说是非显而易见的，因此，权利要求记载的技术方案具备创造性。这个例子足以说明发现技术问题和认识到技术问题产生的原因，对于创造性评价的重要性。

对技术问题的考察有多个方面：第一，最接近的现有技术中是否客观上存在根据发明与接近的现有技术的区别确定的该发明所要解决的技术问题。如果最接近的现有技术中并不存在"三步法"中第二步所确定的技术问题，则可以直接认定发明具备创造性。第二，本领域技术人员是否能够发现"三步法"中第二步所确定的技术问题。如果本领域技术人员基于其普通技术知识无法发现最接近的现有技术中的技术问题，而发明人发现了该技术问题，作出了技术改进，则他完成的技术方案当然具备创造性。第三，本领域技术人员能否认识到技术问题产生的原因。如上例所述，本领域技术人员只知道现有印刷设备存在纸张跑偏的问题，但不知道纸张跑偏的原因所在，发明人认识了纸张跑偏这一技术问题产生的原因，并采用技术手段解决了这一技术问题，其发明具备创造性的原因就是他认识到了本领域技术人员没有认识到的所述技术问题产生的原因。

其次，对于技术方案应当整体对待，不能割裂对待各个区别技术特征。任何一个技术方案都是由技术特征之间互相支撑的整体构成的，技术特征之间往往具有协同作用，共同实现一定的技术效果。因此，在考虑技术特征时，应当有整体性的观念，不能"只见树木，不见森林"，割裂各个技术特征之间的关系。有的审查决定在认定专利权利要求是否具备创造性时，往往会说区别技术特征 A 被证据 1 公开了，区别技术特征 B 被证据 2 公开了，区别技术特征 C 被证据 3 公开了，故权利要求不具备创造性。我们对这种认定一定要保持足够的警惕性。区别技术特征 A、B、C 具有各自独立的作用，但它们之间往往也可能具有协同作用，在这种情况下，割裂对待区别技术特征 A、B、C，仅以三个区别技术特征分别被证据 1、2、3 公开了，就认定权利要求不具备创造性，这种结论往往不可靠。

最后，技术效果在技术启示的认定中也具有重要作用。创造性的评价要结合区别技术特征引入后获得的技术效果来确定技术问题，再从技术问题出发判断现有技术中是否存在技术启示。因此，技术效果在创造性评价中的作用毋庸置疑。如果技术效果是非显而易见、预料不到的，则往往不必怀疑技术方案的创造性。

（二）技术启示并不限于《专利审查指南 2010》列举的三种情形

上文已述，《专利审查指南 2010》列举的三种具有技术启示的情形仅仅是一项不完全的列举，并非穷尽式的列举，其他不属于上述三种情形的，是否就不存在技术启示，不能一概而论，应当在个案中结合具体情况认定。

在哈药集团制药总厂（以下简称"哈药总厂"）与专利复审委员会、浙江永宁药业股份有限公司（以下简称"永宁公司"）发明专利专利权无效行政纠纷一案中，[1] 涉案专利为"一种制备头孢替安盐酸盐的方法及设备"的发明专利，专利权人为哈药总

---

[1] 参见：北京市高级人民法院（2014）高行（知）终字第 2704 号行政判决书。

厂。永宁公司针对涉案专利提出无效宣告请求。哈药总厂在无效宣告程序中修改了专利权利要求，修改后的权利要求1如下：

"1. 一种制备头孢替安盐酸盐的方法，包括：

（1）原料2-（2-氨基噻唑-4-基）乙酰氯盐酸盐的合成

将原料2-（2-氨基噻唑-4-基）乙酸盐酸盐投料于密闭容器中，加入溶剂后，降温至-10～10℃，向其中滴入二氯亚砜，然后加入催化剂，于-15～0℃反应2～4h，反应结束后滤出2-（2-氨基噻唑-4-基）乙酰氯盐酸盐结晶；

其中，2-（2-氨基噻唑-4-基）乙酸盐酸盐与溶剂的质量比为1∶5～8；2-（2-氨基噻唑-4-基）乙酸盐酸盐与二氯亚砜的摩尔比为1∶1～3；2-（2-氨基噻唑-4-基）乙酸盐酸盐与催化剂的摩尔比为1∶1～2；

（2）原料7-氨基-3-（1-（2-二甲基氨基乙基）-1H-四唑-5-基）-硫甲基-3头孢-4羧酸氟硼酸盐的合成

将7-氨基头孢霉烷酸与1-（2-二甲胺乙基）-1、2、3、4-四氨唑-5-硫醇按摩尔比1∶1～1.5混合于溶剂中，加入三氟化硼络合物，于0～65℃反应1～2h，反应结束后降温20～25℃加水水解，加入抗氧化剂，然后滴碱调节pH至2.5～3.0，降温10～15℃，搅拌养晶2～3h，过滤，洗涤，得到7-氨基-3-（1-（2-二甲基氨基乙基）-1H-四唑-5-基）-硫甲基-3头孢-4羧酸氟硼酸盐；

其中，7-氨基头孢霉烷酸与溶剂的质量比为1∶1.5～2.5；三氟化硼络合物与7-氨基头孢霉烷酸的质量比3～5∶1；7-氨基头孢霉烷酸与抗氧化剂的质量比为45～70∶1；

（3）头孢替安盐酸盐的合成

将上述7-氨基-3-（1-（2-二甲基氨基乙基）-1H-四唑-5-基）-硫甲基-3头孢-4羧酸氟硼酸盐加碱溶于含水溶剂中，加入2-（2-氨基噻唑-4-基）乙酰氯盐酸盐进行酰化反应，于-30～

—10℃反应1~2h，反应结束后分出有机相，在水相中加入浓盐酸，加入亲水溶剂，析出头孢替安盐酸盐结晶；

其中，7-氨基-3-（1-（2-二甲基氨基乙基）-1H-四唑-5-基）-硫甲基-3头孢-4羧酸与碱的的质量比为1.5~4∶1；碱与含水溶剂的质量比为1∶10~15；7-氨基-3-（1-（2-二甲基氨基乙基）-1H-四唑-5-基）-硫甲基-3头孢-4羧酸与2-（2-氨基噻唑-4-基）乙酰氯盐酸盐的质量比为1∶0.6~1.5。"

概括起来，涉案专利权利要求1记载的制药方法包括三个步骤：

（1）原料2-（2-氨基噻唑-4-基）乙酰氯盐酸盐的合成；

（2）原料7-氨基-3-（1-（2-二甲基氨基乙基）-1H-四唑-5-基）-硫甲基-3头孢-4羧酸氟硼酸盐的合成；

（3）头孢替安盐酸盐的合成。

附件4公开了由ATA制备ATC·HCl以及进一步由7-AC-MT氟硼酸盐和ATC·HCl制备头孢替胺二盐酸盐的方法。涉案专利权利要求1的技术方案与附件4公开的技术方案相比的实质性区别在于：涉案专利权利要求1步骤（2）涉及制备7-AC-MT氟硼酸盐的具体工艺步骤及参数，而附件4仅提及7-ACMT氟硼酸盐，未公开制备7-ACMT氟硼酸盐的具体工艺步骤及参数。[1]

附件8实施例1公开了7-ACMT盐酸盐的具体制备工艺，也是7-ACA与DMMT在溶剂中反应，加入三氟化硼络合物，

---

[1] 参见：专利复审委员会于2014年1月24日作出的第22060号无效宣告请求审查决定。虽然专利复审委员会认定了三个区别特征，但是，第（1）、（3）区别特征都不是实质性的区别，各方当事人对此没有异议，二者的实质性区别特征仅有一个，即涉案专利权利要求1步骤（2）涉及制备7-ACMT氟硼酸盐的具体工艺步骤及参数，而附件4仅提及7-ACMT氟硼酸盐，未公开制备7-ACMT氟硼酸盐的具体工艺步骤及参数。

滴加碱调节 pH 至 3，降温至 10℃搅拌，然后抽滤得到产品。涉案专利权利要求 1 步骤（2）的工艺与附件 8 实施例 1 的工艺相比，二者所使用的原料基本相同，反应原理完全相同，反应步骤也基本相同。

据此，专利复审委员会认定附件 8 总体上已经给出了制备 7-ACMT 氟硼酸盐的技术启示，在附件 8 的基础上，本领域技术人员能够制备得到 7-ACMT 氟硼酸盐。由附件 4 记载的技术方案结合附件 8 实施例 1 记载的技术方案得到涉案权利要求 1 的技术方案是显而易见的。

一、二审法院对专利复审委员会作出的上述认定均予以支持，即均认为附件 8 给出了技术启示。

如上所述，涉案权利要求 1 与附件 4 记载的实质性的区别特征是涉案专利权利要求 1 步骤（2）涉及制备 7-ACMT 氟硼酸盐的具体工艺步骤及参数，而附件 4 仅提及 7-ACMT 氟硼酸盐，未公开制备 7-ACMT 氟硼酸盐的具体工艺步骤及参数。附件 8 实施例 1 并未公开该区别特征即 7-ACMT 氟硼酸盐的制备工艺，而是公开了 7-ACMT 盐酸盐的具体制备工艺。也就是说，附件 8 实施例 1 并未完全公开区别特征，但是公开了与区别特征相关的技术特征。简单地说，附件 8 实施例 1 公开的技术特征＝区别技术特征＋公知常识。亦即，本领域技术人员需要对附件 8 实施例 1 中公开的技术特征进行适当的变换（即结合公知常识）才能得到区别技术特征。这一情形并不属于《专利审查指南 2010》规定的现有技术中具有技术启示的任何一种情形。但是，专利复审委员会及一、二审法院均认为附件 4、8 结合得到涉案专利权利要求 1 的技术方案是显而易见的，表面上看，这一认定似乎突破了《专利审查指南 2010》的规定。这一认定是否成立呢？笔者认为是成立的。附件 8 实施例 1 虽然并未完全公开区别特征，但是公开了与区别特征相关的技术特征。本领域技术人员是有一定的普通技术知识的，有能力对附件8实施例1中公开的技术特征进行适当的变换（即结合公知常识）就能得到区别技术特征；而且，本领域技术人员在面对制备7-ACMT氟硼酸盐的技术需求时，有动机到相同或相关技术领域中去寻求相同或相关的技术手段，附件8实施例1公开的7-ACMT盐酸盐的具体制备工艺即为相关的技术手段。本领域技术人员完全有能力也有动机将7-ACMT盐酸盐的具体制备工艺进行适当改造以得到7-ACMT氟硼酸盐的制备工艺。因此，附件8给出了技术启示。

从上述案例可以总结一点：虽然另一份对比文件未公开区别技术特征，但是公开了与该区别技术特征相关的技术特征，本领域技术人员有能力、有动机对该技术特征进行适当改变以得到区别技术特征，并将该特征结合到最接近的现有技术中，则应当认定该对比文件给出了技术启示。

五、"三步法"适用中的公知常识

（一）公知常识的引入构成创造性评价理由的变更吗？

公知常识，是指本领域技术人员普遍知晓的技术知识，是本领域众所周知的技术知识。专利复审委员会在专利复审或无效宣告程序中，经常会主动引入公知常识。对于这种情形，我们是否可以认为专利复审委员会改变了创造性评价的理由？如果专利复审委员会未将依职权引入的公知常识事先告知行政行为相对人，并给予答辩的机会，就作出审查决定，是否违反法定程序？这类问题在实践中争议较大。

一种观点认为，公知常识的引入构成创造性评价理由的变更，专利复审委员会主动引入公知常识的，应当事先通知当事人并给予陈述意见的机会，否则构成程序违法，对此类审查决定可以直接撤销。例如，在G. D. 西尔有限公司（以下简称"西尔公司") 与专利复审委员会、肖刚及北京普禄德医药科技有限公司（以下简称"普禄德公司"）发明专利权无效行政纠纷案中，无效请求人提出的用于评价涉案专利权利要求1是否具备创造性的证据组合方式为"证据Ⅲ－1＋证据Ⅲ－2"，但是，专利复审委员会依据"证据Ⅲ－1＋证据Ⅲ－2＋常规技术手段"的证据组合方式作出第22576号决定，认定涉案权利要求1不具备创造性。西尔公司认为专利复审委员会的这一做法改变了无效宣告请求的证据组合方式，违反了请求原则，也没有给予西尔公司陈述意见的机会，违反了听证原则。❶

另一种观点则认为，公知常识的引入不构成典型的创造性评价理由的变更，专利复审委员会事先未给予当事人陈述意见的机会，但是在审查决定中进行了充分的举证或者合理说明的，并不构成程序违法，不能因此而撤销审查决定。在前述西尔公司与专利复审委员会、肖刚及普禄德公司发明专利权无效行政纠纷案中，针对西尔公司提出的上诉理由，二审法院认为：专利领域的常规技术手段和公知常识，是该领域的普通技术人员应当具备的知识和能力，专利创造性的判断应当依赖这些知识和能力作出。引入本领域技术人员应当具备的知识和能力作出创造性判断，通常并不属于证据的引入，除非各方当事人对于本领域技术人员是否具备相关知识和能力存在争议，需要证据予以佐证。因此，专利复审委员会在无效请求人提出的用于评价创造性的证据组合方式之外，可以依职权引入涉案专利领域的常规技术手段和公知常识来判断涉案专利是否具备创造性，《专利审查指南2010》对此亦有规定。而且，专利复审委员会认定区别技术特征为涉案专利领域的常规技术手段或者公知常识，往往是站在本领域技术人员的角度，在口头审理程序之后作出的事实认定，只要专利复审委

---

❶ 参见：北京市高级人民法院（2015）高行（知）终字第3501号行政判决书。

员会进行了充分的合理说明或者举证说明，即为已足。要求专利复审委员会必须就此听取各方当事人的意见，既非必要，亦不合理。各方当事人若对专利复审委员会的相关认定有不同意见，可以在诉讼程序中提出，并未丧失陈述意见和救济的机会。因此，西尔公司认为专利复审委员会在该案中的做法违反请求原则和听证原则的上诉理由，缺乏依据，不予支持。

笔者赞同第二种观点，理由如下：

首先，公知常识的引入，从表面上看，似乎改变了创造性评价的理由，但实际上并没有改变，没有引入新的事实和理由。为了便于论述，笔者举例说明。例如，无效宣告请求人主张的创造性评价方式为证据1＋证据2，专利复审委员会变更为证据1＋证据2＋公知常识。这种变更是否引入了新的事实和理由？笔者认为没有。这是因为，专利法拟定的创造性判断的主体是本领域技术人员，他是一种假设的"人"，假定他知晓申请日或者优先权日之前发明所属技术领域所有的普通技术知识，能够获知该领域中所有的现有技术，并且具有应用该日期之前常规实验手段的能力。公知常识是本领域技术人员普遍知晓的技术知识，本领域技术人员在进行创造性判断时，本来就应当基于本领域的公知常识进行判断，运用公知常识是其作为判断者的义务，如果他未运用公知常识，则意味着其未站在本领域技术人员的角度进行判断，所作的判断是不适格的。既然运用公知常识进行创造性判断，是应有之义，是判断者的义务，那么，专利复审委员会、法院在创造性判断中主动引入公知常识就是应有之义，是不言自明的，公知常识的引入不构成创造性判断理由的变更。例如，无效宣告请求人主张以证据1＋证据2的组合方式评价涉案权利要求是否具备创造性，专利复审委员会和法院在进行审查时，应当基于本领域技术人员的知识能力作出判断，运用公知常识是应有之义，因此，除了考虑证据1和证据2记载的技术知识，所属技术领域的公知常识当然应当一并考虑。如果因为无效宣告请求人仅主张证据1＋证据2的组合方式，未主张公知常识，就要求专利复审委员会和法院仅能考虑证据1和证据2记载的技术知识，不能考虑所属技术领域的公知常识，这无异于要求专利复审委员会和法院脱离本领域技术人员的知识能力进行创造性判断。这与专利法对判断主体的资格要求显然不符。由于运用公知常识是应有之义，是判断主体的义务，因此，证据1＋证据2的组合方式实际上等于证据1＋证据2＋公知常识的组合方式。二者貌似不同，但实际上是一回事。当无效宣告请求人主张证据1＋证据2的组合方式时，我们应当将该组合方式理解为证据1＋证据2＋公知常识。

其次，专利复审委员会在创造性判断中认定某一区别特征为公知常识，是基于本领域技术知识所作的事实认定。事实认定是专利复审委员会作为事实判断者行使判断权力的结果，专利复审委员会没有义务将本领域技术人员都普遍知晓的普通技术知识事先告知当事人并征求他的意见，而只需要对公知常识的认定提供证据支持或者进行充分合理的说明即可。这是因为公知常识是本领域技术人员普遍知晓的技术事实，当事人作为普通技术人员，理所当然应当知道这些技术知识，如果他不知道，则表明他自身的知识素养有问题，没有达到本领域技术人员的水平。专利复审委员会将某技术特征属于公知常识这一事实事先告知当事人并给予其陈述意见的机会，并非必要的程序，专利复审委员会完全可以直接作出这一认定，只要提供证据或者进行充分合理的说明，以供事后检验即可。如果当事人对这一事实认定有异议，完全可以在诉讼中提出，由各方当事人陈述意见，由法院来判断。

再次，从程序效率的角度来说，要求专利复审委员会将某技术特征属于公知常识这一事实事先告知当事人并给予其陈述意见的机会，也是不经济、缺乏效率的。运用本领域技术人员具有的公知常识进行判断，是不言自明的道理，如果专利复审委员会引入一个公知常识，还要事先通知当事人，给予其陈述意见的机会，会让审查程序变得更复杂、更冗长。专利复审委员会认定某一技术特征为公知常识是否正确，完全可以事后进行检验。如果认定错了，就进行纠正，这同样可以保障当事人的利益。

最后，对于当事人来说，救济机会是充分的。如果当事人认为专利复审委员会认定某一技术特征为公知常识是错误的，完全可以在诉讼中提出来，各方还可以陈述意见。如果确属错误，法院当然会纠正，保障当事人的权益不受侵害。

北京市高级人民法院的近期判决支持上述观点。例如，在通用汽车有限责任公司与专利复审委员会发明专利申请驳回复审行政纠纷案中，[1]涉案专利申请是申请号为200810169780.7、名称为"被捕获测试车队"的发明专利申请。该申请是申请号为200480029514.4的发明专利申请的分案申请，申请人为通用汽车有限责任公司（以下简称"通用公司"），申请日为2004年7月28日，优先权日为2003年10月8日，公开日为2009年4月15日，分案申请递交日为2008年10月17日。

专利复审委员会作出的被诉决定认定，涉案专利申请权利要求1请求保护的技术方案与对比文件1公开的内容相比区别在于：（1）确定具有对应于该请求的被捕获测试车队标识符的车辆，基于该确定将数据检索请求发送到车辆，并且所述被捕获测试车队标识符是车辆模型数据。（2）数据存储于控制器内。因此权利要求1请求保护的技术方案实际要解决的技术问题是如何快速有效地确定被测试车辆以及提高数据处理效率。

一审法院认为：涉案专利申请权利要求1与对比文件1相比有三个区别特征：（1）确定具有对应于该请求的被捕获测试车队标识符的车辆，基于该确定将数据检索请求发送到车辆，并且所

---

[1] 参见：北京市高级人民法院（2016）京行终第212号行政判决书。

第七章 创造性

述被捕获测试车队标识符是车辆模型数据,而对比文件1中被测试车辆标识符是车辆识别号 VIN;(2)权利要求1中将数据第一存储在车辆中的控制器内,而对比文件1中 COMO 车载系统(包括系统控制单元 130 和数据存储器 110)将监测数据存储在其数据存储器 110;(3)权利要求1中将第二存储的数据提供给至少一个能够影响该至少一种车辆设计和该至少一个车辆系统的人;和响应于读第二存储的数据修改读设计车辆的至少一个车辆系统或部件,而对比文件1中将数据反馈给对车辆性能数据具有需求的客户,未限定客户的具体范围和对数据的用途。

将一审判决与被诉决定的认定相比,可以看出,一审判决比被诉决定多认定了一个区别特征(3)并认为该特征系公知常识。

通用公司提出上诉,理由之一是:原审判决除了认定了被诉决定认定的两个区别特征外,还认定了第三个区别特征,并认为该区别特征为公知常识。这一做法引入了新的事实,未给予通用公司陈述意见的机会就作出不利于通用公司的判决,违反了"听证原则"。

二审法院认为,评价涉案专利申请是否具备创造性的主体是本领域技术人员,而本领域的公知常识是本领域技术人员都应当具有的知识。因此,法院站在本领域技术人员的角度,运用本领域技术人员都应当具备的知识即公知常识来评价涉案专利申请是否具备创造性,符合我国《专利法》及《审查指南》有关规定的精神。公知常识不同于一般的证据事实,公知常识的引入不属于专利法意义上的新证据事实的引入。一审法院在庭审程序之后,归纳出新的区别特征并认定为公知常识,这一做法并无不当,程序上并未违法。

最高人民法院也支持上述第二种观点。在申请再审人福建多棱钢业集团有限公司(以下简称"多棱钢业集团")与被申请人厦门市集美区联捷铸钢厂(以下简称"联捷铸钢厂")、二审上诉

313

发明和实用新型专利授权确权的法律适用——规则与案例

人专利复审委员会、原审第三人福建泉州市金星钢丸有限公司（以下简称"金星钢丸公司"）发明专利权无效行政纠纷案中，❶最高人民法院认为，在专利权无效行政诉讼程序中，法院在无效宣告请求人自主决定的对比文件结合方式的基础上，依职权主动引入公知常识以评价专利权的有效性，并未改变无效宣告请求理由，有助于避免专利无效宣告程序的循环往复，并不违反法定程序；法院在依职权主动引入公知常识时，应当在程序上给予当事人就此发表意见的机会。该案的基本案情是：多棱钢业集团是名称为"一种钢砂生产方法"、专利号为 ZL01127387.9 的发明专利（以下简称"涉案专利"）的权利人。针对涉案专利，联捷铸钢厂、金星钢丸公司分别向专利复审委员会提出无效宣告请求（1）和（2），请求宣告涉案专利全部无效。专利复审委员会将两次无效宣告请求合并审理，于 2006 年 8 月 7 日作出第 8585 号无效宣告请求审查决定（以下简称"第 8585 号决定"），宣告涉案专利权全部无效。多棱钢业集团不服，提起行政诉讼。北京市第一中级人民法院一审判决撤销第 8585 号决定，责令专利复审委员会重新就涉案专利作出无效宣告请求审查决定。北京市高级人民法院二审维持了一审判决。专利复审委员会随后重新成立合议组对上述两个无效宣告请求案进行审查。联捷铸钢厂针对涉案专利再次提出了无效宣告请求（3），请求宣告涉案专利权全部无效。在专利复审委员会的审查程序中，关于无效宣告请求（1）和（2），联捷铸钢厂明确表示，使用附件 1 结合附件 3，附件 1 结合附件 16，附件 1 结合常规技术手段（包括技术手册、本领域的常规技术手段）来评价涉案专利权利要求 1 和 2 的创造性。专利复审委员会经审查作出第 11978 号无效宣告请求审查决定（以下简称"第 11978 号决定"），维持涉案专利权有效。联捷铸

---

❶ 参见：最高人民法院（2010）知行字第 6 号驳回再审申请通知书。

钢厂不服,提起行政诉讼。北京市第一中级人民法院一审判决撤销第11978号决定。专利复审委员会、多棱钢业集团不服,提起上诉。在二审庭审中,联捷铸钢厂明确其请求宣告涉案专利权无效中争议的主要内容为:涉案专利相对于附件1和附件3的结合不具备创造性;涉案专利相对于附件1和附件16的结合不具备创造性;涉案专利相对于附件1结合公知常识证据(附件6)不具备创造性。北京市高级人民法院二审认为,专利复审委员会在第11978号决定中作出的涉案专利相对于附件1和附件3的结合具备创造性的认定事实不清,判决驳回上诉,维持一审判决。该判决在论述涉案专利相对于附件1和附件3的结合是否具备创造性的问题时引用了附件6的内容。多棱钢业集团不服,向最高人民法院申请再审,其主要理由之一是,二审判决在评判附件1和附件3的结合对涉案专利的创造性影响时引入了附件6,明显违反了审查规则,破坏了无效宣告请求人联捷铸钢厂自主决定的证据结合方式,剥夺了多棱钢业集团针对附件1、附件3和附件6的组合进行答辩的权利。最高人民法院审查查明,联捷铸钢厂和金星钢丸公司在无效宣告审查程序中提供附件5、附件6和附件7用于证明钢砂产品本身是已知技术,轴承钢的技术性能和热处理工艺都是本领域公知的,多棱钢业集团对附件5、附件6和附件7真实性没有异议。最高人民法院审查认为:无效宣告请求人联捷铸钢厂和金星钢丸公司在无效宣告请求审查程序中提出了附件1和附件3的结合方式,而附件6本身属于公知常识的证据。多棱钢业集团的再审理由涉及法院在专利无效案件审理中,在无效宣告请求人自主决定的对比文件结合的基础上,是否可以依职权主动引入公知常识以评价专利权有效性的问题。由于公知常识是本领域技术人员均知悉和了解的,因此在专利无效案件行政诉讼程序中,法院在无效宣告请求人自主决定的对比文件结合方式的基础上,依职权主动引入公知常识以评价专利权的有效性,并未改变无效宣告请求理由，对双方当事人来说亦无不公，且有助于避免专利无效宣告程序的循环往复，并不违反程序。当然，法院在依职权主动引入公知常识时，应当在程序上给予当事人就此发表意见的机会。本案中，联捷铸钢厂在一、二审程序中即主张使用附件6中公开的内容，且多棱钢业集团对附件6的真实性没有异议，在此情况下，原审法院引入附件6评价涉案专利的效力并不违反法定程序。

（二）公知常识的证明

上文已述，公知常识是本领域技术人员普遍知晓的技术知识，既然如此，为什么还要举证证明或者充分合理说明呢？

在专利创造性判断中，专利法拟定的判断主体是本领域技术人员，他是一种假设的"人"，假定他知晓申请日或者优先权日之前发明所属技术领域所有的普通技术知识，能够获知该领域中所有的现有技术，并且具有应用该日期之前常规实验手段的能力。本领域技术人员理所当然应当知道本领域的普通技术知识。但是，本领域技术人员毕竟是一种假设的"人"，假设他知晓本领域的全部普通技术知识。现实中从事发明创造的人未必像该假设的"人"一样，知晓本领域的全部普通技术知识，很可能存在知识上的盲点、认知上的缺陷，未必知道某一公知常识。打一个比方，当一个小孩不知道"太阳从东方升起来"这一众所周知的事实时，我们不能只陈述"太阳从东方升起来"的事实，还应当向他讲清楚为什么"太阳从东方升起来"。同样的道理，当我们主张某一技术为公知常识，我们也应当向对方讲清楚为什么该技术是公知常识，因为对方极可能是一个不知道本领域公知常识的"小孩"。这就是公知常识需要举证证明或者充分合理说明的原因。

公知常识的载体通常有所属技术领域的技术词典、技术手册、教科书等。因此，主张者在举证时通常应当提交技术词典、技术手册、教科书等证据。但是，这只是一个原则，应当允许存在例外。在一些技术更新非常迅速的领域，例如电子通信领域，技术革新非常快，但技术词典、技术手册、教科书的更新速度跟不上，很多知识已经是公知常识了，但是还没有编入技术词典、技术手册、教科书。在此情况下，如果仅仅因为相关知识尚未编入技术词典、技术手册、教科书，就否定其为公知常识，可能并不妥当。因此，除了举证证明以外，还可以充分合理说明的方式来证明公知常识。当然，在进行说理时，也应当尽可能地辅以一定的资料，如专利文献、互联网文献等，使说理客观、合理和可信。

六、"三步法"认定结论的检验

（一）"三步法"的检验

"三步法"是一个力求创造性判断客观化的判断方法，但是，如果"三步法"运用不当，亦可能导致判断结论主观化，即常说的"事后诸葛亮"。因此，对于"三步法"的判断结论，我们仍然有必要从几个方面来进行检验。

首先，我们应当追问"三步法"中确定的最接近的现有技术是否适格？这可以从技术领域、技术问题、技术方案和技术效果四个方面分析，上文已进行过阐述，此处不再赘述。我们始终要牢记，如果"三步法"中确定的最接近的现有技术适格，则"三步法"的认定结论趋于正确，否则极有可能失灵。另外，还需注意，最接近的现有技术应当是指一项独立的现有技术，而不是从对比文件中的不同部分中拼凑出来的现有技术。

其次，我们要追问"三步法"中确定的发明实际解决的技术问题是否是该最接近的现有技术中客观存在的技术问题？如果最接近的现有技术中根本不存在"三步法"确定的发明实际解决的技术问题，或者本领域技术人员在该最接近的现有技术中根本就认识不到"三步法"确定的发明实际解决的技术问题，则发明就具备创造性。这是因为，提出或者发现本领域技术人员无法发现的技术问题，就足以使发明具备创造性。

最后，我们不应当忽略区别技术特征之间的协同作用，割裂对待各个区别技术特征。有的审查决定常常割裂对待"三步法"中认定的技术特征。以下是一种常见的认定思路：区别特征1被对比文件1公开了，区别特征2是公知常识，区别特征3是显而易见的，因此权利要求不具备创造性。我们应当牢记，创造性判断应当从整体上考察权利要求记载的技术方案相对于现有技术是否是显而易见的，而不是简单地考察权利要求中的各个技术特征是否被现有技术公开了。权利要求中的各个技术特征被公开，并不意味着各个技术特征的组合是显而易见的。技术特征之间的协同作用不应当被忽略，我们应当考察技术特征组合在一起的整体技术方案是否显而易见，而不是分解各个技术特征，各个击破。

（二）作为检验法的"新三步法"

近年来，有人提出"新三步法"，试图以此取代在实践中时而失灵的"三步法"。"新三步法"也被称为"整体实质比较法"，是从技术方案的实质比较来分析、判断涉案发明创造是否具备创造性。❶ "新三步法"可以分为以下三步：第一步，分析涉案发明创造的技术实质；第二步，分析最接近的现有技术方案的技术实质；第三步，将涉案发明创造与最接近的现有技术进行对比分析，判断涉案发明是否具备创造性。"新三步法"的精髓，是对

---

❶ 据笔者所知，"新三步法"的首倡者为北京律和信知识产权代理事务所的合伙人刘国伟先生，他在一些公开的业务交流场合反复提倡"新三步法"。

最接近的现有技术和涉案发明创造两个技术方案进行整体上的实质比较，判断两个技术方案是否在相同或者相近的技术研发路线上。如果两个技术方案的技术研发路线相同或者相近，本领域技术人员才有可能不需要付出创造性劳动就在该最接近的现有技术的基础上，结合其他技术手段得到涉案发明创造。

"新三步法"符合技术研发的逻辑思路，这一方法的提出富有卓见，对于校正和检验"三步法"的适用结论具有重要意义。但是，"新三步法"是否可以取代现行"三步法"，担当创造性判断的大任，尚值得怀疑。因此，笔者更愿意将它作为"三步法"的检验法来适用，即在运用"三步法"得出结论之后，再运用"新三步法"来检验"三步法"的结论是否正确。两个方法结合起来，可以确保"三步法"判断结论的准确性。

准确地说，"三步法"本身并没有问题，是一些专利审查员和法官对"三步法"的运用出现了问题。在实践中，一些专利审查员没有准确适用"三步法"的精神，而是简单机械、粗暴地肢解和对待技术方案，导致判断结论错误，出现所谓的"三步法"失灵现象。其实，这不是"三步法"本身失灵，而是"三步法"的运用失灵，没有掌握好"三步法"的精髓，由此导致结论失灵。

运用"新三步法"，对涉案发明创造和最接近的现有技术进行整体的实质比较分析，来检验"三步法"的结论是否正确，是确保"三步法"运用得当的非常有效的措施。面对"三步法"中选定的最接近的现有技术，我们要追问，该技术方案和发明创造的技术方案在整体思路上是否相同、相近，是否在同一个努力方向上？如果整体思路不同，努力方向不一致，一个往北，一个向南，则该最接近的现有技术无法给本领域技术人员提供技术启示供他作出涉案发明创造；只有两个技术方案在努力方向上相同或者接近，该最接近的现有技术才可能给本领域技术人员提供技术启示以作出涉案发明创造。

七、典型案例评析

（一）制药过程中产生的"中间产物"不宜作为最接近的现有技术

【案例 7-1】诺沃挪第克公司与专利复审委员会及甘李药业有限公司（以下简称"甘李公司"）发明专利权无效行政纠纷案[1]

◆ 基本案情

涉案专利名称为"含 NaCl 的胰岛素制品"、专利号为 97195648.0。2011 年 4 月 28 日，甘李公司针对涉案专利权向专利复审委员会提出无效宣告请求，理由之一是涉案权利要求不具备创造性。

诺沃挪第克公司在无效宣告程序中修改了权利要求，如下所示：

"1. 水性胰岛素制品，包含：

60－3000nmol/mlAspB28 人胰岛素，

100－250mM 甘油，

5－100mM 卤化物，其中卤化物是碱金属或碱土金属卤化物，

10－40μgZn/100U 胰岛素，和

0－5mg/ml 酚类化合物，并且包含 0.5－4.0mg/ml 间－甲苯酚和 0.5－4.0mg/ml 苯酚的混合物。"

涉及创造性评价的对比文件为证据 4、证据 6。其中证据 4：J. Brange、L. Langkjer，"Chemicalstabilityofinsulin"，ActaPharmaceutica Nordica，1992 年第 4 卷第 3 期，封面、扉页、出

---

[1] 参见：北京市高级人民法院（2014）高行终字第 42 号行政判决书。

版信息页、目录页、第 149～158 页，复印件共 14 页，及其部分中文译文 1 页。证据 4 涉及不同离子强度的氯化钠对胰岛素脱酰胺作用的研究，其中图 1 表明随着氯化钠浓度的增加，脱酰胺胰岛素含量直线下降，直到氯化钠浓度达到约 30mM 时，脱酰胺胰岛素含量降至最低，而氯化钠浓度在 30～120mM 变化时，脱酰胺胰岛素含量变化不大，均保持在较低含量水平。而随着氯化钠浓度在 120mM 以上进一步增加，脱酰胺胰岛素含量则会随之逐渐增加。此外，证据 4 表 1B 表明，当在胰岛素制品中同时加入 0.7％氯化钠（约 120mM）和 0.2％（2mg/ml）苯酚时，所形成的二聚体量仅为 0.3％；表 3 是"苯酚和 NaCl 对于中性溶液中胰岛素的脱酰胺作用的单独稳定效果"研究，其中显示胰岛素溶液在没有加入氯化钠和苯酚时，其脱酰胺百分比数值为 23.5。在仅加入氯化钠时，该数值为 15.4。在仅加入苯酚时，该数值为－10.0。在同时加入氯化钠和苯酚时，该数值为 1.5；表 4 是"组成对于中性溶液中胰岛素的化学转化的影响"研究，表中数字所代表的是胰岛素化学转化的第一级速率常数，且该速率常数与温度直接相关。从表 4 数据可知，优选组合"0.2％苯酚＋0.7％NaCl"在 4～25℃时二聚体形成增加；证据 4 还载明了如下内容："HMWT 的速率仅被胰岛素的物种轻微地影响""用于研究的胰岛素是不同物种（猪、牛和人）的单组分（MC）胰岛素""苯酚和 NaCl 显然是通过独立的机制产生其稳定化影响，因为当将它们一起使用时观察到此两种化合物的加成效果，苯酚具有独立地最大的效果（表 3，图 1）""使用甘油作为赋形剂清楚地对胰岛素在中性制剂中的化学稳定性有有害效果……由常规 II（含有苯酚或甲酚）中的甘油引起的劣化不止被苯酚或 m－甲酚的稳定化效果抵消"。

证据 6 为中国发明专利说明书，授权公告号为 CN1145641C，授权公告日为 2004 年 4 月 14 日，复印件共 25 页。其中实施例

12制备了一种胰岛素AspB28—人胰岛素类似物的溶液,包含如下成分:8.3mg/mL(相当于1425nmol/mL,237IU/mL)的AspB28—人胰岛素;16mg/mL甘油(相对于174mM);1.6mg/mL间甲苯酚和0.65mg/mL苯酚;0.072mg/mLZn(相当于30.4ugZn/100IU胰岛素;用于酸化溶解氧化锌和调节溶液pH所引入的Cl^-浓度为5.335mM,Na^+浓度仅考虑调节pH的NaOH的贡献时为13.375mM;实施例5是有关"离子强度对LysB28ProB29-hI鱼精蛋白结晶作用的影响"的研究,其发现离子强度影响鱼精蛋白结晶的形成,即随着氯化钠浓度的提高,非晶形产物增多,结论是"随着NaCl浓度的提高,结晶效果非常差,含有40mM NaCl的样品绝大部分是非晶形物而几乎没有结晶";证据6说明书还载明了如下内容:"最近,开发出了单体胰岛素类似物,它与人胰岛素相比不容易缔合成较高分子量的形式。自缔合作用的降低原因在于修饰了人胰岛素的氨基酸序列,主要是通过破坏二聚物的形成来降低缔合作用""本发明提供了一种单体胰岛素类似物制剂,当使用时,该制剂能提供中等的作用持续时间""特别优选的单体胰岛素类似物是LysB28ProB29-人胰岛素(B28是Lys;B29是Pro)和AspB28-人胰岛素(B28是Asp)""术语'苯酚衍生物'是指间甲苯酚、苯酚或者优选间甲苯酚和苯酚的混合物"。

专利复审委员会作出第18352号无效宣告请求审查决定(以下简称"第18352号决定"),该决定认定:将涉案专利权利要求1所要求保护的碱金属卤化物水性胰岛素溶液的技术方案与证据6实施例12公开的水性胰岛素产品相比,区别在于溶液中包含5~100mM的碱金属卤化物,由此降低溶液中脱酰胺胰岛素和胰岛素二聚体或多聚体的百分率。证据4涉及不同离子强度的氯化钠对胰岛素脱酰胺作用的研究,证据4中图1表示胰岛素制品在37℃存储2个月时,苯酚和NaCl浓度与B3位点(isoAsp和

Asp 衍生物）脱酰胺产物百分比含量的关系，其表明随着氯化钠浓度的增加，脱酰胺胰岛素含量直线下降，直到氯化钠浓度达到约 30mM 时，脱酰胺胰岛素含量降至最低，而氯化钠浓度在 30～120mM 变化时，脱酰胺胰岛素含量变化不大，均保持在较低含量水平，随着氯化钠浓度的进一步增加，脱酰胺胰岛素含量则随之逐渐增加。由此可见，氯化钠的浓度在 30～120mM 的范围时，胰岛素的脱酰胺作用较弱，胰岛素制品较为稳定，而该氯化钠浓度与涉案专利权利要求 1 的碱金属卤化物 5～100mM 的浓度范围基本一致，或者说有很大程度的数值重叠。因此，在证据 4 的该技术启示下得出权利要求 1 所述的碱金属卤化物 5～100mM 的浓度范围对于本领域技术人员来说是显而易见的。综上，涉案专利权利要求 1 涉及碱金属卤化物的技术方案相对于证据 6 实施例 12 和证据 4 的结合不具备创造性，不符合《专利法》第二十二条第三款的规定。

一审判决维持第 18352 号决定。

二审法院认为：在专利无效宣告案件的创造性判断中，一般应当首先将涉案专利权利要求所限定的技术方案与无效宣告请求人提出的对比文件所披露的技术方案进行比对，确定涉案专利与对比文件的区别特征和涉案专利实际解决的技术问题，最后再判断涉案专利对本领域技术人员来说是否显而易见。在判断过程中，应当站在本领域技术人员的角度，对对比文件所披露的现有技术进行整体考量，不仅仅要针对现有技术的整体状况，而且还要针对对比文件本身所披露的技术方案。需要指出的是，上述对比文件应当是一个完整的技术方案。技术方案是指对要解决的技术问题采用的利用了自然规律的技术手段的集合，不但包括组成该技术方案的全部技术特征，而且还要披露本领域技术人员所能够获知或预期该技术方案所取得的技术效果。如果本领域技术人员无法获知或预期该技术方案所取得的技术效果，则不能作为创造性判断的对比文件。在判定是否显而易见时，需要考虑两份以上对比文件是否存在结合的可能性。某一对比文件存在相反的技术教导的，则不应认为现有技术中存在技术启示。

根据所含卤化物的不同，涉案专利权利要求1的技术方案可以分为：涉及碱金属卤化物的技术方案和涉及碱土金属卤化物的技术方案。关于涉及碱金属卤化物技术方案的创造性问题。涉案专利涉及水性胰岛素制品，包含了人胰岛素或其类似物或衍生物，构成了一个完整的技术方案。而证据6的实施例12公开了一种AspB28-人胰岛素类似物－鱼精蛋白结晶的制备工艺，该工艺分为三步，分别为制备AspB28-人胰岛素类似物溶液、制备鱼精蛋白贮液、将两种溶液混合实现析晶。根据原审法院专家证人的证言，该实施例制备的AspB28-人胰岛素类似物溶液仅仅是一种中间溶液。本领域技术人员均知晓，作为中间溶液的AspB28-人胰岛素类似物溶液，其作用仅在于进行下一步析晶，而且现有证据并未证明该中间溶液是否具有一定的药效。原审法院认为，该单体溶液可直接运用于临床，客观上也属于一种胰岛素类似物的终产品。但是，这一认定仅仅是一种推测，并没有任何证据予以佐证。事实上，药物制剂学的普通技术人员公知，用于临床的药物制品有严格的质量要求，而且作为创造性判断的起始点的最接近的现有技术方案，应当是具有充分证据证明具有药物活性的制剂，而非推测具有药物活性的中间体。基于以上分析，第18352号决定将并非完整技术方案的证据6的实施例12所公开的胰岛素类似物单体溶液作为对比文件，与涉案专利进行比对，属于认定事实错误。

即使将证据6的实施例12所公开的胰岛素类似物单体溶液作为对比文件，如前所述，在评价创造性时，应当对对比文件进行整体考量。本领域技术人员在阅读了证据6的实施例12关于AspB28-人胰岛素类似物溶液制备方法时，由于难以预料该溶液是否具有一定药效,当然不会产生将其作为基础,研发涉案专利所述的水性胰岛素制品的动机。此外,本领域技术人员在阅读证据 6 时,会对证据 6 披露的技术内容进行全面的考虑,当然会注意到其实施例 5 中"离子强度对赖脯胰岛素鱼精蛋白结晶作用的影响"得出的结论,即 NaCl 浓度的提高会影响到赖脯胰岛素鱼精蛋白结晶,而且浓度越高,结晶效果越差。由于证据 6 存在不宜使用 NaCl 的教导,本领域技术人员不会有动机在证据 6 中使用 NaCl。虽然证据 4 存在一定浓度范围的 NaCl 会导致胰岛素制品更为稳定的技术启示,但是,由于证据 6 存在不宜使用 NaCl 的相反教导,本领域技术人员没有动机将证据 6 的实施例 12 与证据 4 相结合。因此,第 18352 号决定关于涉案专利权利要求 1 涉及碱金属卤化物的技术方案相对于证据 6 的实施例 12 与证据 4 的结合不具有突出的实质性特点和显著的进步的认定错误。

◆ 评 述

专利复审委员会作出的第 18352 号决定,遵循了"三步法",具体如下:

第一步,确定最接近的现有技术:证据 6 的实施例 12 中第一步获得的"中间溶液";

第二步,确定区别技术特征"中间溶液没有公开碱金属卤化物的浓度范围为 5~100mM"及发明实际解决的技术问题"抑制胰岛素的脱酰胺作用,保持胰岛素制品稳定";

第三步,判断涉案权利要求 1 相对于本领域的技术人员来说是否显而易见,由于证据 4 公开了所述区别技术特征,作用相同,因此,涉案权利要求 1 不具备创造性。

上述"三步法"的适用貌似很客观,但其实经不起推敲。正如二审判决指出的问题:第一,未能证实证据 6 的实施例 12 中第一步获得的"中间溶液"的药效及临床可用性,该"中间溶液"不能作为判断创造性的最接近的现有技术方案,第 18352 号决定将该不完整的技术方案与涉案专利进行比对,属于认定事实错误。第二,即使使用所述"中间溶液"作为最接近的现有技术,也应整体考量证据 6 的内容。由于不能确定"中间溶液"的药效,因此,本领域技术人员没有动机将其作为研发涉案专利水性胰岛素制品的基础。第三,证据 6 的实施例 5 存在相反的教导,使得不存在将证据 6 实施例 12 与证据 4 结合的启示。

该案二审判决至少具有两个方面的典型意义:第一,现有技术必须适格,才能作为创造性评价中的最接近的现有技术;第二,要整体考虑现有技术中的内容,包括其中的相反教导。

首先,选定的"最接近的现有技术"必须适格,才能作为创造性评价中的最接近的现有技术。创造性评价中的现有技术应当是一个相对比较完整的技术方案,即应当是为了解决一定的技术问题、采取了一定的技术手段、实现了一定技术效果的技术方案。技术方案离不开技术问题、技术手段、技术效果三要素,离开其中任何一个要素,都不是技术方案,就不可能给本领域技术人员提供技术启示。

对此,我们可以参照技术研发的逻辑来进行分析。一般而言,技术研发的通常步骤是:第一,认识现有技术的技术效果;第二,分析其技术缺陷;第三,针对技术缺陷,作出技术改进,得到新的技术方案。我们在进行创造性判断时,不应当背离这一逻辑。我们在适用"三步法"时,首先应当选择一份适格的最接近的现有技术,该现有技术应当是一项完整的技术方案,只有完整的技术方案,本领域技术人员才能认识其技术效果,分析其技术缺陷,并采取改进措施,得到改进的技术方案。一个基本的常识是,一项不完整的技术方案中不会存在所谓的技术启示,如果基于一项不完整的技术方案进行技术改进,则完全可以认定这样的改进具备创造性。在该案中,所谓的"中间溶液"只能制药过程中的一项化学反应的中间溶液,不是终端成品,不会作为制品、成品进入现实生活。基于此,本领域技术人员无法认识到该"中间溶液"的技术效果,当然也不会有动机去分析其技术缺陷,并作出技术改进。因此,该"中间溶液"不是适格的最接近的现有技术。第 18352 号决定中"三步法"的第一步就错了,选错了最接近的现有技术是典型的"事后诸葛亮",属于强行拼凑现有技术。

其次,要整体考虑现有技术中的内容,包括其中的相反教导。即使将证据 6 的实施例 12 所公开的胰岛素类似物单体溶液作为对比文件,在评价创造性时,应当对对比文件进行整体考量。本领域技术人员在阅读证据 6 时,会对证据 6 披露的技术内容进行全面的考虑,当然会注意到其实施例 5 中"离子强度对赖脯胰岛素鱼精蛋白结晶作用的影响"得出的结论,即 NaCl 浓度的提高会影响到赖脯胰岛素鱼精蛋白结晶,而且浓度越高,结晶效果越差。由于证据 6 存在不宜使用 NaCl 的教导,本领域技术人员不会有动机在证据 6 中使用 NaCl。虽然证据 4 存在一定浓度范围内的 NaCl 会导致胰岛素制品更为稳定的技术启示,但是,由于证据 6 存在不宜使用 NaCl 的相反教导,本领域技术人员没有动机将证据 6 实施例 12 与证据 4 相结合。

(二)无法实施的现有技术方案不是适格的最接近的现有技术

【案例 7-2】生物矿物股份有限公司(以下简称"生物矿物公司")与专利复审委员会发明专利申请驳回复审行政纠纷案[1]

◆ 基本案情

涉案专利申请的申请号为 201010144554.0、名称为"含有

---

[1] 参见:北京知识产权法院(2015)京知行初字第 5729 号行政判决书。

硅酸的挤出物的制备方法、所述的挤出物、其应用和含有所述挤出物的药物组合物"的发明专利申请,申请人为生物矿物公司。在复审程序中,生物矿物公司修改了权利要求1,如下所示:

"1. 制备用于口服的含有稳定的硅酸的挤出物的方法,其中所述稳定的硅酸为生物适合性固体形式,包括下列步骤:

i) 通过在有胆碱作为稳定剂存在的情况下将硅化合物水解成原硅酸和/或其低聚物形成稳定的硅酸;

ii) 将稳定的硅酸与达到硅酸用载体的载荷容量的用量的载体混合,其中所述的载体为微晶纤维素且硅酸的载荷容量为<50%;

iii) 挤出所得混合物,由此形成挤出物;

iv) 将所述的挤出物球化成颗粒;

v) 将所述颗粒干燥为具有水含量保持在5%以下的丸粒,其中如筛析测量的90%以上的丸粒具有800－1200μm大小,且其中50%以上的丸粒具有950－1100μm的大小,并且其中所述丸粒具有0.7－1.2%重量的硅含量,其中所述干燥是通过流化床干燥进行的;

vi) 包囊所获得的丸粒。"

对比文件1是公开日为2001年6月27日、公开号为EP1110909A的欧洲专利申请文件。对比文件1公开了一种吸附在载体上的原硅酸,其可应用于动物的饲料、食物或者食物添加剂以及药物或化妆品的制备中,该稳定的原硅酸的制备方法为:2L硅酸钠(相当于硅化合物)的新鲜溶液与2~4L丙三醇(相当于稳定剂)混合直至获得均质的溶液,为了降低pH,加入1L冷的浓缩盐酸溶液,并在0~10℃的温度下强烈搅拌混合物(由此得到稳定的原硅酸溶液),载体(65%)的微晶纤维素与35%的用丙三醇稳定的浓缩原硅酸混合(即公开了硅酸的载荷容量<50%),在持续的混合过程中加入去矿物质水以保持颗粒化物质的质量;随后用篮式挤出机挤出,得到的球团被干燥至含水低于

5%；典型的球团的粒径在 800～1200μm，并且该球团被包裹至胶囊中；0.54g 的球团中含有 5mg 的硅（硅的含量相对于球团即丸粒而言为 0.9%重量）（参见对比文件 1 第 4 页实施例 B）。

对比文件 2 是公开日为 1999 年 7 月 13 日、公开号为 US5922360A 的美国专利说明书。对比文件 2 公开了一种制备稳定的原硅酸的方法，包括（参见第 3 页第 10～27 行）：氯化胆碱在真空下进行干燥，并使用干盐酸进行处理，在低于 40℃下向形成的氯化胆碱溶液中加入四氯化硅（1mol：1mol）。为了水解，加入水（冰/冰水），同时在－30～－20℃冷却。随后该含有原硅酸的溶液使用氢氧化钠中和并将温度控制在低于 0℃，最终的 pH 控制在约 1.3。随后使用活性炭进行纯化，过滤出沉淀和活性炭。通过在真空中进行蒸馏，获得含有 3%的硅、70%的氯化胆碱以及 27%的水的制剂。此外，对比文件 2 还公开了为了稳定的硅酸的生物用途例如用于植物、动物和人类，可加入固体载体，例如加入牲畜饲料后压成球团，或者加入蔗糖/麦芽糖后压成片剂（参见第 2 栏第 54～68 行）；稳定的硅酸可用于治疗粘膜的慢性感染、窦炎和溃疡的生长、结缔组织、动脉硬化、骨头和肌腱的问题以及淋巴系统的周期感染等（参见第 1 栏第 50～58 行）。

专利复审委员会作出的第 88566 号复审请求审查决定（以下简称"被诉决定"）认定：涉案专利申请权利要求 1 请求保护的技术方案与对比文件 1 公开的技术方案相比，区别技术特征是：(1) 所述稳定剂为胆碱；(2) 90%以上的丸粒具有 800～1200μm 大小，且其中 50%以上的丸粒具有 950～1100μm 大小；(3) 干燥是通过流化床干燥进行的。对于区别特征 (1)，对比文件 2 公开了氯化胆碱作为稳定的原硅酸的稳定剂，并且其作用与在涉案专利申请中相同，均是用作制备稳定的原硅酸的稳定剂；此外，对比文件 2 还公开了为了稳定的硅酸的生物用途，可加入固体载体。因此，本领域技术人员为了更好地利用原硅酸的生物活性，有动机利用对比文件2的方法，选择使用胆碱作为稳定剂将硅化合物水解从而得到胆碱稳定的硅酸。对于区别特征（2），对比文件1已经明确公开了大多数球团的粒径在 800～1200μm，本领域技术人员为了更好地发挥球团的生物活性，有动机在此基础上根据具体应用要求将 90% 以上的丸粒的粒径控制在 800～1200μm、且 50% 以上的丸粒控制在 950～1100μm 大小，这也是本领域的常规技术手段。对于区别特征（3），使用流化床对产品进行干燥是本领域常规的技术手段。因此，在对比文件1的基础上结合对比文件2以及本领域的惯用手段以得到权利要求1的技术方案是显而易见的，权利要求1所要求保护的技术方案不具有突出的实质性特点，因而不具备《专利法》第二十二条第三款规定的创造性。

生物矿物公司不服被诉决定，提起诉讼，其理由之一是生物矿物公司在复审程序中向专利复审委员会提交了按照对比文件1进行重复实验的报告，可以证明按照对比文件1的方法根本无法获得含有稳定的硅酸的固体挤出物产品。对比文件1并非制造季胺化合物稳定化硅酸固体药物制剂的技术方案，它是在对比文件2的基础上作出的改进。因此，不应以对比文件1作为最接近的现有技术评价涉案专利申请的创造性。

针对生物矿物公司的上述起诉理由，北京知识产权法院认为：首先，《专利法》之所以对申请日以前的已有技术进行规定，其目的在于判断发明或者实用新型专利申请是否具备新颖性和创造性，而非给予现有技术某种形式的独占权利，故不应以专利授权的条件为标准对现有技术予以限定。根据相关规定，申请日以前已有的技术，是指申请日以前在国内外出版物上公开发表、在国内公开使用或者以其他方式为公众所知的技术。上述概念已明确现有技术所需具备的条件，对技术方案是否可实施并无要求。其次，判断一项技术方案是否具备创造性，需要考察的是本领域技术人员在现有技术的基础上是否需要付出创造性劳动才能得到该技术方案。因此，用于评价创造性的现有技术应是指在申请日以前处于能够为公众获得的状态，并包含有能够使公众从中得知实质性技术知识的内容，并不强制要求现有技术达到能够实现的标准。即便现有技术的技术方案存在缺陷，导致其可能无法实施，但如果本领域技术人员能从中得知实质性技术知识，获得技术启示，从而有动机对该现有技术进行改进，则该现有技术已经符合作为创造性评价对比文件的基本条件。综上，在评价专利权是否具备创造性时，对比文件必须具备的条件是记载了相应的技术方案并使本领域技术人员从中得知实质性技术知识的内容。对比文件是否可实施，与其是否能够作为证据评价专利的创造性之间没有必然联系。在该案中，本领域技术人员能够从对比文件1公开的技术方案中获得实质性技术知识，故不论生物矿物公司提交的重复试验的条件是否与对比文件1一致，该重复试验的结论均不影响对涉案专利申请创造性的判断。

◆ 评　述

该案提出的问题是，作为创造性判断中的最接近的现有技术应当符合什么条件？具体地说，最接近的现有技术是否必须以可实施为适格条件？存在技术缺陷、不可实施的技术方案是否可以作为最接近的现有技术？

在上述诺沃挪第克公司与专利复审委员会及甘李公司发明专利权无效行政纠纷案中，二审法院提出：创造性判断中的对比文件应当是一个完整的技术方案。技术方案是指对要解决的技术问题采用的利用了自然规律的技术手段的集合，不但包括组成该技术方案的全部技术特征，而且还要披露本领域技术人员所能够获知或预期该技术方案所取得的技术效果。如果本领域技术人员无法获知或预期该技术方案所取得的技术效果，则不能作为创造性判断的对比文件。❶ 该判决提出了用于判断创造性的现有技术方案适格的三要素：技术问题、技术手段以及技术效果，即必须是为了解决一定技术问题、采取一定技术手段并获得一定技术效果的技术方案。该判决虽然没有明确提出现有技术方案必须是可实施的，但是从其对技术问题、技术手段和技术效果的强调，可以推知其隐含表达了只有可实施的现有技术方案才有资格构成最接近的现有技术的含义。笔者觉得有必要对这一判决未明确表达的含义明确地表达出来。

所谓现有技术，是指为了解决一定的技术问题而采取一定技术手段并实现了一定技术效果的完整的技术方案。因此，现有技术必须具有可实施性，不可实施的不完整的"技术"不是真正的现有技术。

在创造性判断中具有技术启示的现有技术必须是可实施（至少具有实施可能性）的完整的现有技术方案。这一点仍然可以从发明创造的技术研发路径来进行解释。技术人员从事技术研发，首先应当认识现有技术的技术效果，分析其技术缺陷，然后才能提出技术改进思路。因此，最接近的现有技术必须可实施，只有可实施的技术方案，才能获知其技术效果，并在此基础上分析其技术缺陷，并提出技术改进思路。本领域技术人员一般不可能在一项不可实施的技术方案的基础上，进行技术研发。如果技术人员真的这么做，开发出了新的技术方案，那就不必再怀疑该技术方案的创造性了。因此，在"三步法"中选定一项不可实施的"技术"来否定一项发明创造的创造性，根本上就不符合创造性判断的逻辑，是典型的"事后诸葛亮"。

在该案中，一审判决认为一项现有技术即使存在技术缺陷、不可实施，只要社会公众从中能够得知实质性技术知识，也可以

---

❶ 参见：北京市高级人民法院（2014）高行终字第 42 号行政判决书。

作为创造性判断中的最接近的现有技术。这一认定违背了技术研发的基本逻辑。如果一项技术存在技术缺陷、不可实施，本领域技术人员就无法确认其技术效果，也无法分析其技术缺陷，就无法作为技术改进的起点，也不可能去找其他的现有技术来与之结合，作出改进的技术方案。因此，笔者认为一审判决的这一结论是不成立的。

该案中的对比文件1是一个欧洲专利申请文件，披露了相应的技术知识，应当推定其记载的技术方案是可实施的。生物矿物公司起诉认为其技术方案不可实施、不应当作为创造性判断的最接近的现有技术，应当举证推翻前述推定。因此，对比文件1记载的技术方案到底是否可以实施，一审法院应当首先予以查明，只有确认该技术方案可实施之后，才能将其作为"三步法"适用中的最接近的现有技术。

（三）区别特征为公知常识的技术方案并不一定缺乏创造性

【案例7-3】平湖市贝斯特童车有限公司（以下简称"贝斯特公司"）与专利复审委员会及中山市隆成日用制品有限公司（以下简称"隆成公司"）实用新型专利权无效行政纠纷案[1]

◆ 基本案情

隆成公司是名称为"前轮定位装置"的实用新型专利（以下简称"涉案专利"）的专利权人。涉案专利授权公告的权利要求如下：

"1. 一种前轮定位装置，装设于婴儿车之前脚管末端，其特征在于，包括：一垂直转轴，下端与前轮之轮轴结合，上端与该前脚管末端枢接并保持同轴转动的连接状态；及一控制前轮是否

---

[1] 参见：北京市高级人民法院（2010）高行终字第1102号行政判决书。

能够转向的卡掣机构,设置于前述垂直转轴上端与该前脚管末端之间。

2. 如权利要求第 1 项所述之前轮定位装置,其特征在于:该前脚管末端具有一供该卡掣机构卡入后定位的定位孔。

3. 如权利要求第 1 项所述之前轮定位装置,其特征在于:该卡掣机构包括:一固定销;及一控制该固定销之升降或移动的升降机构。

4. 如权利要求第 3 项所述之前轮定位装置,其特征在于:该升降机构为一对转盘,该对转盘之间则有一旋斜面,该转盘之一端与该固定销连接。

5. 如权利要求第 4 项所述之前轮定位装置,其特征在于:该转盘之一侧设有便于旋转该转盘的把手。"

涉案专利说明书载明:该实用新型主要目的在于提供一种可选择转向与否的前轮定位装置。由于该实用新型的前轮定位装置,包括一垂直转轴和一卡掣机构,而卡掣机构由一固定销及一控制该固定销之升降或移动的升降机构组成,因此,通过升降机构控制固定销之升降或移动,可决定是否将该卡掣机构卡入前脚管的定位孔。需要固定前轮时,旋转升降机构,使卡掣机构卡入前脚管的定位孔,前脚管和前轮支架通过定位孔结合,彼此之间的位置保持不变;需要使前轮能够自由转向时,反向旋转升降机构,使卡掣机构脱离前脚管的定位孔,前脚管和前轮支架可作同轴旋转,即婴儿车可自由转向。与前轮固定婴儿车相比,安装了该实用新型的前轮定位装置的婴儿车可自由转向,方便使用,与普通婴儿车相比,安装了该实用新型的前轮定位装置的婴儿车更加适合运动。

2007 年 12 月 27 日,贝斯特公司针对涉案专利权向专利复审委员会提出无效宣告请求。在专利复审委员会进行口头审理时,贝斯特公司明确其无效理由为对比文件 1 证明涉案专利权利要求 1、3 没有新颖性，对比文件 1 和对比文件 2 的结合证明涉案专利权利要求 1~5 没有创造性。

对比文件 1 为专利号为 ZL93247576.0 的中国实用新型专利说明书复印件，其公开了一种"婴儿车前轮座"。

对比文件 2 为哈尔滨工业大学机械类高等工程专科系列教材《机械设计》的封面页、出版信息页、正文第 40~45 页复印件共 8 页。其中第 40 页载明：螺旋传动由螺杆和螺母组成，主要用于将回转运动变为直线运动，同时传递运动和动力也可用于调整零件间的相互位置。

2008 年 8 月 11 日，专利复审委员会作出第 12067 号决定，其中认定：涉案专利权利要求 4 引用权利要求 3，其附加技术特征对升降机构进行了限定，该升降机构为一对转盘，该对转盘之间则有一旋斜面，转盘之一端与该固定销连接。对比文件 1 公开的卡掣机构是通过手工提升或下降嵌滑闩 5 使其在嵌滑槽内上下移动实现其对前轮转向与否的控制的，涉案专利权利要求 4 请求保护的技术方案是通过螺旋面的旋转来升降固定销，从而实现对前轮转向与否的控制，二者是用完全不同的技术手段实现前轮转向与否的控制，相对于对比文件 1，涉案专利权利要求 4 所要解决的技术问题是克服滑动嵌滑闩所带来的费力、不稳定的缺点。对比文件 2 公开的螺旋传动方式是机械领域中公知的一种传动方式，但该对比文件并没有给出将这种传动方式具体应用于婴儿车前轮定位装置这一技术领域的任何启示，所有的发明创造都是将公知的机械原理、机械机构、机械传动等知识应用于具体的技术领域，从而得到解决具体技术问题的技术方案，在不存在上述启示的前提下，本领域技术人员不经过创造性劳动不可能在对比文件 1 的基础上结合对比文件 2 得出权利要求 4 要求保护的技术方案。因此，涉案专利权利要求 4 请求保护的技术方案相对于对比文件 1 和对比文件 2 及公知常识具备创造性。

北京市第一中级人民法院认为：对比文件1公开的卡掣机构通过手工提升或下降嵌滑闩5使其在嵌滑槽内上下移动，从而实现对前轮转向与否的控制，而涉案专利权利要求4请求保护的技术方案通过螺旋面的旋转来升降固定销，从而实现对前轮转向与否的控制，对比文件1中的嵌滑闩对应于涉案专利中的固定销，作用均是对童车前轮转向进行控制，二者的区别在于固定装置的升降方式不同，涉案专利采用螺旋升降，对比文件1采取手动提升或下降。对比文件2披露了螺旋传动由螺杆和螺母组成，主要用于将回转运动变为直线运动，也可用于调整零件间的相互位置，其公开的螺旋传动方式是机械领域中公知的传动方式，涉案专利权利要求4的区别技术特征与对比文件2披露的技术手段所起的作用相同，对于本领域技术人员而言属于常规的技术选择。因此，涉案专利权利要求4不具备创造性，专利复审委员会作出的第12067号决定认定事实不清，适用法律错误，应当予以撤销。据此判决：（1）撤销专利复审委员会作出的第12067号决定；（2）专利复审委员会重新作出决定。

隆成公司不服原审判决，向北京市高级人民法院提起上诉，请求撤销原审判决，维持第12067号决定。

北京市高级人民法院认为：涉案专利权利要求4与对比文件1相比，二者的区别是用完全不同的技术手段实现固定装置的升降，相对于对比文件1用滑动嵌滑闩控制固定装置来升降的技术手段，涉案专利权利要求4用螺旋升降面来升降的技术手段客观上要解决的技术问题是克服滑动嵌滑闩具有的费力、不稳定的缺陷。原审判决在确定涉案专利权利要求4与对比文件1的区别技术特征后，没有分析两种技术方案在技术效果上的显著区别就直接认定"权利要求4中的区别技术特征与对比文件2披露的技术手段所起的作用相同"，缺乏事实依据。虽然对比文件2公开的螺旋传动方式是机械领域公知的一种传动方式，但无论对比文件

1还是对比文件2均没有给出将螺旋升降面的具体螺旋传动方式应用于婴儿车前轮定位装置这一技术领域，以克服现有技术中滑动嵌滑闩机构费力、不稳定的技术缺陷的技术启示。很多发明创造都是将公知的机械原理、机械结构等知识用于具体的技术领域，从而得到解决具体技术问题的技术方案，但在不存在技术启示的情况下，本领域技术人员不经过创造性劳动很难在对比文件1的基础上结合对比文件2得到涉案专利权利要求4的技术方案。在对比文件1提出的1993年至涉案专利申请提出的2001年之间的八年间，并没有人采用涉案专利权利要求4的技术方案来解决对比文件1存在的技术缺陷，这也从一个侧面表明本领域技术人员不经过创造性劳动不可能在对比文件1的基础上结合对比文件2得到涉案专利权利要求4的技术方案，原审判决认为采用涉案专利权利要求4中的螺旋升降面来升降固定装置"对于本领域技术人员而言属于常规的技术选择"，没有事实依据。专利复审委员会在第12067号决定中认为涉案专利权利要求4请求保护的技术方案相对于对比文件1和对比文件2及公知常识具备创造性，有事实和法律依据，结论正确，应当予以维持。原审判决撤销第12067号决定，认定事实错误，适用法律不正确，应当依法予以改判。

二审法院据此判决：(1)撤销一审判决；(2)维持专利复审委员会作出的第12067号决定。

◆ 评　述

根据我国《专利审查指南2010》的有关规定，发明与最接近的现有技术的区别特征为公知常识的，例如，本领域中解决该重新确定的技术问题的惯用手段，或教科书或者工具书等中披露的解决该重新确定的技术问题的技术手段，通常认为现有技术中存在上述技术启示。❶ 需要注意的是,《专利审查指南 2010》中用的是"通常"二字。"通常"二字表明这只是一个一般性的原则,并非绝对如此。有原则即有例外。即使发明与最接近的现有技术的区别特征为公知常识,但将该公知常识结合到最接近的现有技术中并获得改进的技术方案,可能并不是显而易见的。在该案中,对比文件 1 公开的卡掣机构通过手工提升或下降嵌滑闩 5 使其在嵌滑槽内上下移动,从而实现对前轮转向与否的控制,而涉案专利权利要求 4 请求保护的技术方案通过螺旋面的旋转来升降固定销,从而实现对前轮转向与否的控制。二者的区别在于固定装置的升降方式不同,涉案专利权利要求 4 采用螺旋升降,对比文件 1 采取手动提升或下降。而对比文件 2 披露了螺旋传动由螺杆和螺母组成,主要用于将回转运动变为直线运动,也可用于调整零件间的相互位置,其公开的螺旋传动方式是机械领域中公知的传动方式。贝斯特公司据此认为对比文件 2 可以证明在机械技术领域采用螺旋升降面升降物体是公知常识,因此在对比文件 1 及对比文件 2 的基础上,本领域技术人员以螺旋升降机构替换嵌滑闩 5 是显而易见的,涉案专利权利要求 4 缺乏创造性。一审法院认定区别特征为公知常识,且该特征在权利要求 4 和对比文件 2 中的作用相同,故认定权利要求 4 不具备创造性。

一审法院的认定是缺乏依据的。虽然对比文件 2 公开的螺旋传动方式是机械领域中公知的一种传动方式,但该对比文件并没有给出将这种传动方式具体应用于婴儿车前轮定位装置这一技术领域的任何启示,所有的发明创造都是将公知的机械原理、机械机构、机械传动等知识应用于具体的技术领域,从而得到解决具体技术问题的技术方案,在不存在上述启示的前提下,本领域技术人员不经过创造性劳动不可能在对比文件 1 的基础上结合对比

---

❶ 参见:《专利审查指南 2010》第二部分第四章第 3.2.1.1 节"判断方法"。

文件 2 得出权利要求 4 要求保护的技术方案。

由该案可见，区别特征为公知常识的，并不表明现有技术中就一定存在技术启示。问题的关键不在于区别特征是否为公知常识，而在于现有技术中是否存在将该公知常识结合到最接近的现有技术中以解决其技术问题的启示。有的情况下，虽然区别特征为公知常识，但由于将该区别特征结合到最接近的现有技术中并非显而易见，涉案技术方案仍具备创造性。

（四）技术启示的认定不能脱离发明实际要解决的技术问题

【案例 7-4】贺利氏材料技术有限公司（以下简称"贺利氏公司"）与专利复审委员会及深圳市华冠顺进出口有限公司（以下简称"华冠顺公司"）发明专利权无效行政纠纷一案[1]

◆ 基本案情

该案涉及申请号为 200410102033.3、名称为"用于直接和间接丝网印刷的贵金属制剂和光泽制剂"的发明专利（以下简称"涉案专利"），专利权人为贺利氏公司。

2009 年 4 月 17 日，华冠顺公司针对涉案专利权向专利复审委员会提出无效宣告请求，并提交了附件 1、2：附件 1 为公开号为 CN1270494A 的中国发明专利申请公开说明书，公开日为 2000 年 10 月 18 日。附件 1 公开了一种光敏导电浆料。附件 2 为公开号为 CN1241544A 的中国发明专利申请公开说明书，公开日为 2000 年 1 月 19 日。附件 2 公开了一种用于直接或间接印刷的贵金属配制品。2009 年 5 月 15 日，华冠顺公司补充提交了附件 3 即公开号为 CN1282356A 的中国发明专利申请公开说明书，其公开日为 2001 年 1 月 31 日。其中记载：通过将醇酸树脂与聚酰

---

[1] 参见：北京市高级人民法院（2012）高行终字第 702 号行政判决书。

胺进行反应得到的触变剂，可由单羧酸将仍存在的所有活性基团封端。

2009年8月21日，贺利氏公司向专利复审委员会提交了修改后的权利要求书。其中权利要求1为"贵金属制剂或光泽制剂，其含有至少一种聚氨基酰胺，还含有金属树酯酸盐，有机金属化合物，天然树脂，合成树脂，树脂油，有机色素和填料，触变剂，溶剂和消泡剂"。

2010年3月11日，专利复审委员会作出第14530号无效宣告请求审查决定（以下简称"第14530号决定"），认定如下：

涉案专利的权利要求1请求保护一种贵金属制剂或光泽制剂。附件1公开了一种光敏性导电浆料，并具体公开了如下技术特征（参见说明书第4页第23~25行，第6页第26~30行，第8页第10~11行，第8页第31行至第9页第1行）；光敏性导电浆料包含一种或多种触变剂（触变调节剂），由此能够充分地抑制浆料和经干燥膜的胶凝作用，以高精确度形成精细的导电图案；用于制备导电浆料的常用导电材料包括Pd、Pt等以及它们的合金：用于润湿和分散颜料并阻止沉降的试剂都可以用作触变剂（相当于涉案专利权利要求1中的触变剂），可以使用的试剂的例子包括长链聚氨基酰胺和磷酸的盐（即公开了涉案专利权利要求1中的聚氨基酸胺）；该发明的光敏性导电浆料可含有任选的添加剂，包括染料、颜料、消泡剂和表面活性剂。上述有机溶剂可选自己知的有机溶剂（为涉案专利权利要求1中溶剂的下位概念）。

其中附件1公开的导电浆料中的Pd、Pt均是贵金属，由于含有这些贵金属，使该浆料也具有一定的光泽，因此，附件1公开的光敏性导电浆料也可作为贵金属制剂或光泽制剂使用。此外，附件1还公开了聚氨基酰胺、消泡剂、溶剂和触变剂，由于附件1的光敏性导电浆料大部分均是有机物，因此，本领域技术人员由附件 1 公开的颜料能够容易想到在现有技术的常规选择中选择有机色素来实现对颜色的需求。

附件 2 公开了一种用于直接或间接印刷的贵金属配制品，并具体公开了如下技术特征（参见说明书第 3 页第 19～23 行，权利要求 9，第 9 页的实施例）：该发明提供一种在装饰性的、可烧制的基材上进行贵金属装饰的贵金属配制品（相当于涉案专利权利要求 1 中的贵金属制剂），其中含有：一种或多种选自 Au、Ag、Pd 或 Pt 的贵金属化合物、一种介质、含有聚酰胺树脂和松香树脂的黏结剂系统，以及一种或多种助熔剂。附件 2 权利要求 9 公开了贵金属化合物为可熔的金属化合物，该金属化合物可选自树脂酸盐（即公开了涉案专利权利要求 1 中的金属树脂酸盐和有机金属化合物）。在实施例中公开了贵金属化合物、助熔剂以及多种溶剂（如果需要的话）均可加入到黏结剂系统中，使用的助熔剂组合物中含有以树脂酸盐形式存在的金属（即也公开了涉案专利权利要求 1 中的金属树脂酸盐和有机金属化合物），还公开了含有在硫化达码树脂（为涉案专利权利要求 1 中合成树脂的下位概念）中的松油（为涉案专利天然树脂的下位概念）。

由此可见，附件 2 公开了贵金属配制品，其含有所述的贵金属，使该贵金属配制品也具有一定的光泽。因此，附件 2 已经公开了涉案专利权利要求 1 中的贵金属制剂或光泽制剂、金属树脂酸盐、有机金属化合物、天然树脂、合成树脂、树脂油和溶剂。

对于涉案专利权利要求 1 中的组分"填料"，而填料即是一种填充物，是常用来添加以改善性能或降低成本的物质，一般不与其他组分起反应，其是本领域技术人员能够根据需要添加的。

虽然附件 1 公开的导电浆料和附件 2 公开的贵金属配制品的用途略有不同，但它们属于相近的技术领域，均是一种在基材上印刷或转印的有机液态浆状物，当本领域技术人员使用附件 2 的贵金属配制品在存储过程中出现黏度增加等现象而导致不适于向基材上印刷或转印时，能够在相近的技术领域中寻找相应的解决手段，而附件1公开了用于润湿和分散颜料并阻止沉降的聚氨基酰胺作为触变剂，附件1加入触变剂所要解决的问题也是由于导电浆料的胶凝，使浆料具有较高的黏度而难以施涂在载体上（参见说明书第1页第30行），同时附件1还公开了触变剂抑制光敏性导电浆料和膜胶凝作用的原理（参见说明书第4页第30行至第5页第4行），根据上述内容，本领域技术人员容易想到将附件1公开的聚氨基酸胺用于附件2的贵金属配制品中。

涉案专利权利要求1中的其他组分，均已被附件1和2公开或相对于附件1和2的结合是显而易见的，且这些组分也是用于移画印花的贵金属制剂中常用的一些成分，根据涉案专利说明书第4页第12~14行所述的除了聚氨基酸胺，根据该发明的制剂可以含有本领域通常使用的成分，例如金属树脂酸盐、有机金属化合物、天然树脂、合成树脂、树脂油、有机色素和填料、触变剂、溶剂和消泡剂，也能表明涉案专利除聚氨基酰胺外，其余均是本领域常用的组分，不是该发明的改进之处；在涉案专利中也未记载任何同时含有权利要求1所述的组分时能具有何种意料不到的技术效果。

综上所述，涉案专利权利要求1相对于附件1和2的结合不具有突出的实质性特点，不具备创造性。

北京市第一中级人民法院认为：专利复审委员会未按"三步法"来进行创造性判断，没有确定最接近的对比文件、未指出区别技术特征、未指出区别技术特征所实际解决的技术问题等，并不直接导致第14530号决定违反《审查指南》的相关规定。涉案专利权利要求1不具备创造性，第14530号决定结论正确，应当予以维持。据此判决：维持专利复审委员会作出的第14530号决定。

贺利氏公司不服一审判决，向北京市高级人民法院提起上诉，请求撤销原审判决和第 14530 号决定。上诉理由是：（1）涉案专利权利要求 1 相对于附件 1、2 具备创造性。①对涉案专利权利要求 1 的制剂的成分认定错误，涉案专利权利要求 1 中的"聚氨基酰胺"和附件 1 中的"长链聚氨基酰胺和磷酸的盐"并不相同或等同。②涉案专利与附件 1 所解决的技术问题不同，涉案专利要解决的技术问题是抗老化及有弹性，包括物理老化和化学老化，而附件 1 不能解决化学老化的问题。③涉案专利权利要求 1 与附件 1 的用途不同、技术领域不同。④附件 1、2 并不存在技术启示，涉案专利权利要求 1 的技术方案取得了预料不到的技术效果。（2）第 14530 号决定未按照"三步法"进行创造性判断，创造性判断的方法错误。（3）第 14530 号决定和一审判决对涉案专利权利要求 2、3 无创造性的认定主要证据不足，事实认定错误，适用法律不当。（4）第 14530 号决定和一审判决对涉案专利权利要求 4~7 的创造性认定主要证据不足，事实认定错误，适用法律不当。

北京市高级人民法院认为：第 14530 号决定在分别论述了附件 1、附件 2 公开了涉案专利权利要求 1 的哪些技术特征后，没有基于涉案专利权利要求 1 相对于附件 1、2 的区别特征认定涉案专利实际解决的技术问题，也没有对现有技术整体上是否存在技术启示进行认定，即直接认定"本领域技术人员容易想到将附件 1 公开的聚氨基酸胺用于附件 2 的贵金属配制品中"，"对于涉案专利权利要求 1 中的其他组分，均已被附件 1 和 2 公开或相对于附件 1 和 2 的结合是显而易见的"，缺乏事实依据。由于第 14530 号决定并未清楚地说明涉案专利权利要求 1 相对于附件 1、2 能否结合，能否使本领域技术人员认为其相对于附件 1、2 的结合显而易见，故其对涉案专利权利要求 1 的创造性判断缺乏事实依据，应当予以纠正。

专利创造性判断应当以整体地、综合地理解发明创造的技术方案为前提,包括对发明目的、所要解决的技术问题的全面考察。在该案中,专利复审委员会应当全面考虑涉案专利权利要求1所要解决的技术问题,涉案专利说明书记载涉案专利所要解决的技术问题包括了运输和存储过程中的老化问题和涂覆和焙烧过程中的老化问题,但第14530号决定并未对此予以考虑,亦属事实认定不清。第14530号决定认定事实不清,应当予以撤销。一审判决维持第14530号决定,无事实和法律依据,也应予以撤销。专利复审委员会应当在认清事实的基础上,按照正确的专利创造性判断方法和步骤对涉案专利权利要求1及其他权利要求的创造性重新进行判断。

◆ 评 述

《专利法》第二十二条第三款规定,创造性,是指同申请日以前已有的技术相比,该发明有突出的实质性特点和显著的进步,该实用新型有实质性特点和进步。虽然法律、行政法规没有对专利创造性判断的方法和步骤作出强制性规定,但是,为了确保创造性判决的客观性,应当统一和规范创造性判断方法,参照《专利审查指南2010》的有关规定,创造性的判断一般适用"三步法":

第一步,确定最接近的现有技术。最接近的现有技术,是指现有技术中与要求保护的发明最密切相关的一个技术方案,它是判断发明是否具有突出的实质性特点的基础。

第二步,确定发明的区别特征和发明实际解决的技术问题。在审查中应当客观分析并确定发明实际解决的技术问题。为此,首先应当分析要求保护的发明与最接近的现有技术相比有哪些区别特征,然后根据该区别特征所能达到的技术效果确定发明实际解决的技术问题。从这个意义上说,发明实际解决的技术问题,是指为获得更好的技术效果而需对最接近的现有技术进行改进的技术任务。

　　第三步，判断要求保护的发明对本领域技术人员来说是否显而易见。在该步骤中，要从最接近的现有技术和发明实际解决的技术问题出发，判断要求保护的发明对本领域技术人员来说是否显而易见。在判断过程中，要确定的是现有技术整体上是否存在某种技术启示，即现有技术中是否给出将上述区别特征应用到该最接近的现有技术以解决其存在的技术问题（即发明实际解决的技术问题）的启示，这种启示会使本领域技术人员在面对所述技术问题时，有动机改进该最接近的现有技术并获得要求保护的发明。如果现有技术存在这种技术启示，则发明是显而易见的，不具有突出的实质性特点。

　　上述"三步法"是模拟发明过程的比较客观的判断方法，是目前实践中通常适用的方法。为了确保创造性判断的客观性，"三步法"中的第三步是最关键的，即要从最接近的现有技术和发明实际解决的技术问题出发，判断要求保护的发明对本领域技术人员来说是否显而易见。只有抓住发明实际解决的技术问题，才能客观地判断现有技术中是否存在技术启示。如果脱离发明实际解决的技术问题进行创造性判断，则会违背"三步法"追求判断结论客观化的根本宗旨，往往会陷入"事后诸葛亮"的错误，所得的判断结论不太可能客观正确。

　　在该案中，专利复审委员会貌似采用了"三步法"，但并未规范适用"三步法"，没有基于涉案专利权利要求1相对于附件1、2的区别特征认定涉案专利实际解决的技术问题，也没有对现有技术整体上是否存在技术启示进行认定，即直接认定"本领域技术人员容易想到将附件1公开的聚氨基酸胺用于附件2的贵金属配制品中"，"对于涉案专利权利要求1中的其他组分，均已被附件1和2公开或相对于附件1和2的结合是显而易见的"。这种认定显然是武断的，不客观的，缺乏事实依据的，二审法院对此进行纠正是正确的。

（五）创造性的判断应当坚持整体性原则

【案例 7-5】 山东绿建节能科技有限公司（以下简称"绿建公司"）与专利复审委员会及石家庄晶达建筑体系有限公司（以下简称"晶达公司"）实用新型专利权无效行政纠纷案[1]

◆ 基本案情

该案涉及专利号为 ZL201120269887.6、名称为"一种钢丝网架保温板现浇钢筋混凝土复合墙体结构"的实用新型专利（以下简称"涉案专利"），专利权人为绿建公司。晶达公司于 2013 年 4 月 28 日向专利复审委员会提出了无效宣告请求，理由之一是权利要求 1 相对于附件 1 和公知常识的结合不具备创造性。

附件 1 是公开日为 2008 年 10 月 29 日、公开号为 CN101294423A 的中国发明专利申请公布说明书，共 16 页。附件 1 公开了一种混凝土结构外墙面内置保温层，混凝土结构内置保温层是一种采用两层钢筋网片 7 中间夹以聚苯板 8 后采用三维立体斜插钢筋 11（也被称为"腹丝"）焊接成保温网架板，聚苯板 8 与两层钢筋网 7 之间存在间隙，其中钢筋 11 贯穿聚苯板 8 两端分别与钢筋网片 7 焊接固定。保温网架板内外两侧同时浇筑混凝土的结构。聚苯板 8 为挤塑式聚苯板。保温网架板的两侧面涂刷界面剂。保温网架板的内侧支撑有钢架 3，保温网架板外侧放置混凝土垫块 10，钢筋网片 7 和钢筋 11 构成钢丝网架，植入在保温网架板以及外侧混凝土层中。辅助固定杆 1（相当于涉案专利的连接件）贯穿保温网架板和墙体结构钢筋 6，辅助固定杆 1 为直线型或 L 型，L 型的辅助固定杆 1 的弯曲端与外侧模板 9

---

[1] 参见：北京市高级人民法院（2015）高行（知）终字第 615 号行政判决书。

相接触。混凝土垫块2、10上附带扎丝，便于和钢筋网片7、钢筋11和墙体结构钢筋6绑扎（参见附件1说明书第1页发明内容部分，第5页第5行至第9页倒数第1行，附图1～5）。

绿建公司于2013年9月13日提交了意见陈述书，同时修改了权利要求书，修改后的权利要求1为：一种钢丝网架保温板现浇钢筋混凝土复合墙体结构，其特征是，它主要由保温板以及保温板两侧的内侧混凝土层和外侧混凝土层组成，保温板与内侧混凝土层和外侧混凝土层间设有界面砂浆层，所述的保温板外侧由界面砂浆层包覆，所述保温板一侧或两侧开设凹槽，保温板外侧设有混凝土或砂浆垫块，钢丝网架植入保温板、内侧混凝土层和外侧混凝土层中，并与连接件连接；所述连接件为结构钢筋，端部为"羊角"形、"丁字"形或"L"形；所述连接件与钢丝网架焊接连接或锚固连接；所述保温板采用膨胀聚苯板、挤塑聚苯板、酚醛泡沫板或无机保温板。

2013年11月12日，专利复审委员会作出被诉决定，认定如下：

涉案专利权利要求1与附件1的区别在于：（1）权利要求1保温板与内侧混凝土层和外侧混凝土层间设有界面砂浆层，所述的保温板外侧由界面砂浆层包覆，而附件1公开的是保温网架板的两侧面涂刷界面剂；（2）所述保温板一侧或两侧开设凹槽；（3）权利要求1保温板外侧设有混凝土或砂浆垫块，附件1只公开在保温板外侧设有混凝土垫块；（4）钢丝网架与连接件连接，并且连接件与钢丝网架焊接连接或锚固连接；（5）连接件为结构钢筋，端部为"羊角"形、"丁字"形或"L"形；（6）所述保温板采用膨胀聚苯板、挤塑聚苯板、酚醛泡沫板或无机保温板，附件1公开了挤塑聚苯板。

关于区别（1）：附件1中已经公开了保温网架板的两侧面涂刷界面剂，而砂浆界面剂是本领域非常常用的一种界面材料，其使用可以增加保温板与混凝土体之间的结合强度。并且由于像聚苯保温板这类的保温板本身的阻燃性差，同时施工过程中不可避免焊接等产生明火的操作，因此在保温板两侧喷刷包覆一层界面砂浆以提高其阻燃性也已成为业内的公知常识。因此区别（1）是容易想到的。

关于区别（2）：保温板的一侧或两侧开设凹槽以提高保温板与混凝土体之间的结合性这一手段及其目的已是本领域的公知常识，因此本领域技术人员能够想到了为提高两者的结合性而在保温板一侧或两侧开设凹槽。

关于区别（3）：在附件1公开的了保温板外侧设有混凝土垫块的情况下，本领域技术人员很容易想到使用本领域公知的砂浆垫块来代替混凝土垫块。

关于区别（4）：附件1已经公开了辅助固定杆1并且其要贯穿保温网架板和墙体结构钢筋6然后与外侧模板9相接触。由于施工过程中结构之间需要浇筑混凝土等物料，因此辅助固定杆1通常需要与其他结构连接固定，显然与钢丝网架通过焊接或锚固连接都是本领域技术人员能够想到的公知技术。

关于区别（5）：区别（4）的评述已描述了附件1辅助固定杆1的位置和施工需要，附件1中还公开了辅助固定杆1为直线型或L形。显然本领域技术人员在具体实施中很容易想到采用建筑工地随处可见的结构钢筋来实现辅助固定杆1，在结构形式上除了直线型和L形之外也可采用本领域常见的"羊角"形、"丁字"形等。

关于区别（6）：附件1中已经公开其实施方案中采用挤塑聚苯板，并且在说明书第4页第1~3行中提到使用挤塑聚苯板代替膨胀聚苯板的信息。权利要求1中限定的膨胀聚苯板、酚醛泡沫板或无机保温板均是本领域公知的保温板，本领域技术人员在具体实施中可以根据需要进行选择。因此区别（6）也是容易想到的。

综上所述，本领域技术人员在附件1的基础上结合本领域的公知常识能够想到权利要求1的技术方案，权利要求1不具备创造性。

北京市第一中级人民法院认为：本领域技术人员在附件1的基础上结合本领域的公知常识能够想到权利要求1的技术方案，故涉案专利权利要求1不具备创造性。

绿建公司不服原审判决，向北京市高级人民法院提起上诉，请求撤销原审判决及被诉决定。

北京市高级人民法院认为：专利创造性判断应当遵守综合原则，不仅要考虑技术方案本身，而且要考虑所要解决的技术问题和所产生的技术效果，将其作为一个综合体来看待。按照专利创造性判断综合原则，发明创造的技术问题、技术方案或者技术效果中只要有一项是非显而易见，技术方案整体上也可能是非显而易见的。如果要解决的技术问题是本领域技术人员容易想到的，解决该技术问题所采用的技术手段也是本领域技术人员容易想到的，而且没有取得意料不到的技术效果，则技术方案在整体上则是显而易见的，不具备创造性。

在该案中，涉案专利权利要求1与附件1相比存在如下区别技术特征：(1) 权利要求1保温板与内侧混凝土层和外侧混凝土层间设有界面砂浆层，所述的保温板外侧由界面砂浆层包覆，而附件1公开的是保温网架板的两侧面涂刷界面剂；(2) 所述保温板一侧或两侧开设凹槽；(3) 权利要求1保温板外侧设有混凝土或砂浆垫块，附件1只公开在保温板外侧设有混凝土垫块；(4) 钢丝网架与连接件连接，并且连接件与钢丝网架焊接连接或锚固连接；(5) 连接件为结构钢筋，端部为"羊角"形、"丁字"形或"L"形；(6) 所述保温板采用膨胀聚苯板、挤塑聚苯板、酚醛泡沫板或无机保温板，附件1公开了挤塑聚苯板。涉案专利权利要求1

与附件1相比，其所要解决的技术问题是通过所限定的具体"钢丝网架保温板现浇钢筋混凝土复合墙体结构"，从而解决在建筑过程中的保温、防火、结构更加稳固的问题。

关于区别（1），虽然附件1公开了保温网架板的两侧面涂刷界面剂，但根据晶达公司所出示证据及所述情况，并不足以证明砂浆界面剂是本领域常用的一种界面材料，可以增加保温板和混凝土层之间的结合强度属于本领域的公知常识；同时，关于区别（2），通过在保温板的一侧或两侧开设凹槽，从而提高了保温板与混凝土层之间的结合性；关于区别（3），虽然附件1已经公开了保温板外侧设有混凝土垫块，但涉案专利权利要求1的技术方案基于整体考量用砂浆垫块来代替混凝土垫块，从而保证钢筋保护层的厚度和防止保温板在混凝土现浇过程中受内侧侧压力向外偏移（涉案专利说明书下标第4页）；而关于区别（4）、（5）、（6），实现了墙体保温与结构同步施工，减少了施工工序，达到了保温与建筑墙体同寿命的目的（涉案专利说明书下标第4页）。由此，涉案专利权利要求1的技术方案并非在附件1的基础上，与公知常识的简单拼凑与叠加，而是针对所要解决的技术问题，整体上从提高保温效果、防火性能、施工便捷、保温与建筑墙体同寿命等方面进行的综合构思、整体考量，被诉决定与原审法院将区别技术特征割裂进行分析、认定，显然缺乏对涉案专利权利要求1技术方案的整体考虑，与专利创造性判断的综合原则不符。因此，本领域技术人员基于涉案专利权利要求1与附件1及公知常识的组合相比，就权利要求1所公开的技术方案并非显而易见，具有实质性特点和进步，具备创造性。

◆ 评 述

该案是分析创造性判断中的整体性原则的非常好的案例。《专利审查指南2010》第二部分第四章第3.1节"审查原则"中规定："在评价发明是否具备创造性时，审查员不仅要考虑发明的技术方案本身，而且要考虑发明所属技术领域、所解决的技术问题和所产生的技术效果，将发明作为一个整体看待。"据此，在评价发明是否具备创造性时，应当考虑发明解决的技术问题、采用的技术方案及所取得的技术效果，将发明作为一个整体对待。这就是创造性判断的整体性原则。所谓专利创造性判断的整体性原则，是指在创造性判断过程中，要整体考虑技术方案所解决的技术问题、技术方案本身以及技术方案所产生的技术效果，将其作为一个整体来看待。按照专利创造性判断整体性原则，发明创造所解决的技术问题、技术方案本身或者其产生的技术效果中只要有一项非显而易见，则技术方案是非显而易见的。如果要技术方案所要解决的技术问题是本领域技术人员容易想到的，解决该技术问题所采用的技术手段也是本领域技术人员容易想到的，而且没有取得意料不到的技术效果，则技术方案在整体上是显而易见的，不具备创造性。

专利复审委员会和一审法院在该案中并未贯彻创造性判断的整体性原则，没有综合考虑涉案专利权利要求1相对于附件1所要解决的技术问题、技术方案的各个技术特征之间的整体协调作用及其取得的技术效果，而是在概括出六个区别特征之后，对区别特征进行割裂的分析和认定，各个击破，进而认定权利要求1不具备创造性。这种认定方法显然违背了创造性判断的整体性原则。

二审法院对专利复审委员会和一审法院的做法进行了纠正，在阐述了专利创造性判断的综合原则（即本节所述的整体性原则）之后，综合考虑了涉案权利要求1所解决的技术问题、采取的技术方案和取得技术效果，进而认定其相对于附件1及公知常识的结合具备创造性。综上，二审判决的认定是正确的。

参考文献

一、中文著作

[1] 尹新天. 中国专利法详解 [M]. 北京：知识产权出版社，2011.

[2] 汤宗舜. 专利法教程 [M]. 北京：法律出版社，2003.

[3] 李扬. 知识产权法基本原理 [M]. 北京：中国社会科学出版社，2010.

[4] 文希凯. 专利法教程 [M]. 北京：知识产权出版社，2011.

[5] 梁慧星. 民法解释学 [M]. 北京：中国政法大学出版社，1995.

[6] 闫文军. 专利权的保护范围——权利要求解释和等同原则适用 [M]. 北京：法律出版社，2007.

[7] 陈文煊. 专利权的边界——权利要求的文义解释与保护范围的政策调整 [M]. 北京：知识产权出版社，2014.

[8] 张晓都. 专利民事诉讼法律问题与审判实践 [M]. 北京：法律出版社，2014.

[9] 龙卫球. 民法总论 [M]. 2版. 北京：中国法制出版社，2002.

[10] 王明达. 北京市高级人民法院〈专利侵权判定指南〉理解与适用 [M]. 北京：中国法制出版社，2014.

二、中文论文

[1] 李越. 专利复审程序中依职权审查的理解与典型适用 [N]. 中国知识产权报，2013-12-27 (11).

[2] 崔哲勇. 对专利授权确权审查程序中权利要求的理解 [J]. 知识产权，2016 (10)：75—82.

[3] 张鹏. 论权利要求保护范围解释的原则、时机和方法 [M] // 国家知识产权局条法司. 专利法研究 2009. 北京：知识产权出版社，2010：264—276.

[4] 刘庆辉. 基于语境主义的专利权利要求解释 [J]. 电子知识产权, 2016（7）：79—88.

[5] 王娜. 语境主义知识观：一种新的可能 [J]. 哲学研究, 2010（5）：89—95.

[6] 宫铭. "语言学转向"和"语境主义"——罗蒂新实用主义文学理论研究 [J]. 曲靖师范学院学报, 2011, 30（2）：36—39.

[7] 邱国兵. 西方政治思想研究的方法论选择——文本中心主义与语境主义的争论：以马基雅维里为例 [J]. 上海行政学院学报, 2006, 7（2）：31—39.

[8] 王芳. 昆廷·斯金纳的"历史语境主义"探讨 [J]. 历史教学问题, 2008（5）：67—70.

[9] 蔡琳. 裁判的合理性：语境主义还是普遍主义？[J]. 法律方法, 2009, 9（1）：101—113.

[10] 常俭. 浅论语境的功能 [J]. 思维与智慧, 1991（4）：34—37.

[11] 曾绪. 浅论语境理论 [J]. 西南科技大学学报（哲学社会科学版）, 2004, 21（2）：94—97.

[12] 郎贵梅. 开放式与封闭式权利要求的区分适用于机械领域专利 [J]. 人民司法, 2014（16）：56—59.

[13] 罗霞. 专利授权确权中如何看待存在的明显错误 [J]. 电子知识产权, 2012（6）：60—65.

[14] 周雨沁. 论化学领域发明专利中的马库什权利要求 [D]. 华中科技大学, 2013.

三、中文译著

[1] 卡尔·拉伦茨. 德国民法通论（下册）[M]. 王晓晔, 邵建东, 程建英, 徐国建, 等, 译. 北京：法律出版社, 2013.

[2] 欧洲专利局上诉委员会. 欧洲专利局上诉委员会判例法 [M]. 6版. 北京同达信恒知识产权代理公司, 译. 北京：知识产权出版社, 2016.

[3] 汉斯·高德, 克里斯·阿贝尔特. 欧洲专利公约手册 [M]. 王志伟, 译. 北京：知识产权出版社, 2008.

[4] J.M. 穆勒. 专利法 [M]. 沈超, 等, 译. 3版. 北京：知识产权出版社, 2013.

四、外文论文

[1] JOEL MILLER. Claim Construction at the PTO——The "Broadest Reasonable Interpretation"[J]. J. Pat. & Trademark Off. Soc'y, 88（3）：279-288.

[2] DAWN-MARIE BEY，CHRISTOPHER A. Cotropia. The Unreasonableness of The Patent Office's "Broadest Reasonable Interpretation" Standard[J]. AIPLA Q. J.，2009，37（285）.

[3] STEPHANIE ANN YONKER. Post-phillips Claim Construction：Questions Unresolved.

五、法律法规

[1]《中华人民共和国专利法》。

[2]《中华人民共和国专利法实施细则》。

[3]《专利审查指南 2010》。

[4]《国家知识产权局关于修改〈专利审查指南〉的决定》（国家知识产权局第七十四号）。

[5] 35 U. S. C. A.

[6] *Manual of Patent Examining Procedure.*

[7] *Guidelines For Examination in the European Patent Office.*

六、中国司法案例

[1] 最高人民法院（2001）民三提字第 1 号民事判决书。

[2] 最高人民法院（2010）知行字第 6 号驳回再审申请通知书。

[3] 最高人民法院（2010）知行字第 53 号行政裁定书。

[4] 最高人民法院（2010）知行字第 53-1 号行政裁定书。

[5] 最高人民法院（2011）行提字第 13 号行政判决书。

[6] 最高人民法院（2013）行提字第 21 号行政裁定书。

[7] 最高人民法院（2014）知行字第 2 号行政裁定书。

[8] 最高人民法院（2014）行提字第 11 号行政判决书。

[9] 最高人民法院（2014）行提字第 17 号行政判决书。

[10] 北京市高级人民法院（2003）高行终字第 38 号行政判决书。

[11] 北京市高级人民法院（2010）高行终字第 1102 号行政判决书。

[12] 北京市高级人民法院（2012）高行终字第 702 号行政判决书。
[13] 北京市高级人民法院（2012）高行终字第 833 号行政判决书。
[14] 北京市高级人民法院（2012）高行终字第 1486 号行政判决书。
[15] 北京市高级人民法院（2013）高行终字第 1368 号行政判决书。
[16] 北京市高级人民法院（2013）高行终字第 2046 号行政判决书。
[17] 北京市高级人民法院（2014）高行终字第 42 号行政判决书。
[18] 北京市高级人民法院（2014）高行终字第 66 号行政判决书。
[19] 北京市高级人民法院（2014）高行终字第 240 号行政判决书。
[20] 北京市高级人民法院（2014）高行终字第 884 号行政判决书。
[21] 北京市高级人民法院（2014）高行终字第 1135 号行政判决书。
[22] 北京市高级人民法院（2014）高行（知）终字第 1545 号。
[23] 北京市高级人民法院（2014）高行（知）终字第 1978 号行政判决书。
[24] 北京市高级人民法院（2014）高行（知）终字第 2704 号行政判决书。
[25] 北京市高级人民法院（2014）高行（知）终字第 2935 号行政判决书。
[26] 北京市高级人民法院（2014）高行（知）终字第 2948 号行政判决书。
[27] 北京市高级人民法院（2015）高行（知）终字第 3501 号行政判决书。
[28] 北京市高级人民法院（2014）高行（知）终字第 3588 号行政判决书。
[29] 北京市高级人民法院（2015）高行（知）终字第 62 号行政判决书。
[30] 北京市高级人民法院（2015）高行（知）终字第 615 号行政判决书。
[31] 北京市高级人民法院（2016）京行终第 212 号行政判决书。
[32] 北京市高级人民法院（2016）京行终 1428 号行政判决书。
[33] 北京市高级人民法院（2016）京行终 3679 号行政判决书。
[34] 北京市高级人民法院（2016）京行终 5301 号行政判决书。
[35] 北京市高级人民法院（2016）京行终 5347 号行政判决书。

七、外国司法案例

[1] In re Morris, 127 F. 3d 1054.
[2] Medrad, Inc. v. MRI Devices Corp., 401 F. 3d 1313, 1319 (Fed. Cir. 2005).
[3] PHILLIPS v. AWH CORP. 415 F. 3d 1313.
[4] In re Horton, 58 F. 2d 682.
[5] In re Reuter, 651 F. 2d 751.

[6] In re Yamamoto, 740 F. 2d 1569.

[7] IN RE CUOZZO SPEED TECHNOLOGIES, LLC 793 F. 3d 1287 (Fed. Cir. 2015).

[8] Medrad, Inc. v. MRI Devices Corp., 401 F. 3d 1313, 1319 (Fed. Cir. 2005).

[9] Vitronics Corp. v. Conceptronic Inc., 90 F. 3d 1576, 1583, 39USPQ2d 1573, 1577 (Fed. Cir. 1996).

[10] In re SuitcoSurface, Inc., 603 F. 3d 1255, 1260 — 61, 94 US-PQ2d1640, 1644 (Fed. Cir. 2010);

[11] In re Abbott Diabetes Care Inc., 696 F. 3d 1142, 1149 — 50, 104 USPQ2d 1337, 1342—43 (Fed. Cir. 2012).

[12] Medrad, Inc. v. MRI Devices Corp., 401 F. 3d 1313, 1319 (Fed. Cir. 2005).